法哲学叢書[第Ⅱ期] 4

国際移動の正義
リベラリズムと入国在留管理

浦山聖子

弘文堂

目　次 …………………………………………………………… i
初出一覧 ………………………………………………………… vi

序章　はじめに ——————————————————— 1

I 本書の問題意識 ——————————————————— 1
1　ケンとハーシム (1)
2　4つの問題意識 (5)

II 本書の構成と扱わない内容 ——————————— 12

III 本書の概念・用語 —————————————— 14
1　外国人・移民 (14)
2　難民 (17)
3　移動と移住 (18)
4　リベラリズム（自由主義）(19)

第1章　国際移動の正義と先行研究 ————————— 22

I 国際移動の正義 ——————————————— 22
1　「国際移動の正義」とは何か (22)
2　「グローバルな正義」の一分野としての国際移動の正義 (24)

II 先行研究の紹介と本書の目的 ————————— 24
1　1980年代の文献とRawlsの立場をめぐる議論 (25)
2　入国在留管理政策の規範的評価をめぐる代表的文献 (29)
3　日本における「国際移動の正義」研究と本書の目的 (37)

■第1部　個人の自由・自律と国境を越えた移動・移住

第2章　国境を越えた移動・移住の自由は人権か ——— 44

I はじめに ——————————————————— 44

II 国境を越えた移動・移住の自由の保障の人権性の一般的正当化
——Carensの議論の明確化———————————— 46
1　Carensの議論 (46)
2　Carensの議論の明確化 (46)

III 疑問・批判と応答 —————————————— 51
1　国境を越えた移動・移住の自由の人権性をめぐる批判・疑問 (52)

  2 出入国に関する法制度の理解をめぐる疑問（62）
  3 人権としての国境を越えた移動・移住の自由論の意義（64）
 Ⅳ おわりに ────────────────────────── 67

第3章　人生の選択肢と国境を越えた移動・移住の自由の関係性 ── 69

 Ⅰ はじめに ────────────────────────── 69
 Ⅱ 人生の選択肢への十全の範囲でのアクセスの自由と
   国境を越えた移動・移住の自由の保障
   ── Oberman の議論 ──────────────── 70
  1 人生の選択肢への十全の範囲でのアクセスの自由の保障
   ── Oberman の議論（70）
  2 検討（71）
 Ⅲ 選択肢の増加・多様化と個人の自律的生の充実 ──────── 77
 Ⅳ おわりに ────────────────────────── 78

第4章　リベラルな移民国家の入国在留管理政策 ──────── 79

 Ⅰ はじめに ────────────────────────── 79
 Ⅱ 人権としての国境を越えた移動・移住の自由論の
   理論的・政策的含意を明らかにする必要性 ─────────── 79
 Ⅲ 人権としての国境を越えた移動・移住の自由論と
   入国在留管理政策 ───────────────────── 82
  1 入国の自由・在留の自由の保障（82）
  2 選別的移民政策への含意（89）
  3 外国人の入国の自由を認めた歴史的見解（91）
 Ⅳ おわりに ────────────────────────── 94

■第2部　グローバルな資源分配と国境を越えた移動・移住

第5章　地球上の自然物の共有性は国境を越えた移動・移住の自由を正当化するか ──── 96

 Ⅰ はじめに ────────────────────────── 96
 Ⅱ 天然資源から得られる利益の再分配 ─────────────── 97
  1 天然資源から得られる利益の再分配── Risse の議論（97）
  2 検討（98）

Ⅲ 共有物としての地球上の陸地 ———————————— 101
1. 共有物としての地球上の陸地と国境を越えた移動・移住の自由
   —— Oberman の議論（101）
2. 検討（102）

Ⅳ おわりに ———————————————————— 104

第6章 国際協力ビザの可能性 ———————————— 105

Ⅰ はじめに ———————————————————— 105
Ⅱ 出稼ぎ労働者による国際送金の動向 ————————— 107
Ⅲ グローバルな再分配を目的とした移住労働者受け入れへの懐疑論とその検討 ———————————————— 111
1. グローバルな再分配を目的とした移住労働者受け入れへの懐疑論の論拠（112）
2. 検討（115）
3. 小括（121）

Ⅳ 国際協力ビザの現実のモデル
—— ニュージーランド「認定季節雇用者プログラム」———— 121
Ⅴ おわりに ———————————————————— 124

■第3部 消極的移動・移住の受け入れ

第7章 なぜ難民を保護すべきか
—— 主権国家秩序の正統性と難民保護 ———————— 128

Ⅰ はじめに ———————————————————— 128
Ⅱ 難民保護義務の根拠としての国際的秩序の正統性論とその課題 ———————————————————— 132
1. 主権国家による国際的秩序の正統性 —— Owen の議論（132）
2. Owen の立論への疑問（133）

Ⅲ 割り当て責任モデル的国際秩序観 ————————— 134
Ⅳ 主権国家秩序における国家と個人との関係性の決定をめぐる強制の正統性 ———————————————— 137
1. 入国在留管理と強制（137）
2. 主権国家秩序における国家と個人との関係性の決定をめぐる強制の正統性と難民保護（139）

Ⅴ おわりに ———————————————————— 145

第8章 国家による旅客輸送業者への制裁の正当化の条件 ―― 147

- I はじめに ―― 147
- II 国家による旅客輸送業者への制裁
  ―― キャリア・サンクション ―― 148
  - 1 国家による旅客輸送業者への制裁とは（148）
  - 2 国家による旅客輸送業者への制裁の効果（150）
- III 国家による旅客輸送業者への制裁の正当性 ―― 151
  - 1 「隠れた強制」論（151）
  - 2 検討（152）
- IV おわりに ―― 157

第9章 気候移住者の受け入れ義務 ―― 159

- I はじめに ―― 159
- II 気候移住者の受け入れ義務の考察をめぐる
  アプローチの検討 ―― 163
  - 1 小島嶼国からの気候移住に絞ったアプローチ
    ―― Wyman の議論（163）
  - 2 検討（164）
- III 気候変動適応策を支援すべき根拠1
  ―― 基本的ニーズの保障 ―― 168
  - 1 基本的ニーズを保障する義務（168）
  - 2 検討（168）
- IV 気候変動適応策を支援すべき根拠2
  ―― 原因者負担原則 ―― 172
  - 1 原因者負担原則とその批判（172）
  - 2 原因者負担原則をめぐる批判の検討（179）
  - 3 小括 ―― 原因者負担原則の限定的成立（184）
- V 適応策の支援としての気候移住者の受け入れ ―― 185
  - 1 気候移住希望者への適応支援（185）
  - 2 影響国・影響国での生活を希望する国民への支援（187）
  - 3 「尊厳ある移民」（187）
- VI 批判と応答 ―― 188
- VII おわりに ―― 188

| 終 章 | **総括** ——————————————————— 189 |

Ⅰ 本書の理論的総括 ————————————————— 189
  1 総括（189）
  2 公平に開かれた国境政策（191）
Ⅱ 国際的な難民保護制度の規範的意義とその方向性 ——— 192
  1 現在の国際的な難民保護制度の規範的意義（193）
  2 移民と難民の共通性に着目したアプローチへ（194）

あとがき ————————————————— 198
参考文献 ————————————————— 202
事項・人名索引（和文・欧文）————————— 216

初出一覧

本書の基となっている論文は、以下の通りである。いずれも本書の趣旨に沿って加筆・修正を行った。

「移民の正義論——リベラルな平等主義とナショナリズムの関係」
　『法哲学年報 2009』（2010 年）168-174 頁
「グローバルな平等主義と移民・外国人の受け入れ（一）」
　『国家学会雑誌』124 巻 7・8 号（2011 年）68-117 頁
「グローバルな平等主義と移民・外国人の受け入れ（二）」
　『国家学会雑誌』124 巻 9・10 号（2011 年）24-71 頁
「グローバルな平等主義と移民・外国人の受け入れ（三）」
　『国家学会雑誌』124 巻 11・12 号（2011 年）1-32 頁
「グローバルな平等主義と移民・外国人の受け入れ（四）」
　『国家学会雑誌』125 巻 1・2 号（2012 年）1-40 頁
「グローバルな平等主義と移民・外国人の受け入れ（五・完）」
　『国家学会雑誌』125 巻 3・4 号（2012 年）1-25 頁
「医療従事者の国際的な移動・頭脳流出・政治的責務」
　『成城法学』88 号（2020 年）107-131 頁
「どのような状況にある個人が『難民』か——難民の定義をめぐる規範的考察」
　『成城法学』90 号（2023 年）51-79 頁
「人権としての国境を越えた移住の自由——公平に開かれた国境政策」
　『法と哲学』9 号（2023 年）165-191 頁
「気候移住者の受け入れ義務」
　『成城法学』91 号（2024 年）91-128 頁
「難民の正義論——難民保護の規範的根拠をめぐる 3 つの原理」
　『有斐閣 Online ロージャーナル』（2024 年）
「移民を自由化すべきか」
　瀧川裕英編『もっと問いかける法哲学』（法律文化社・2024 年）199-205 頁

序章 **はじめに**

　本書の目的は、リベラリズムを中心とする現代正義論を思想資源とし、国境を越えた人の移動・移住をどのように理解・評価すべきか、そして、国家の外国人に対する入国在留管理政策がどのようであるべきかを探求することである。

　現在の国際社会では、国家は、締約した条約等に抵触しない限り、どのような外国人をどのような条件で受け入れるか否かを決める権限を持つことが、国際慣習法上の原則であると理解されている。この原則のもと、国家は、外国人が入国する際に入国在留審査を実施し、外国人の入国・在留を許可したり、拒否したりしている。外国人の在留許可が期限付きのものである場合には、在留許可の更新の可否についても判断する。入国在留管理関係法に違反する場合等に、外国人を強制的に退去させることもできる。このように、外国人の入国在留の管理に関わる政策を「入国在留管理政策」という。

　国家は、どのような範囲で、入国在留管理政策を実施する権限を持つのだろうか。それは、完全に裁量的な権限であるのだろうか。それは、何らかの制約を伴うものであり、制約の範囲外で、外国人の受け入れ基準や規模を自由に決定できる権限であるのだろうか。何らかの制約を伴うならば、どのような制約が正当であるといえるだろうか。本書では、リベラリズムを中心とする英語圏の現代正義論を思想資源としつつ、国家の入国在留管理政策について、その歴史や実態等の分析・解明ではなく、どのようなあり方が「正当である」といえるかという規範的観点から考察する。

I　本書の問題意識

1　ケンとハーシム

　手始めに、現代における2つの対照的な国際移住の形をみてみたい。

1つ目のケースは、タイのバンコクに暮らす米国人のケン[1]である。ケンは、米国企業の駐在員ではない。英語圏からの旅行者を案内する観光業に従事しているわけでもない。インターネットを通じて、バンコクから世界中の顧客に向けて、デジタル・マーケティングのノウハウをアドバイスし、収入を得ている。ケンが、米国を出てタイにやって来たのは、未知のことを体験することにこそ価値があると思っているためである。ケンにとって居住地を選ぶために欠かせない条件は、インターネットにスムーズにアクセスできることである。逆にいえば、インターネットにアクセス可能でさえあれば、北米であろうと、欧州であろうと、アジアであろうと構わない。大都市であろうと、辺境の地であろうと、仕事に支障はない。決まった期間1か所に留まる必要もない。各地を転々とすることも可能である。

　ケンのように、インターネットを通じてフリーランスで業務を請け負ったり、企業に属していても、リモートワークによって業務を担ったりし、雇用先企業の事業所の立地とは無関係に居住地を選び、移住する個人は「デジタル・ノマド（Digital Nomad）」[2]と呼ばれている。ノマドとは、1か所に定住せず、移動しながら牧畜を営む遊牧民のことを指す。デジタル・ノマドとは、デジタル技術の利用によって、労務のために決まった場所に行く必要がなく、雇用先企業の事業所に行かずに業務をこなし、事業所の立地とは無関係に選んだ居住地で生活したり、新たな経験を求めて、居住地を転々と変えたりする生活形態の人を指している。近年、このようなデジタル・ノマドを対象としたビザの創設が相次いでいるが[3]、デジタル・ノマドには、短期滞在についての査証免除協定に基づき、旅行のような形で各地を転々としながら、労務をこなし、報酬をもらうという形の人もいる[4]。

1　ケンは、BS世界のドキュメンタリー「ポストコロナ働き方の未来 第2話 アメリカンドリーム喪失の中で」（2022年1月5日放送）に登場する人物をモデルとした、架空の人物である。
2　デジタル・ノマドという表現は、牧本次夫とDavid Mannersの共著『デジタル遊牧民―サイバーエイジのライフスタイル』（牧野＝マナーズ1998）に由来するとされる。牧本次夫について、「牧本資料室」〈https://www.shmj.or.jp/makimoto/〉。以下、本書で掲記するURLの最終アクセス日は、個別の記載がない限り、2024年12月3日である。
3　2035年には、デジタル・ノマドとして働く労働者が、世界全体で10億人に達するという試算もある。参照、笹子美奈子「デジタル遊牧民　我が国へ」（読売新聞2022年3月18日朝刊）。
4　デジタル・ノマドについて、滞在国による正規の労働許可が必要であるという見解もある。

2つ目のケースは、シリア人のハーシムである。ハーシムは、エジプトからゴムボートや木造船を乗り継いでヨーロッパを目指している。ハーシムは、シリアの首都ダマスカス近郊の町の水道局の職員だった。シリアでは、2011年に当時の政府を批判した少年への拷問に抗議する反政府デモをきっかけとして、政府軍と反政府軍の戦闘が始まり、内戦と化した。内戦の影響は、ハーシムが住む町にも及ぶようになり、ハーシムの町では、男性は手当たり次第に政府関係者によって連行されるようになった。連行の先に待ち受けていたのは、監禁・拷問だった。ハーシムも連行され、監禁・拷問を受けたが、釈放された。釈放の後、ハーシムは家族とともに別の町に避難した。ハーシム一家はしばらくの間シリア国内を転々とするが、運良くパスポートを取得できたため、エジプトに逃げた。そして、ハーシムはエジプトに家族を残し、さらに、ヨーロッパを目指す。「私は自分の命よりも大きなもの、もっと大きな夢のために命の危険をおかすんだ」、「失敗するなら、私1人で失敗したほうがいい。でも、うまくいけば、私は3人の子供たちの夢を叶えられるかもしれない。子供たち、そして孫たちの夢を」(キングズレー 2016、プロローグ、第1章)。

　2人を取り巻く状況の差は、多くの疑問を生む。なぜハーシムは、旅客機ではなく、正規の旅客船でもなく、顚覆の危険があることを知りながらも、定員を上回る人を詰め込んだゴムボートや木造船で海を渡らなければならないのだろうか。2015年9月に、シリア出身の3歳の男の子が家族とともに乗った船が、トルコからギリシアを目指す途中で転覆し、その遺体がトルコ沿岸に打ち寄せられた事故は記憶に新しい。同様の事故は、その後も繰り返されている。ハーシムにも、同様のことが起こらないといえるだろうか。

　IOM(国際移住機関)は、2014年以来、国際的な移動の過程で落命した移民・難民の規模、落命の原因等の情報を収集し、公表する「失われた移民プロジェクト(Missing Migrants Project)」を実施している。このプロジェクトで把

> デジタル・ノマドは、滞在国の企業に雇用されているわけではなく、インターネット通信を利用して、滞在国とは別の国家に立地する企業との間で契約した労務をこなす。滞在国に短期的にしか滞在しない場合も多く、旅行者を念頭に置いた短期的な滞在資格で滞在し、滞在中に労務を行うという例がある。デジタル・ノマドが所持する旅券(パスポート)の発給国と滞在国の間で査証免除協定が交わされている場合には、査証を取得することなく、入国・滞在する例もある。これに対し、デジタル・ノマドは、滞在国企業に雇用されているわけではないにしても、滞在国で労働に従事していることに変わりはなく、滞在国による労働の許可が必要であるという指摘がある (e.g. O'Neil 2019)。

握している人数だけでも、毎年5,000人前後か、それ以上の個人が国際的な移動の過程で亡くなっている[5]。なぜこれだけ多くの人が、死に至りかねない危険な移動手段を選ばざるを得ないのだろうか。なぜ、一方では、ケンのように、希望の国に何の支障もなく渡航し、滞在し、人生を謳歌する人がいるのに対し、他方では、ハーシムのように、決死の覚悟で渡航せざるを得ない人がいるのだろうか。自国が内戦と化し、政府関係者によって監禁・拷問を受けたハーシムにとって国外への渡航は人権のなかでも「至高の権利（the supreme right）[6]」と呼ばれる「生命への権利」そのものである。それにもかかわらず、なぜ生命への権利を求めるハーシムの方が、より厳しい環境をくぐり抜けて移住を目指さなければならないのか。仮にハーシムが水道局の職員ではなく、医師であったり、ITエンジニアであったりするならば、ハーシムは生命を賭けて渡航する必要はなかったのだろうか。

　ハーシムがシリアを出国した後にエジプトを経てヨーロッパを目指していることに着目して、ハーシムにとってシリアからエジプトへの渡航は生命への権利そのものかもしれないが、エジプトからヨーロッパへの渡航は保護を求めるものではなく、移民のように、より良い生活環境を求めるものに当たるのではないか、と考える人もいるかもしれない。確かにエジプトは難民の地位に関する条約および同議定書（以下、「難民条約・議定書」）の締約国である。エジプトは、ハーシム一家の難民性を審査し、難民に該当するならば、難民条約・議定書に則って保護する義務があるといえる。エジプトは、拷問及び他の残虐な、非人道的な又は品位を傷つける取扱い又は刑罰に関する条約（以下、「拷問等禁止条約」）の締約国でもある。エジプトは、拷問等禁止条約によってもハーシム一家をシリアに送還しない義務を負う可能性がある[7]。なぜハーシムがエジプトを離れたかをここで具体的に明かすことは避けるが、キングズレーの書を読めば分かるように、ハーシムが危険を冒しながらもエジプトを離れた理由は、エジプトよりはヨーロッパの方がより良い生活環境を得られるという希望に満

---

[5] Missing Migrants Project ⟨https://missingmigrants.iom.int/⟩.
[6] UN Human Rights Committee（HRC）, CCPR General Comment No. 6: Article 6（Right to Life）, 30 April 1982 ⟨https://www.refworld.org/legal/general/hrc/1982/en/32185⟩.
[7] エジプトは、国際人権規約の締約国でもある。自由権規約委員会の判断においては、自由権規約6条1項および7条も送還禁止義務を伴うものとして解釈されており、エジプトは、同規約によっても、ハーシム一家をシリアに送還しない義務を負う可能性を有している。

ちたものからはほど遠い（キングズレー 2016、第4章）。

　2人を取り巻く状況をめぐる疑問を1つ1つ挙げていくならば、その疑問は2人の状況の違いを問いただすものを超えて膨らんでいくだろう。そもそも、なぜ人は自由に、国境を越えて住まいを移し、生活することができないのだろうか。なぜケンのように、行ったことがない国に行って、そこで新しい体験をしてみたいというだけの理由で、国際的に自由に移動・移住することができないのだろうか。なぜ危難の回避を目的とする移動でさえ容易ではないのだろう。このことには、説得的な理由があるのだろうか。本書は、このような疑問に答えを見出すべく、リベラリズムを中心とする現代正義論を思想資源としつつ、国境を越えた人の移動・移住をどのように理解・評価すべきか、そして、国家の入国在留管理政策がどのようであるべきかを、規範的観点から探求する試みである。

2　4つの問題意識

　より理論的に説明するならば、本書の背景には、主に4つの観点からの問題意識がある。理論的な問題意識が2つと実践的な問題意識が2つである。

　本書の1つ目の問題意識は理論的なもので、憲法学者の小泉良幸が「シティズンシップへの問い」「『入国の自由』のジレンマ」として定式化している問題である（小泉 2016、131-135頁）。これは、リベラリズムを中心とする英語圏の現代正義論において、外国人の入国在留管理について問う多くの理論家が論題としてきた問題であるが（cf. Carens 2013, pp. 2-3; Cole 2000, pp. 1-15）、ここでは、小泉の定式化に沿って説明したい。

　まず、「シティズンシップへの問い」から説明する。近代立憲主義を理論的に支えてきた政治思想としてのリベラリズムは、個人の道徳的人格としての自由・平等を中心的な理念としてきた。現代正義論におけるリベラリズムの諸理論において、基本的諸自由や基本財、資源、潜在能力等の一定の財・能力は、どのような個人であっても保障されるべき普遍的な権利・利益として主張されてきた。他方で、このような権利・利益は、構成員の範囲が画定された特定の政治共同体における政治的実践なしには、その内容を具体化し保障することはできない。すると、次のような問いが出てくる。

「リベラルな正義原理によって平等な権利・利益の配分に与る人びとの範囲、あるいは、社会契約に参加することを認められる人びとの外延は、何によって画定されるのか。」(小泉 2016、134 頁)

　この問いは、具体的には、国籍付与と外国人の入国在留管理の2分野に関わる問いを含んでいる。第1に、リベラルな正義原理は、そもそも、「平等な権利・利益の配分に与る人びと」や「社会契約に参加することを認められる人びと」の範囲を画定する資格としての国籍付与についてどのような見解を示すのか。第2に、リベラルな正義原理は、国家による外国人の入国在留管理についてどのような見解を示し、「平等な権利・利益の配分に与る人びと」や「社会契約に参加することを認められる人びと」の範囲を画定する資格としての国籍を持たない個人が滞在を希望する場合に、どのような対応を求めるのか。

　次に、「『入国の自由』のジレンマ」について説明する。現在の国際社会では、国籍の付与は各国家の国内管轄事項であると理解されている。1923年のチュニス・モロッコ国籍法事件に関する常設国際司法裁判所勧告的意見は、国際関係の発展によって、各国の国籍付与が国際法によって規律されるようになることがありうるとの留保を付けつつ、国籍付与は国内管轄事項であると示した[8]。その後、国際連盟のハーグ国際法典編纂委員会によって作成され、1937年に発効した国籍法の抵触についてのある種の問題に関する条約において、「誰が自国民であるかを、自国の法のもとで決定することは、各国家の権限に属する」と規定されている（1条）。日本はこの条約を批准していないが、この規定は、国際法上の一般原則を確認したものであると理解されている（木棚 2021、33頁）。そして、外国人の入国在留管理をめぐって、国家は、締約した条約に反しない限り、国籍を持たない外国人を受け入れるか否か、そして、受け入れにあたってどのような条件を付すかを判断する自由があることが、国際慣習法上の原則であると理解されている。

　すると、国家間における社会的経済的格差が著しい現状においては、リベラリズムの理論家は、さらに小泉が「『入国の自由』のジレンマ」と呼ぶ問題に

[8] Advisory Opinion No. 4, Nationality Decrees Issued in Tunis and Morocco, 4, Permanent Court of International Justice, 7 February 1923 〈https://www.refworld.org/jurisprudence/caselaw/pcij/1923/en/20991〉.

も直面せざるを得ない。小泉の表現を再び引用したい。

　「すべての個人の、道徳的人格としての自由・平等にコミットするリベラルにとって、『国境線の内側に偶然生まれただけのあなたが自由と安全を享受できるのに対して、国境線の外側に偶然生まれた私がそれに価しないのはなぜなのか』という、国境警備隊によって銃剣を突きつけられながら発せられる問いに直面して、道徳的ジレンマに陥らざるをえない。リベラルな民主主義国家における構成員資格の保有は、機能的に見て封建的特権に等しい。それは、『生まれ』によって獲得される地位であり、かつ、それによって人生における恵まれた機会と見通しが期待できるような地位として現象している。」(小泉 2016、134 頁)

　本書の 1 つ目の問題意識は、このような「シティズンシップへの問い」のうち、入国在留管理のあり方を問うもの、そして「『入国の自由』のジレンマ」である。近代立憲主義の理論的バックボーンをなしてきた、現代正義論におけるリベラリズムは、国境を越えた人の移動・移住をどのように理解・評価し、国家に対してどのような入国在留管理政策を求めるのだろうか。

　本書の 2 つ目の問題意識は、外国人の入国の自由の人権性である。国境を越えた移動の自由が、法制度において、どのように規定されているかを確認したい。まず、日本国憲法は、国民についても、外国人についても、入国の自由の保障を明文では定めていない。移動や移住をめぐって、日本国憲法上定められているのは、居住・移転の自由と外国に移住する自由である（22 条 1 項・2 項）。以上の規定には、日本国民の海外旅行の自由の保障が含まれていると理解されており[9]、日本国民が日本に入国する自由は、日本国民の海外旅行の自由の保障に含まれていると考えることができる。ほかにも、外国に移住する自由に「帰国する自由」が含まれているという見解もある（佐藤幸治 2020、333 頁）。

　これに対し、日本において、外国人の入国在留管理をめぐっては、1978 年に示されたマクリーン事件最高裁大法廷判決（最大判昭和 53 年 10 月 4 日民集 32 巻 7 号 1223 頁）がリーディング・ケースとなってきた。本判決において、最高

---

[9] 日本国民の海外旅行の自由が、憲法 22 条 1 項と 2 項のどちらに含まれるかについては、1 項とする見解と 2 項とする見解の両方が存在する。また、日本国民の海外旅行の自由の根拠は同法 13 条の幸福追求権にあるという立場もある（芦部 2023、253 頁; 佐藤幸治 2020、333 頁）。

裁は、日本国憲法が、外国人が日本に入国する自由を規定していないことは、外国人の入国の許否は特別の条約がない限り国家の自由裁量であるという国際慣習法上の原則と一致するものであり、日本国憲法上、外国人が日本に入国する自由は保障されていないと判示した。

　国際人権法上の出入国の自由に関する規定も、この原則と基本的に整合的である。市民的及び政治的権利に関する国際規約（以下、「自由権規約」）は次のように定めている。

　「いずれかの国家の領域内に合法的にいるすべての者は、当該領域内において、移動の自由及び居住地を選択する自由についての権利を有する。」（12条1項）

　「すべての者は、自国を含むいずれの国からも自由に離れることができる。」（同条2項）

　「以上の権利は、いかなる制限も受けない。ただし、その制限が、法律で定められ、国の安全、公の秩序、公衆衛生もしくは道徳または他者の権利及び自由を保護するために必要であり、かつ、この規約において認められる他の権利と両立するものである場合は、この限りでない。」（同条3項）

　「何人も、自国に入国する権利を恣意的に奪われない。」（同条4項）

　世界人権宣言13条もほぼ同様の内容を定めている。すなわち、世界人権宣言や自由権規約では、ある国家の領域内における移動の自由や居住移転の自由の保障が規定されている。国際的な移動・移住をめぐっては、出国の自由が、自国を含めていずれの国からも離れる自由として定められている一方、入国の自由の保障は限定的である。自国に入国する権利は定められているが、一般的な意味で、外国に入国する自由が規定されているわけではない[10]。

　以上の法制度をどのように理解すべきだろうか。外国人の入国の自由は、そもそも人権ではないのだろうか。外国人の入国の自由が人権でないならば、日

---

[10]　自由権規約委員会による一般的意見27号は、自由権規約12条4項「自国に入国する権利」の「自国（his or her own country）」とは国籍国よりも広い概念で、自国に入国する権利を持つ個人は、長期滞在者や恣意的に国籍を剥奪された無国籍者等を含むと評している（CCPR/C/21/Rev.1/Add.9, General Comment No. 27 (General Comments)）。この見解からは、長期滞在者や恣意的に国籍を剥奪された無国籍者は「自国に入国する権利」として外国に入国する権利を持つことになり、同項は、外国人の入国の許否は特別の条約がない限り国家の自由裁量であるという国際慣習法上の原則を制約する内容を持つ。

本国憲法の規定は当該見解を反映したものであるということになるが、外国人の入国の自由がなぜ人権ではないかが明らかでなければならない。仮に外国人の入国の自由が人権であるとすると、さらに、多くの疑問が出てくる。憲法や国際法における入国の自由の保障と出国の自由の保障の相違をどのように理解すべきだろうか。出入国管理及び難民認定法（以下、「入管難民法」）は、日本国民の入国（帰国）を確認事項とする一方（61条）、外国人の入国については上陸審査をすることを規定し（6条・7条）、上陸拒否事由を列挙しているが（5条）、自国民の入国と外国人の入国の取扱いの相違をどのように理解すべきだろうか。外国人のなかでも、難民は外国への入国にあたってより切迫した利益を持つわけだが、外国人一般の入国の自由の人権性と難民の入国の自由の人権性とは、どのような関係に立つのだろうか。

　本書の背景をなす3つ目の問題意識は、実践的なもので、現代の先進国の移民受け入れ政策の潮流に対するものである。現代の先進国の移民受け入れ政策の特徴は、選別性が極めて強いことにある。高度な技能や資産を持ち、国家にとって、受け入れることが望ましいと考えられる個人を積極的に受け入れ、中長期的な滞在資格や帰化についても積極的に機会を開く一方、何らかの理由で、国家にとって受け入れることが望ましくないと考えられる個人の受け入れには消極的であることに特徴がある。このような観点から、現代の移民政策は「選別的移民政策（selective immigration policy）」と呼ばれている（小井土 2017）[11]。ケンが気ままに行きたい国に行き、新たな経験を享受する一方、ハーシムが並々ならぬ困難を乗り越えて、安定して生活できる国に逃れようとする背景にあるのは、現代の移民政策のこのような特徴である。「移動条件の格差拡大・二極化」（森＝ルバイ 2014、3-4頁）、「移動性の階層」（柄谷 2016、35-42頁）等の概念でも、同様のことが示されている。

　しかし、歴史を振り返るならば、国家は常に貢献可能性によって移民を選別してきたわけではない。例えば、米国の移民受け入れ政策を参照してみよう。加藤洋子の研究によれば、米国の移民受け入れ政策において米国経済への移民

---

[11] 正確を期すならば、「選別的移民政策」とは、外国人の入国・滞在を認めるか否かだけでなく、その後の在留期間の更新、永住資格の取得、帰化等、長期間にわたる過程を含んだ概念であるとされている（小井土 2017、11-13頁）。

の貢献を重視するようになったのは、1990年移民法の制定以降である。1990年移民法制定当時には、米国民との家族関係を根拠とする移民が多かった。米国での雇用を根拠とする移民は全体の10％程度にすぎず、その数は難民として受け入れた個人の半数弱だった。これに対し、1990年移民法は、米国での雇用を根拠とする移民を25％まで引き上げることを目指した（加藤2014、187-191頁、194頁）。

　もちろん、このような移民政策における貢献可能性に基づく選別性の強化は、グローバル経済の変動やそれを支える技術の革新を中心とした様々な変化が絡んだもので（cf. 小井土2017、7-9頁）、歴史的な文脈抜きに「正しい」とか「正しくない」とは言い難い。しかし、移民政策におけるこのような選別性の強化は個人の機会の享受やグローバルな経済的・社会的格差へ大きな波及効果を持つはずであり、歴史的な文脈を超えた規範的視点による評価もあってもよいだろう。

　本書の4つ目の実践的観点からの問題意識は、日本における国家の入国在留管理権限の理解をめぐるものである。前述したように、日本において、外国人の入国在留管理をめぐっては、1978年に示されたマクリーン事件最高裁大法廷判決がリーディング・ケースとなってきた。マクリーン事件において、最高裁は、「国際慣習法上、国家は外国人を受け入れる義務を負うものではなく、特別の条約がない限り、外国人を自国内に受け入れるかどうか、また、これを受け入れる場合にいかなる条件を付するかを、当該国家が自由に決定することができるものとされている」と述べ、日本国憲法上、外国人には入国の自由が保障されるわけではないと判示した。

　国家が外国人を受け入れる義務を負わないといっても、法務大臣による外国人の上陸許否が入管難民法に拘束されるのは当然のことであり、当該判決は、法務大臣が恣意的な判断で外国人の入国を許可したり拒否したりできることを示すものではない（日比野1998a、42-43頁）。また、そもそも、この最高裁判決そのものが、日本が締結した「特別の条約がない限り」で外国人の入国について裁量的に判断できるにすぎないことを明記しており、この判決が、国家による外国人の受け入れを完全な自由裁量の権限であると述べたわけではないことも明らかである。むしろ、マクリーン事件判決を文字通りに読むならば、マク

リーン事件判決以降に日本が締約した人権条約や国際人権規範の発展によって国家の入国在留管理権限の範囲をめぐる理解が刷新されていくことこそ、マクリーン事件判決の判旨の要請であるだろう[12]。

　ところが、入管難民法に関わる実務において、マクリーン事件判決後に日本が締約した人権条約による制約の存在が十分に認識・反映されているかをめぐっては、懸念を抱かざるを得ない事例が存在している。典型的な例が、2023年入管難民法改正における難民認定申請者を対象とした送還停止効に対する例外の導入である。2023年改正入管難民法では、難民認定申請と退去強制手続きの関係をめぐって、難民認定申請中に退去強制手続きをしないという趣旨を規定した61条の2の9（旧61条の2の6）について例外が設けられており、3回目以降の難民認定申請者（同条4項1号本文）、3年以上の実刑判決を受けた者（同2号）、いわゆるテロリスト[13]等が、この例外に該当する。すなわち、難民認定申請中であったとしても、退去強制が可能となっている[14]。

　日本が1981年に加入した難民条約においては、難民を生命や自由が脅威にさらされる地域に追放・送還してはならないというノン・ルフールマン原則が定められている（33条1項）。国際人権法学において、難民とは、難民認定審査による難民の地位の確定が済んでいるか否かにかかわらず、難民条約・議定書上の難民の定義を満たす者を指すと理解されてきた。このことを踏まえると、難民認定審査によって難民の地位が確定した者だけでなく、難民認定申請中で

---

[12] このような議論として、安藤由香里は、マクリーン事件判決以降に日本が締約した主要な国際人権条約が9あることを指摘し、とりわけ、ノン・ルフールマン原則をめぐって、国際人権条約および国際人権条約に基づく判例法の国際的な展開を日本の入管難民法においても取り入れていく必要性を訴えている（安藤2022）。ほかにも、国家の外国人の受け入れをめぐる自由裁量的な権限を制約する原理のなかにも、国際慣習法として理解されているものが存在するとし、国家の入国在留管理の権限は国際慣習法化した他の原理によって制約されうるという近藤敦の指摘もある（近藤2021a;近藤2021b、第7章）。

[13] 具体的には、公衆等脅迫目的の犯罪行為等のための資金等の提供等の処罰に関する法律が規定する犯罪行為等を行うおそれがある者、国際約束によって日本への入国の防止が求められている者、日本国憲法のもとで成立した日本政府を暴力によって破壊することを企てている者である（入管難民法24条3号の2・3号の3・4号オ〜カ）。

[14] もっとも、3回目以降の難民申請者については、さらに、入管難民法61条の2の9第4項1号括弧書に「難民の認定又は補完的保護対象者の認定を行うべき相当の理由がある資料を提出した者を除く」と規定されており、多様な資料を同号に定める「資料」として許容するならば、ノン・ルフールマン原則違反は生じにくくなる。日本弁護士連合会会長声明は、このような緩やかな解釈・運用を求めている。参照、日弁連「改正入管法の成立を受けての会長声明」〈https://www.nichibenren.or.jp/document/statement/year/2023/230706_3.html〉。

あっても、難民の要件を満たす個人がいる場合には、当該個人をその生命や自由が脅威にさらされる地域に追放・送還することも難民条約上のノン・ルフールマン原則に違反する[15]。したがって、この新たな例外規定は難民条約を代表として、日本がマクリーン事件判決後に締約した条約におけるノン・ルフールマン原則に違反する可能性がある（近藤 2021b、161 頁 ; 安藤 2023、14-15 頁 ; 安藤 2024）。このような実務への関心も、入国在留管理政策を規範的観点から検討する本書の背景をなしている。

II　本書の構成と扱わない内容

本書の主な構成は、以下の通りである。

第 1 章では、本書が前提とする研究領域である「国際移動の正義」とは何かを明らかにし、入国在留管理政策の規範的評価をめぐる現在の法哲学・政治哲学的論争の見取り図を示しつつ、主な先行研究を紹介する。

現代リベラリズムの諸構想が、国境を越えた人の移動・移住を論じる際の考慮は 2 つに大別できる。個人の自由・自律に関する考慮とグローバルな資源・機会の分配に関する考慮である。

第 1 部（第 2 章〜第 4 章）では、このうち、個人の自由・自律に関する考慮に基づく議論をめぐる論争点について考察する。第 2 章では、Joseph Carens による国境を越えた移動・移住の自由一般が人権であるという見解の根拠を明確化し、この立場に向けられた疑問・批判を検討する。第 3 章では、国境を越えた移動・移住の自由一般が人権であるという見解の根拠をめぐって、人生の選択肢へのアクセスの自由の保障を根拠とする Kieran Oberman の議論を手掛かりに、人生の選択肢へのアクセスと国境を越えた移動・移住の自由の保障の関係について明らかにする。第 4 章では、国境を越えた移動・移住の自由一般が人権であるという見解の理論的・政策的含意を論じる。

第 2 部（第 5 章・第 6 章）では、現代リベラリズムの諸構想が、国境を越え

---

[15] 日本において 3 回目以降の申請や 2 回にわたる不認定後の裁判等によって難民認定された事例が存在していることからは、難民を送還する危険は現実のものである。参照、「日本に居たい、送還の不安」（朝日新聞 2021 年 2 月 19 日夕刊）。

た人の移動・移住を論じる際の2つの考慮のうち、グローバルな資源・機会の分配に関する考慮に基づく議論を考察する。第5章では、地球上の陸地や天然資源等の自然物が人類の共有であるという見地から、個人が国境を越えた移動・移住の自由を有することを主張する議論を考察する。第6章では、先進国における移住労働者の受け入れをグローバルな再分配の構想とする国際協力ビザの可能性について検討する。

第3部（第7章～第9章）では、積極的移動と消極的移動の区別を前提とし、消極的移動の受け入れ義務を考察する。第7章では、なぜ難民を保護すべきかをめぐって、難民保護とは、主権国家による国際的秩序の正統性を回復させる機能であると論じる David Owen の議論の再構成を試みる。第8章では、国家による旅客輸送業者への制裁が切迫した移動を困難化しているという問題を踏まえ、国家による旅客輸送業者への制裁が正当性を持つ条件を明らかにする。第9章では、地球温暖化の影響に伴う自然環境・生活環境の変化を原因とする国際的移住の受け入れ義務について検討する。終章では、本書の議論を総括するとともに、議論をさらに進め、移民と難民の共通性に着目するアプローチの進展が重要であることを指摘する。

本書の限界についても触れておきたい。第1に、本書の主な関心は、入国在留管理政策のなかでも入国在留許可であって、在留外国人がどのような権利を持つべきか等、社会包摂・社会統合の問題については扱わない。また、入国在留許可と権利保障の関係についても本格的には扱わない。現実には、外国人の受け入れをめぐっては、端的に受け入れるべきか否かというよりも、どのような権利保障のもとに受け入れるべきかが問題であり[16]、入国在留許可と権利保障の問題を切り離すことができるわけではない。どのような労働に従事可能であるか、社会保障の受給権を持つか、一定期間経過後に永住資格を申請可能であるか、さらには、その後、どのような条件で帰化を申請可能であるか等の問題が、入国在留許可と結びついている。日本においても、在留資格によって享受可能な権利は異なる[17]。しかし、筆者が本書で焦点を当てたいのは、入国在

---

[16] このような関心から、開発途上国の貧困問題が解決していない現状では、移民が受け入れ国の労働市場に参加するための能力を身につけるコストを受け入れ国が負うべきであると論じる議論として、（横濱2015）。

[17] 例えば、生活保護法は国民を対象としており（1条）、一般外国人に生活保護の受給権があ

留許可をめぐる理論的問題であり、入国在留許可と権利保障の関係については本格的には扱わない。

　第2に、入管収容をめぐる問題についても扱わない。入管収容をめぐる問題は、入国在留管理政策の重要な問題の1つであり、とりわけ、日本においては、全件収容主義、入管収容施設内での死亡事件、仮放免・監理措置の条件等、多くの見過ごすことができない課題を長年月にわたって抱えている (cf. 「壁の涙」製作実行委員会 2007; 鈴木＝児玉 2022; 岸見＝髙谷＝稲葉 2023; 小坂田 2024a; 小坂田 2024b)。しかし、本書は、入国在留管理政策のなかでも、国家が外国人に入国在留を許可するか否かをめぐる理論に焦点を当てるもので、退去強制処分や退去強制処分手続きの一環である入管収容の問題については扱わない。

III　本書の概念・用語

1　外国人・移民

　外国人・移民という語の本書での使用について断っておきたい。国籍保持者である国民に対し、国籍を持たずに国家に在留する人々については、外国人、移民、難民、定住者、永住市民（denizen）、移住労働者（migrant worker）等、様々な呼称がある。

　『デジタル大辞泉』を引くと、移民とは「個人あるいは集団が永住を望んで他の国に移り住むこと」と書かれていて、日本語の「移民」という語には永住目的で海外に行く人というニュアンスがある[18]。入管難民法には、入国時に永住権を付与するという形の在留資格は存在せず、入国時から永住可能な在留資格を持つ移住者という意味における移民は日本には存在しないため、過去の日本における外国籍者をテーマとした研究においては、国民と外国人という二分法に即して、外国籍者を「外国人」という概念で把握することが多かった。他方で、「外国人」という語には、管理の対象となることや内と外の区別等を想

　　　るわけではないが、永住者や定住者等一定の在留資格を有する外国人および難民については準用されている（cf. 近藤 2021b、114-116頁）。

[18]　日本で「移民」という語が労働目的で海外に渡航することを意味するようになったのは明治時代であるが、明治時代の日本語の用法では「移民」に「永住を目的とする渡航」という意味は含まれていなかった（森本＝森茂 2018、13-17頁）。

起させる否定的なイメージがあることが指摘されてきた。

　これに対して、近年、社会学を中心として、日本においても、外国籍者を「移民」という語で把握する研究が増えてきている。この背景には、いくつかの理由がある。第1に、もともと、英語の「移民（migrant）」という語は永住目的という意味を含んでいるわけではなく、国際機関の文書や統計等においては、永住目的であるか否かにかかわらず、国籍国の外にいる個人を「移民（migrant）」という語で把握している。例えば、IOMがまとめた「移民についての用語集（Glossary on Migration）」では、「移民（migrant）」を、国際法上の定義は存在せず、国境を越えたか否かや一時的な移動であるか永続的な移動であるかにかかわらず、様々な理由のために常住地を離れた人についての一般的理解を反映した総称であるとしている（IOM 2019, p. 132）。また、「国際移民（international migrant）」を、国籍国（無国籍者の場合には、出生国・常居所国）の外にいる人で永住目的の移住者と一時的な移住者を含むと記している（IOM 2019, p. 112）。「移民（immigrant）」についても、国籍国や常住国から別の国家に移住し、到着先が新たな常住国になった人として説明している（IOM 2019, p. 103）。

　第2に、日本の一般社会においては、日本に移民は存在しないという認識が強いものの、社会学における国際人口移動に関する研究では、日本は1990年頃に、移民送り出し国から移民受け入れ国になったと分析されている（石川 2005; 是川 2018）。このような観点からは、移民国家について、先発的移民国家と後発的移民国家という区別を設け、米国やカナダのような先発的移民国家に対し、日本を後発的移民国家として理解するという研究もある。

　実際、日本人と外国人の間に生まれた子や帰化者の増加に伴って、外国に出自ルーツを持つ日本国籍所持者が増えている。日本国籍の取得には、親が日本国籍を持つこと等を理由として出生時に取得する場合（国籍法2条）のほか、届出もしくは帰化によって後天的に取得する場合（同法3条〜10条）がある。近藤敦によるならば、近年、届出による日本国籍取得者が年間1,000人前後、帰化許可者が年間1万人前後、父母の一方が日本人でもう一方が外国人である子の出生が年間2万人前後存在している（近藤 2021b, 22-27頁）。これらの個人は、外国に出自ルーツを持つとともに、日本国籍を有する日本国民であり、『デジタル大辞泉』に書かれている「永住を望んで他の国に移り住む」という

意味における移民、またはその子孫である移民2世等に相当する。もしくはそれと近い状況にある。

また、日本国籍を有しないとしても、定住性の高い在留資格で日本に在留しており、長期的に日本に滞在する見込みを持つ外国籍者も多い。日本の在留資格は、就労や留学等、日本において遂行可能な活動に基づくものと日本人の配偶者である等の個人の身分・地位に基づくものという2種類に分かれる。このうち、身分・地位に基づく在留資格を持つ外国人は特定の活動のために日本に滞在しているわけではなく、定住性が高いと考えることができるが、日本に中長期に在留する外国人のうち、身分・地位に基づく在留資格を持つ外国籍者は、2023年末において45%を超えている（出入国在留管理庁2024）。

第3に、日本における外国籍者に関わる分析・研究が精緻化するにつれて、日本に居住している人間の集団を、日本国籍の有無という要素のみによって区別し、分析することによっては日本社会の現状や抱えている課題等を有意義に理解することができなくなってきている。そのため、外国籍者に関わる研究では、研究や分析の目的に応じた多様な概念が示されている。一例として、是川夕は、外国人の流入による日本のエスニシティ構成の変化を明らかにするために、「移民的背景を持つ人口」（外国人、帰化者、父母の一方が外国人である子とその子孫）の人口推移とその予測を示している（是川2019、35-37頁）。

このような状況があるが、本書では、基本的には「外国人」という語を使う。本書では、国家がどのような場合に外国人の移動・移住を受け入れるべき義務を負うかが問題となるが、この問いは、国民に対しては、国籍国への入国の権利および国籍国領域における居住権が保障されるが、外国人には同様の権利が保障されていないという、国籍の有無によって権利保障が異なる法制度を前提としている。本書の目的は、この制度が、どのような限度で「正しい」といえるかを説明する理論を探求することであるということもできる。本書が解明しようとしているのは、日本社会の実態ではなく、このような理論的問いであって、国籍によって権利保障を区別すべきか否か、国籍に基づくどのような区別が妥当かは本書の中心的問いの1つであり、本書の企図との関係では、「移民」という表現はこの問いを曖昧にしてしまう可能性がある。日本社会が外国人の存在を尊重する社会であってほしいという願いは筆者も共有するが、本書では、

移民政策、移民国家といった語において「移民」という語を用いることもあるものの、基本的には、国民と外国人という二分法を前提とし、外国籍者を指すために「外国人」という語を用いる。

2　難民

　難民の概念についても述べておきたい。現在の国際的な難民保護体制の中心となっているのは、難民条約・議定書であり、これらにおいては、難民とは、人種、宗教、国籍、政治的意見、特定の社会集団への帰属という 5 つの理由のために迫害を受けるおそれがあり、国際的保護を必要とする者として定義されている（難民条約 1 条・議定書 1 条）。しかし、現在の国際的な難民保護体制は、難民条約・議定書を中心としつつも、難民条約・議定書以外の多国間条約、地域的条約、各国の国内法制によって成り立つ重層的な体制である[19]。日本が締約している人権条約でも、難民条約・議定書と同様のノン・ルフールマン義務を定める条約として、拷問等禁止条約、強制失踪からのすべての者の保護に関する国際条約がある。自由権規約 6 条 1 項および 7 条についても、自由権規約委員会の判断においては、送還禁止義務を伴うものとして解釈されている（安藤 2022; 安藤 2024）。また、日本においても、従来、人道的配慮による在留許可という形で、出身国の政治情勢等を理由に、難民条約・議定書の難民の定義外の個人の在留が可能になってきたが、2023 年の入管難民法改正において、難民条約・議定書における 5 つの理由に関する要件以外の要件を満たす者を「補完的保護対象者」として保護する制度（2 条 3 号の 2、61 条の 2 第 2 項）が創設された。このように、国際的保護の対象者としての難民の定義は広がってきている。

　さらには、本書は、国家による外国人に対する入国在留許否について検討することを主題にしており、本書において、国家がどのような外国人をどのような根拠によって受け入れるべき義務を負うかは、それ自体が問われるべき論題である。そこで、本書でも難民という語を用いる場合があるが、本書では、特定の法制度における難民の定義に従って「難民」という語を用いるのではなく、様々な機会の享受を目的とする移動者である「移民」に対して、危難の回避を

---

19 ｜ 「重層的」という表現については、(川村 2019) に負う。

目的とした移動者という緩やかな意味で、「難民」という語を用いる。

3 移動と移住

　本書の議論が、狭義の移動ではなく、移住を念頭に置いた議論であることにも触れておきたい。移動の自由に関する実定法学の議論や規範的議論には、移動と移住を特に区別することなく論じるものも多い。しかし、移動と移住は異なる。また、移動と移住を区別することで指摘可能な内容もある[20]。移動が、「新宿に行く」などというように、動き回ることや一般的に場所を移すことを指すのに対し、移住は、生活の拠点である居住地を移すことを指す。ここでは、新たな土地に3か月以上滞在するために移動することを、移住と考えたい。

　本書の第2章で取り上げるCarensの議論は、移動と移住を特に区別することなく提示されたものであり、国境を越えた移動の自由と国境を越えた移住の自由が両方とも重要な自由であり、人権性を有することを主張するものである。しかし、国境を越えた移動・移住の自由の保障が、個人の自律的生の充実に寄与するというCarensの指摘は、通過や訪問という意味での移動よりも、居住地を移すという意味での移住に強く当てはまる。

　通過や訪問のみが正当化できればよいのであれば、移動の自由の保障は、通行権としても正当化できるだろう。通過の自由を保障する法制度として、民法上の囲繞地通行権（210条）、海洋法に関する国際連合条約上の無害通航権（17条～25条）[21]、英国法上の「歩く権利（right to way）[22]」等がある。以上の法制度における通過の自由の保障の主な根拠は、①通過の自由を保障することによる公益が大きいこと、②通過という行為が一時的なもので、関係する主体への影響が極めて小さいことである（石口 2016; 石口 2019）。旅行やビジネスでの渡航

---

[20] 移動と移住を区別するならば、移動の自由の保障なしに、移住の自由の保障はできないが、移住の自由の保障なしに、移動の自由の保障が可能であることを指摘できる。例えば、新宿に行く自由がないならば、新宿に住まいを移す自由もないが、何らかの理由で、新宿地域での居住が制限された場合に、新宿に住まいを移す自由なしに、新宿に行く自由だけを保障することは可能である。

[21] 国際法上の無害通航権を移民問題に応用するというアイディアは、福島涼史の報告「日本社会における国家裁量—国際社会からの逸脱」（第3回「COVID-19と人権」フォーラム：不可視の人権侵害を可視化する〔2021年6月16日オンライン開催〕）から示唆を受けたものである。

[22] 英国法上の「歩く権利」について、参照、（平松 1995、391-407 頁; 平松 2002; Sydenham 2019, Chaps. 1-2）。

等、通過・訪問という意味での国境を越えた移動の自由については、このように公益性と関係主体への影響の一時性を根拠に、通行権に類するものとしても正当化できる。これに対し、国境を越えた移住の自由の保障を正当化するには、個人が、ある地点を生活の拠点として選び、選んだ地点を一定以上の期間にわたって生活の拠点とし続けることについて自己決定が尊重されるべき理由を説明する必要があり、個人の自律的生の充実という論拠は、この理由に該当する。本書の見解も、通過や訪問にとどまらず、居住地の選択が人権の1つであるというものである。

また、第3章で検討する Oberman の議論は、人生の選択肢へのアクセスという考慮から、国境を越えた移動の自由の保障だけでなく、国境を越えた移住の自由の保障が支持できることを自覚的に主張するものである。受け入れ社会への影響が大きく[23]、より論争的で、検討の必要性が高いのも移住である。

本書での議論は、狭義の移動に当てはまるものも多く、国境を越えた移動が人権として保障されるべきであるという見解を排除するものではないが、本書で議論の俎上に載せたいのは、国境を越えた移動の自由ではなく、国境を越えた移住の自由である。このことを明示するため、第1章で紹介する研究分野の名称としては、煩雑を避けて「国際移動の正義」という名称を使うが、第2章以下の議論では、移動と移住の両方を指す場合には、「移動・移住」と並記する形をとる。

4 リベラリズム（自由主義）

本書のリベラリズムの理解についても述べておきたい。リベラリズム（liberalism）は、近世・近代の西欧に淵源を持ち、個人の自由の尊重を重視する法・政治思想であるが、歴史を通じて、リベラリズムが対峙してきた現実や法・政治思想には変遷があり、多義的・多面的な思想として知られている（cf. 川崎 2004）。とりわけ、社会的身分に規定された中世・近世西欧の政治体制を批判し、個人の政治的自由・経済的自由を擁護した古典的リベラリズムの諸思

---

[23] もっとも、近年、内外からの訪問客の著しい増加や常軌を逸した振る舞いによる生活環境の悪化は、「オーバーツーリズム」と呼ばれ、様々な対策が提案されている（cf. 国土交通省観光庁 2024）。

想とその後の現代リベラリズムの諸思想とでは主張内容が大きく異なる場合がある。現代リベラリズムの諸思想は、貧富の差の拡大によって労働者の権利運動が発生し、マルクス主義・共産主義思想・革命の台頭を経験しつつ、政府による労働政策や社会保障政策が実現していった時代を経て再生した歴史から、政府による再分配を支持する平等主義的側面を持ち、個人の経済的自由の尊重を擁護する古典的リベラリズムと相容れない内容を持ちうるためである。このような思想的な多面性から、リベラリズムと結びつけられて支持されてきた政策パッケージも一様ではない。そのため、リベラリズムの諸構想を共通の要素を持つ1つの思想伝統として理解することが可能であるかという問題が提起されうる。

　井上達夫は、このような状況を「リベラリズムの同一性危機」と呼び、リベラリズムを同定するのは、それが依拠する価値ではなく、それが取り組もうとしている課題であると応答する。井上によるならば、リベラリズムの課題とは、多様な価値観に基づき、多様な人生設計を有する諸個人が、いかに互いの異なる価値観や人生設計を尊重しつつ、社会・秩序を形成可能か、そしてその原理的条件としての「正義」とは何かという問いである（井上 2021、206-216 頁）。井上は次のように述べる。

　「善き生の諸構想から区別された社会構成原理としての正義への問いを有意味な問いとして成立させるとともに、それへの解答の試みを規定するような価値前提には、様々なものがあり得る。……要するに、単一のリベラルな価値前提があるというよりも、一群の競合する価値前提についてリベラルな展開というものが存在するのである。

　この展開の結節点をなしているのが、リベラリズムの課題としてここに示した問いである。……リベラリズムの『企て』とは、実相に即して言えば、様々な前提から同じ問いを問い、解答の優劣を競い合う諸思想の『共同投企（joint venture）』である。」（井上 2021、215-216 頁）

　本書も、リベラリズムのこのような理解に基づく。本書は、「リベラリズムを中心とする現代正義論に基づき、国境を越えた人の移動・移住をどのように理解・評価すべきか、国家の入国在留管理政策がどのようであるべきかを探求すること」を目的として掲げているが、この問いは、リベラリズムの特定の構

想がどのような入国在留管理政策を求めるかを明らかにするものではない。多様な価値観・人生設計を持ち、自由で平等な人格としての個人を理論的出発点として社会秩序を構想・評価する諸思想の共同投企としてのリベラリズムにおいて展開可能な多様な論理が、国家に対してどのような入国在留管理政策を求めるかを探求することを目的としている。

第 1 章 国際移動の正義と先行研究

I 国際移動の正義

　本書は、外国人の国境を越えた移動・移住や国家の入国在留管理政策について規範的観点から考察することを目的とする。そのため、本書の先行研究は、入国在留管理政策のあり方を含めて、国境を越えた人の移動・移住をめぐる問題について規範的観点から分析した理論である。ここでは、このような理論の総体を「国際移動の正義（justice in international movement of people）」と呼び、簡単に紹介しておきたい。

1　「国際移動の正義」とは何か

　「国際移動の正義」とは、移民や難民等、国境を越えた人の移動・移住をめぐる問題について規範的観点から分析した理論の総体である。「正義」という言い方をするのは、米国の政治哲学者である John Rawls の正義論の批判的検討を中心として発展してきた英語圏の現代正義論において、国境を越えた人の移動・移住をめぐる問題について論じた理論を中心としているためである。

　英語圏の現代正義論の研究においては、Rawls の正義論の批判的検討・発展的考察を出発点としつつも、古代以来の歴史的な西洋哲学・思想を様々に参照したり、経済学における規範的議論等も自由に引用したりして、新たなアイディアを提示することが目指されている。また、規範的議論の前提には、人類学、社会学、歴史学、実定法学、政治学等が明らかにしてきた事実・実態がある。規範的議論の現実への適用可能性を考えるにあたっても事実・実態は重要であり、国際移動の正義の研究においても、移民・難民に関する実証的研究への参照なしに思索を重ねることはできない。

井上達夫・名和田是彦・桂木隆夫が、法哲学とは、「利用可能な知的資源は何でも貪欲に動員して、人間社会の秩序原理を根源的かつ全体的に考察する学問であり、まさに『知の学際連携』を使命としている」（井上＝名和田＝桂木1992、282頁）と言ったように、法哲学の一分野である国際移動の正義も、国際的な移動をめぐる人間社会の秩序原理を明らかにするために、利用可能な知的資源を分野を問わずに活用して考察する学問である。そのような意味で、考察の中心となっているのが、英語圏の現代正義論において国境を越えた人の移動・移住をめぐる問題について論じた理論であるものの、国際移動の正義とは、国境を越えた人の移動・移住をめぐる問題について、規範的な視点を採り入れつつ分析された実証的な研究を含めて、規範的観点から分析した理論の総体である。

　一口に国境を越えた人の移動・移住をめぐる問題と言っても、様々なものがあり、国際移動の正義は、複数の分野に分けることができる。ここでは、代表的なものを挙げておきたい。第1に、国境を越えた人の移動・移住をめぐる問題について規範的観点から分析した理論のなかでも、移民に関わるものを「移民の正義（justice in immigration）」、難民に関わるものを「難民の正義（justice of refugees）」と呼ぶことができる。第2に、出入国管理に関わるものを「出入国管理の正義」、社会包摂・社会統合に関わるものを「社会包摂の正義」、「社会統合の正義」と呼び分けることができる。出入国管理が、国民および外国人の出国・入国をめぐる問題であるのに対し、社会包摂・社会統合とは、国民と外国人がどのような形で社会を構築し、共存していくかという問題であり、受け入れ国における外国人への権利保障、義務賦課、滞在支援策、文化的配慮等の課題を指す。第3に、出入国管理の正義には、出国に関わるものと入国に関わるものがあり、「出国の正義」、「入国の正義」と区分することもできる。

　以上の区分は一応の区分であって、厳密に分けられるものではなく、互いに重なり合っている。例えば、外国人が社会保障制度においてどのような権利を持つかは、移民であっても、難民であっても問題になる点であり、その意味で、移民の正義の問題でもあり、難民の正義の問題でもある。また、外国人への権利保障の問題の1つであるという意味では、社会包摂の正義の問題でもある。

2 「グローバルな正義」の一分野としての国際移動の正義

　国際移動の正義は、現代正義論の一分野として説明することができるが、なかでも、「グローバルな正義（global justice）」と呼ばれる、地球規模の問題や国際関係に関わる規範的議論と関係が深い。国際的な移動には様々な要因があるが、大きな要因は経済的なものと政治的なものであるだろう。国際的な移動の大きな要因の1つが経済的なものであるという点からは、国際移動の正義は、グローバルな貧困や経済的・社会的格差を論じることを主題とするグローバルな分配的正義と関係する。また、政治的な要因があるという点では、国家の政治体制の正統性問題と国際秩序の関わり、人権の国際的保障等とも結びつく。武力紛争も国際的な移動の要因であり、戦争の正義にも関わる。気候変動に関連するとみられる災害や自然環境の変化を理由とした移動が増えていることからは、気候正義とも接点を持つ。

　英語圏の現代正義論においてグローバルな正義にテーマを絞った教科書・概説書が出版されるようになってきているが、そのような文献では、概ね1つの章が国際移動の正義の解説に充てられている（e.g. Risse 2012b; Tan 2017; Christensen 2020）。国際社会における貧困・格差をめぐる理論的課題を探求するグローバルな分配的正義の教科書の中で、国際移動の正義を扱った例もある（e.g. Armstrong 2012）。オックスフォード大学出版局が刊行しているハンドブック・シリーズでグローバルな正義をテーマとした、『グローバルな正義についてのオックスフォード・ハンドブック（The Oxford Handbook of Global Justice）』も、グローバルな正義を7つのテーマに分け、1つを「国境と領域権」とし、移民に関する理論を扱っている（Brooks 2020）。

II　先行研究の紹介と本書の目的

　ここでは、Rawls以降の正義論において、国境を越えた人の移動・移住の規範的研究に取り組んだ初期の文献で、現在の国際移動の正義における論争を形づくったものと、その後の理論で、本書のテーマである外国人の入国在留管理政策の規範的評価を扱った代表的文献を挙げておきたい。

1　1980年代の文献とRawlsの立場をめぐる議論
(1)　1980年代英語圏の代表的文献

　英語圏の現代正義論は、「ロールズ産業」と揶揄されるように、米国の政治哲学者であるRawlsの正義論の批判的検討・発展的考察を中心として発展してきた。Rawls以降の正義論において、国境を越えた人の移動・移住をめぐる問題を扱った初期の代表的な著作は3点挙げることができる。いずれも1980年代に書かれたものである。Michael Walzerの著書『正義の諸領域——多元主義と平等の擁護（Spheres of Justice: A Defense of Pluralism and Equality）』、Joseph Carensの論文「異邦人と市民——開放的国境政策の論拠（Aliens and Citizens: The Case for Open Borders）」、Peter Singer & Renata Singerの論文「難民政策の倫理（The Ethics of Refugee Policy）」である[1]。

　Walzerは、『正義の諸領域』において、複合的平等（complex equality）という平等観を示したが、その最初の章で、政治共同体の構成員としての資格こそが分配の対象となっている財の1つであるという洞察を示している（Walzer 1983, p. 29）。また、自己統治の観点から国家による入国在留管理の権限を根拠づけつつ、国家が個人の難民化に加担した場合等、いくつかの場合に国家は難民を保護する義務を有すると論じている（Walzer 1983, pp. 32-35, 49, 60-62）。

　Rawlsの正義論において、移民問題をどのように扱うことができるかという議論を提起したのがCarensの論文「異邦人と市民」である。Carensは、同論文で、Robert Nozickによる自己所有権を核としたリバタリアニズム、Rawlsが主張する無知のベールの下の選択によるリベラリズム、功利主義の3つの立場のいずれもが出入国の制限を正当化することはできないと論じた（Carens 1987）。

　Singer & Singerは、功利主義の観点から、難民自身や受け入れ社会の住民等、関係者の利益を等しく考慮するならば、現在の国際社会においては、裕福な国家は現状よりも多くの難民の受け入れ義務を負うと論じた（Singer & Singer 1988, pp. 121-129）。

---

[1]　このほか、1980年代の著作としては、Mark Gibneyの『よそものか友人か—新しい外国人受け入れ政策のための原理（Strangers or Friends: Principles for a New Alien Admission Policy）』（Gibney 1986）を挙げることができる。Singer & Singerの論文は、Mark Gibneyが編集した論文集『開放的国境？閉鎖的社会？—倫理的政治的問題（Open Borders? Closed Societies? The Ethical and Political Issues）』（Gibney 1988）に収められている。

もっとも、以上の貴重な問題提起の重要性は、1980年代から90年代にかけては、あまり理解されなかったようである。例えば、Carens は、著書『移民の倫理』で、論文「異邦人と市民」が3つの著名な学術誌で掲載許可が下りず、4番目に投稿した学術誌で掲載されることになったというエピソードを明かしている（Carens 2013, pp. ix-x）。2001年に『排除の哲学（philosophy of exclusion）』を公刊し、リベラリズムの基底的価値である個人の人格的平等とリベラリズムが前提とする政治共同体におけるメンバーシップの管理との理論的整合性について問題提起した Phillip Cole も、1990年代に、「排除の権利」を扱った最初の論文が、査読されることなく戻ってきた経験があると記している（Cole 2014, p. 600）。

(2)　Rawls の国際的正義論と移動

(a)　『諸人民の法』における議論

　Carens の論文「異邦人と市民」は、Rawls が国際的正義について論じた著書『諸人民の法（The Law of Peoples）』出版以前のものであるが、Rawls は『諸人民の法』においても、国際的な移動・移住を国際的正義の問題として本格的に取り上げることはなかった。Rawls は、国際社会を政治体制のあり方や開発段階等を基準に5種類の国家に分け、「諸人民の法」という国家間の規範をリベラルな社会と良識ある階層社会という2種類の国家の間の規範として構想した（Rawls 1999b, pp. 3-5）。そして、この2種類の国家においては、宗教的少数派や民族的少数派の迫害、政治的抑圧、飢餓、人口増加、女性の抑圧等、国際的な移動の原因が生じないと、著書の冒頭部分で断っている（Rawls 1999b, pp. 8-9）。原初状態で想定されている人間と社会の関係について、人は、出生によってのみ社会に加わり、死によってのみ社会から去るとも述べている（Rawls 1999b, p. 26）[2]。

　他方で、国際的な移動・移住にまったく言及していないわけでもなく、『諸人民の法』には、国際的な移動に関する記述が少なくとも2か所ある。

---

[2]　Colin Grey は、Rawls が、国際的移動について積極的に論じない理由について、移民が異なる正義の観念を持ち込み、社会の安定性を損なうためであると論じている（Grey 2015, pp. 6-7）。Grey 自身も、個人の正義感覚と社会の正義構想が合致することを重視し、社会における正義構想の安定性は、強制のみによって確保できるものではないとして、国家が外国人の受け入れについて判断する権能を持つべき主な根拠を、社会における正義構想の安定性の確保と国民が形成した期待の保護に求めている（Grey 2015, pp. 68-73, 155-158）。

第1に、Rawlsは、各人民はそれぞれの領域やそこにおける生活環境、人口規模等についてそれぞれに責任を負うべきで、国際的な移動によってこの責任を埋め合わせることはできないと述べ、人民には移民を制限する条件付きの権利があると記している (Rawls 1999b, p. 39)。

　この記述が興味深いのは、国家間の再分配をめぐるRawlsの議論と重なるためである。Rawlsは、政治文化や資源や人材の不足のために、一定の政治・社会体制を持つことが妨げられている社会を「重荷を負う社会」と呼び、リベラルな社会と良識ある階層社会から成る「よく秩序づけられた社会」の長期的な目標は、重荷を負う社会をよく秩序づけられた社会に迎え入れることであるとした。そして、「諸人民の法」8原理のなかに重荷を負う社会への援助義務を含めたが、他方で、秩序樹立のための支援を超えた国家間の再分配については明確に否定した。政治・社会体制が構築された後も援助を続けることは政治的自律を侵すという考慮を示したほか、積極的な経済産業政策によって経済的に発展した国家からそれを避けたために経済的に停滞した国家への再分配を問う例を通して、国家間での再分配が不公正でありうることを示唆した (Rawls 1999b, pp. 105-120)。このような議論の重なりからは、Rawlsは、個人には自分自身が生まれた社会の生活環境を築いていく義務があり、個人が移民によって生活環境を改善することについて不公正であると評価していたようにみえる。

　第2に、良識ある階層社会について、国教を定めている国家では、宗教的少数派に信仰の自由が保障されなければならないだけでなく、出国の自由の保障と出国のための支援を提供しなければならないと論じている (Rawls 1999b, p. 74)。しかし、この部分の議論がそれ以上敷衍されることはなく、「諸人民の法」8原理のうちの人権尊重原理において挙げられている具体的人権には、出国の自由の保障や難民としての保護を享受する権利等は明示されていない (Rawls 1999b, pp. 65, 78-79)。

(b)　Rawlsの見解をめぐる批判

　Rawlsの見解をめぐっては、複数の内在的批判が提起されている。

　第1に、Rawlsは、個人が、自分自身の先天的能力や社会的地位等の個別の情報を持たないという仮想的状況での合議（無知のヴェールの背後の選択）において、基本的自由の保障を求める第1原理と社会的・経済的格差の許容条件を

示した第2原理という2つの正義原理の合意に至るとしたが、この合議において、選択の当事者は、国境を越えた移動・移住の自由の保障についても合意するのではないかという批判がある。これは、Carens の論文「異邦人と市民」における主張の1つである。Carens は、国境を越えた移動・移住の自由は個人の人生設計に不可欠であり、仮想的状況での合議によって採択される正義原理のうち、第1原理が保障する基本的自由には国境を越えた移動・移住の自由が含まれるべきであると論じた（Carens 1987, p. 258）。

Carens は、国境を越えた移動・移住の自由の制約についても次のように論じている。Rawls の正義論においては、第1原理が第2原理に優先し、また、第2原理の第1条件が第2条件に優先するという原理の適用順序（辞書的順序）から、個人の自由の制約は、他者に対する自由の保障が理由である場合にのみ許容される。このことから、国境を越えた移動・移住の自由の保障が公的秩序の崩壊を招き、個人の自由の保障を危うくする場合には、外国人の受け入れに対する制約が正当化できるが、この制約が可能であるのは、公的秩序の維持を可能にする限りにとどまる（Carens 1987, p. 259）。また、同様に、第1原理の実現への優先的配慮からは、公的秩序の崩壊の現実的危険のために、外国人の受け入れを制約せざるを得ない非理想的状況においては、経済的機会を追求する移住希望者よりも、基本的自由の侵害を理由とした移住希望者が優先されるべきである（Carens 1987, pp. 260-261）[3]。

以上の議論には、Rawls が『諸人民の法』においては、リベラルな社会は、国内社会の方針をめぐる原理選択の後、同様に、各社会の代表が、自分自身が代表している社会の領土・人口の規模や資源の保有量等についての情報を持た

---

[3] Colin Grey は、基本的諸自由の保障は、Rawls の道徳的人格としての構想に不可欠であるため、基本的諸自由が侵害されている外国人の受け入れが優先されるべきであるという Carens の主張と同様の内容を「正義に適う移民ガバナンス（just governance of immigration）」の原理として結論づける。しかし、この原理に至る議論の過程では、国境を越えた移動・移住の自由は基本的自由の1つであるとしつつも、国境を越えた移動・移住の自由の保護には、一般的には、辞書的順序に基づく優先性が該当しないと論じている（Grey 2015, pp. 194-209）。Grey は、国境を越えた移動・移住の自由の保護が辞書的優先性を持たない理由の1つとして、国境を越えた移動・移住の自由は、個人が道徳的人格として生きることに常に関わるわけではないという点を挙げており（Grey 2015, pp. 201-202）、この議論は、Grey の結論と矛盾する。Grey の議論を整合的に理解するための方法は、基本的自由のなかでも、移動・移住の自由とその他の自由では性格が異なり、さらには、移動・移住の自由は他の自由を実現するための道具的価値しか持たないという見解を補うことであるだろう。しかし、筆者はこのような議論が成り立つ可能性については懐疑的である。

ないという仮想的状況での合議によって、国際社会の方針をめぐる8つの原理（「諸人民の法」）に合意すると論じたことを踏まえるならば、次のような議論も付け加えることができるだろう。「諸人民の法」8原理のうち、人権尊重を内容とする第7原理には、個人が国境を越えて移動・移住する自由、もしくは、前述したように、出国の自由や庇護を受ける権利が含まれるのではないか。

　第2に、人は、出生によってのみ社会に加わり、死によってのみ社会から去るという見解（「閉じられた社会（closed society）」前提）が道徳的人格の構想と両立しないという批判がある。Seyla Benhabibがこのような指摘をしている。Benhabibは、個人は、各々の善を追求する能力と正義感覚を持つというRawlsの道徳的人格の構想からは、個人は、自らが生まれた社会が自分自身の善の構想に合わない場合には、社会を去る権利を必要とするため、Rawlsの道徳的人格の構想が「閉じられた社会」前提と両立しないと述べる（Benhabib 2004, p. 85-86; 向山訳、80頁）。

　第3に、Rawlsの『諸人民の法』における国際的正義論は、非理想理論として、国境を越えた移動・移住に関する原理を必要とするという指摘がある。Colin Greyは、以下の理由で、Rawlsが国際的な移動について本格的に論じなかったことは、残念な欠落であるとしている。国際社会が、リベラルな社会と良識ある階層社会で構成されるという理想的状況では、国際的な移動の原因が生じないというRawlsの想定が正しいかもしれない。しかし、この想定が正しいとしても、無法国家や重荷を負った社会が秩序だった社会へとすぐには移行できず、国際社会には、リベラルな社会と良識ある階層社会のほか、無法国家や重荷を負った社会も存在するという非理想的な状況がある程度続くことが想像できる。この非理想的な状況が続く期間に、無法国家や重荷を負った社会から国際的な移動を試みる個人がいるはずであり、この期間に国際的な移動をどのように管理すべきかという問題が存在する（Grey 2015, pp. 4-5）。

2　入国在留管理政策の規範的評価をめぐる代表的文献

　次に、その後の理論的展開を踏まえて、本書のテーマである入国在留管理政策の規範的評価をめぐる代表的文献を、論争の見取り図を示しつつ、挙げておきたい。

(1) 入国在留管理政策をめぐる論争の見取り図

　まず、論争の見取り図を示したい。筆者は、入国在留管理政策の規範的評価をめぐる議論は、3つの問いによって、立場が大まかに区別されると考えている。

　1つ目の問いは、国家ないし国家を構成する集団は、外国人の入国・在留を管理する権限を持つか、である。国家が、外国人の入国在留管理の権限を持つとは、国家が、外国人が入国・在留するための要件を定め、この要件に該当するか否かで、入国・在留の可否を判断することを意味する。このような権限が、国家ないし国家を構成する集団が持つべき正当な権限であるか否かが1つ目の問いである。

　2つ目の問いは、国家が、外国人の入国・在留を管理する権限を持つ場合に当該権限が規範的観点からまったく制約を受けない自由裁量の権限であるか、何らかの規範的制約を受ける権限であるか、である。自由裁量の権限であると考える場合には、国家が、どのような理由で外国人を選別して受け入れようとも、どのような理由で外国人の入国・在留を拒否しようとも、各国の判断のうちであるということになる。これに対し、国家の入国在留管理の権限が規範的制約を受けると考える場合には、国家は、規範的制約の範囲外で、自由に判断する権限を持つという立場に立つ。例えば、外国人の入国在留管理が差別禁止規範によって制約を受けると考えるならば、特定の宗教の信者である等、差別的な理由で滞在を拒否してはならないことになるが、特定の技能を有するか否か等、差別的ではない理由に基づいて滞在の可否を判断することは構わないと主張できる。このほか、外国人の入国在留管理が家族同伴の権利によって制約を受けると考えるならば、外国人を受け入れる場合には、外国人が希望する限り、その家族を共に受け入れなければならないが、そもそもどのような基準で外国人を受け入れるかについては受け入れ国が判断して構わないと主張できる。

　そして、3つ目の問いが、国境を越えた移動・移住の自由一般が人権として保障されるべきか、である。国家の入国在留管理政策が規範的制約を受けるという立場に立つ場合に、どのような根拠による規範的制約が正当であると考えるかという点で、さらに見解が分かれる。外国人の入国在留管理を規範的に制約すべき根拠の候補は多く、実定法上の議論としては、差別禁止、家族の呼び

寄せ、難民保護、再入国等がある。

これに対し、規範的研究において提起されており、最も論争的であるのが、国境を越えた移動・移住の自由が人権であるという見解である。この見解が最も論争的である理由は、この見解が、外国人を受け入れ国への貢献可能性によって選別するという実践と相容れず、国家の入国在留管理政策を規制する余地が極めて大きいためである。仮に国境を越えた移動・移住が人権として保障されるべきであると考える場合には、国境を越えた移動・移住についても他の人権と同様に制約されるべき合理的な理由がない限り、制約することはできない。国家が、外国人の受け入れを拒否すべき正当な理由はあるにしても、そのような理由に該当しない限り、外国人の移動・移住を受け入れることが原則となる。また、目的が正当であるだけでなく、外国人の受け入れ拒否という手段が、制約目的の実現に見合ったものでなければならない。したがって、この立場に立つならば、外国人の受け入れ拒否が正当である場合はありうるが、一定の資産や技能を有するか等の基準を設けて外国人を受け入れ国への貢献可能性によって選別する政策は、基本的に許容できないことになる。

他方で、差別禁止、家族の呼び寄せ、難民保護、再入国等、国境を越えた移動・移住の人権性以外の規範的制約の主張は、当該規範的制約の範囲外で外国人の積極的選別を行うことを理論的に許容できる点で、外国人の能力や資力による選別と相容れないということにはならない。したがって、国家の入国在留管理政策が規範的制約を受けるという立場に立つとしても、国境を越えた移動・移住の自由一般が人権であり、この規範によって、国家の入国在留管理政策が規制されるべきであると考えるか否かで立場が隔てられる。

以上の理解をフローチャートにしたものが、図1である。国境を越えた移動・移住の自由が人権であるという見解に基づく入国在留管理政策観を「貢献可能性による選別なしの裁量規制論」、それ以外の根拠に基づく規範的制約の主張に基づく入国在留管理政策観を「貢献可能性による選別を含む裁量規制論」と呼んでいる。

貢献可能性による選別を含む裁量規制論における規範的制約根拠は、1つだけでなく、複数の根拠を支持することが可能である。例えば、入国在留管理政策が、難民保護と家族の呼び寄せの両方の観点から制約されることを支持する

図1　入国在留管理政策の規範的評価をめぐる論争の見取り図

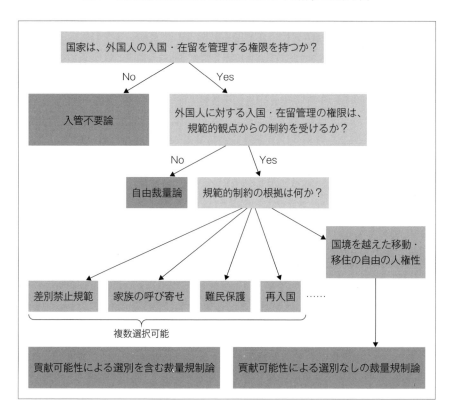

という立場がありうる。この場合には、難民性がある個人が入国を希望した場合には、それを受け入れなければならず、また、外国人労働者が家族を伴って移住することを希望する場合には、家族を含めて受け入れなければならないことになるが、外国人労働者の選別にあたっては、技能の有無によって選別したり、難民保護と家族の呼び寄せ以外の理由に基づいて、外国人の受け入れを拒否したりすることを許容するという立場になる。

(2)　代表的文献の紹介

代表的文献の紹介に移りたい。前述した1つ目の問いに対して、そもそも、国家は外国人の入国・在留を管理する権限を持たない、もしくは持つとしても極めて限定的にしか持たないという立場がある。このような立場の代表例は、個人の自由を重視する観点から、政府の社会・市場への介入に批判的なスタン

スをとるリバタリアニズムである。リバタリアンによれば、国家による外国人の入国在留管理は、外国人の移動・移住の自由とともに、受け入れ国住民の経済的自由や契約の自由を尊重しない点で不当である。土地や建物の所有者である個人が、国民・外国人を問わず、別の個人に対して自己の所有する土地の通行や自己の所有する土地・建物での滞在を許可する権利は持つものの、そのような個人の許可を越えて、国家が外国人の入国・在留の可否を判断する集合的権利を持つべきではない（Steiner 1992, pp. 90-94; 森村 2014a, 112-115 頁）。リバタリアニズムと一括りにしても、国家の適正な規模については、論者によって見解が異なる。国家の廃止を主張するアナルコ・キャピタリズムの立場に立てば、そもそも国家が不要である以上、国家の領域管理も不要であるということになり、防衛・治安の維持等最低限の機能のみを認める立場に立てば、このような最低限の機能に含まれる範囲でのみ、集合的な領域管理を国家に委ねることになるだろう[4]。

　他方で、1つ目の問いに対して、国家は、外国人の出入国を管理する権限を持つという立場もある。外国人の出入国を管理する権限の根拠について明らかにした議論は多いが、代表的な文献として、前述したWalzerの『正義の諸領域』（Walzer 1983）のほか、Christopher Heath WellmanとPhillip Coleが論争する形で書かれた『移民の倫理を討議する――排除する権利はあるか？（Debating the Ethics of Immigration: Is There a Right to Exclude?）』（Wellman 執筆箇所）（Wellman & Cole 2011）、David Millerによる『ナショナルな責任とグローバルな正義（National Responsibility and Global Justice）』（Miller 2007）、Ryan Pevnickによる『移民と正義の制約（Immigration and the Constraints of Justice）』（Pevnik 2011）を挙げることができる。

　Walzerは、国家の外国人の入国在留管理権限を自治・自己統治の観点から擁護している（Walzer 1983, pp. 61-62）。ほかにも、国家が外国人の入国在留管理の権限を持つことそのものは、多くの論者によって自治・自己統治の一環として正当化されている（e.g. Miller 2007, pp. 222-223）。Pevnickは、個人は自国にお

---

4 | もっとも、個人の自由を徹底的に重視するリバタリアニズムも、外国人の受け入れをめぐって一枚岩ではなく、森村進は、リバタリアニズムのなかにも、より保守的な見解をとる論者がいることを紹介している（森村 2014b）。

いて様々な形で公共財を含む公共設備・制度の創出・維持に関わっており、それらへの寄与から、国家を構成する集団は、自国の公共設備・制度に対し、共同で所有権を持つと論じている。Pevnick の議論も、自治そのものではなく、自治を通して生み出された財に着目するという点で、視点は異なるが、自治の議論のバリエーションであると考えられる（Pevnick 2011, pp. 11, 33-38, 53-55）。このほか、Wellman は、誰もが任意に団体を結成し、団体はその意思に基づいて自由に活動を行うことができるという結社の自由を根拠に、国家も、その構成員を決定する権限を持つと述べる（Wellman & Cole 2011, pp. 29-41）。Miller は、外国人の入国・在留を管理する権限を、国家を構成するネイションが持つ領域についての権利（領有権）に含まれるものとして構想する。Miller の議論で特徴的なのは、領域が持つ象徴的価値の維持も入国在留管理権限の根拠としている点である。Miller は、移民の受け入れは、領域の価値や景観等に影響を与えることから、移民の受け入れを判断する権利はネイションが持つ領有権の一部であり、国家は、ネイションを代表する限りで入国在留管理の権限を持つと論じる（Miller 2007, pp. 214-223）。

　次に、国家が、外国人の入国在留管理の権限を持つことに同意したとしても、入国在留管理政策の内容が、何らかの規範的観点からの制約に服すべきか否かという2つ目の問いをめぐって、自由裁量論と裁量規制論という2つの立場に分かれる。2つの立場は理念型であって、国家による外国人の入国・在留を規制する権限を完全な自由裁量の権限であると主張する論者は、実際のところ、ほとんどいないと筆者は考えているが、自由裁量論に近い議論を提示している論者としては Wellman や Miller を挙げることができる[5]。

5　このほか、Michael Blake も同様の立場をとり、Blake は近著において、正義ではなく「慈悲（mercy）」を外国人に対する入国在留管理の理念とすることを提案している（Blake 2020）。Blake が概念化する「慈悲」とは、他者に残酷な処遇をしないことである。正義の考慮によって許容される処遇であっても、その効果が残酷であることを理由として、当該処遇を避けることを指す（Blake 2020, pp. 188-190）。Blake は、一定の外国人の受け入れ拒否は不正なのではなく無慈悲であると説明し（Blake 2020, pp. 146-150, 176-182, 210-212）、このような説明によって、国家による外国人の受け入れをめぐる裁量的な判断と一定の外国人に対する受け入れ拒否や強制送還への非難とが両立することを示そうとしている。
　以上の Blake の議論は、一方では、外国人に対する入国在留管理をめぐって新たな視点を示す興味深い試みであるといえる。しかし、他方で、国家は正義を超えた慈悲を施す主体でなければならず、無慈悲であることは非難の対象となるとしつつも、慈悲が外国人に対する受け入れ義務を生じさせるわけではないという主張は、自由裁量論に近い立場を曖昧化しているだけであるようにもみえる（cf. Blake 2020, pp. 210-212）。

前述したように、Wellman は、結社の自由の保障を国民集団についても主張し、国家は外国人の受け入れについて自由に判断することができると述べる (Wellman & Cole 2011, pp. 29-41)。Wellman は、人種やジェンダー等の生来的な属性を外国人の受け入れ基準とすることについては否定しているが (Wellman & Cole 2011, pp. 143-150)[6]、難民の救援も物質的援助の提供や安全地帯の設置によって可能であることを主張する。そして、安全地帯を設置するまでの間について難民の受け入れ義務が生じることには同意するものの、難民の受け入れも基本的には国家の裁量であると述べる (Wellman & Cole 2011, pp. 120-123)。

Miller についても同様のことがいえる。前述したように、Miller は、ネイションが持つ領域についての権利を主な論拠として、国家の入国在留管理の権限を主張する (Miller 2007, pp. 214-223)。Miller も、人種やジェンダー等の生来的な属性を外国人の受け入れ基準とすることについては否定し (Miller 2007, pp. 227-230)、外国へ移住することが、最低限まともな生活を送るための唯一の手段であるならば、そのために、限定的にではあるものの、外国に移住する権利が正当化されるという議論を提示する (Miller 2007, p. 206; Miller 2016a, p. 22)。しかし、他方で、難民の受け入れをめぐっても、グローバルな問題一般に対する Miller の有名な主張である「正義の間隙 (justice gap)」論を主張する (Miller 2007, pp. 226-227; Miller 2016b, p. 93)。正義の間隙論とは、国際社会において、豊かな国家が負うべき支援義務の内容と国際的な支援を求める者が正当に要求しうる内容との間には隔たりが生じるという主張である (Miller 2007, pp. 274-279)。難民保護をめぐる正義の間隙論の主張とは、保護を求める難民の要求が正当なものであ

ちなみに、Blake は、難民については、以上の議論とは別に受け入れ義務を負うことを支持している。難民条約・議定書を、カナダ政府が中心となって設立された「干渉と国家主権に関する国際委員会 (International Commission on Intervention and State Sovereignty; ICISS)」が 2001 年にまとめた報告書において示された規範である「保護する責任 (Responsibility to Protect; R2P)」と同様の価値観を実現しようとするものであるという理解を示し、迫害のおそれがある個人に対して避難のための積極的な支援を主張している (Blake 2020, pp. 110-116)。

6 ただし、生来的な属性を基準とすることに問題がある理由として Wellman が挙げるのは、生来的属性を根拠に外国人の受け入れを拒否するならば、受け入れ国において、受け入れ拒否の根拠となった属性を持つ集団を軽視していることになるというものである (Wellman & Cole 2011, pp. 148-150)。このような問題点もあるが、生来的属性を基準として拒否することの一義的な難点は、決定の対象となっている事柄と無関係な要素を根拠として異なる取り扱いをしてはならないという差別禁止原則に求められるべきであるだろう。この点をめぐっても、Wellman の視点は受け入れ国における利益に偏っている。

ったとしても、国家が、保護義務を負わない場合があることを是認する見解であり、筆者は、この主張から、Miller の議論を相対的に自由裁量論に近いと理解している[7]。

これに対し、裁量規制論の典型的な議論は、国境を越えた移動・移住の自由の人権性を根拠として入国在留管理政策が制約されるという立場である。これは、Carens が、論文「異邦人と市民」の後、1992 年に発表した論文「移民と道徳（Migration and Morality）」において、国境を越えた移動・移住の自由の重要性・人権性とグローバルな再分配を主な根拠として、現状より多くの外国人の受け入れを支持する「開放的国境政策論」を展開し、そのことが論争を呼んだためである（cf. Carens 1992）。この議論は、Carens による移民・難民研究の集大成的な著書『移民の倫理（The Ethics of Immigration）』（Carens 2013）で一層発展させられており、裁量規制論の代表的文献としては、同書を挙げたい。

以上の論争の整理との関係で、「排除する権利（the right to exclude）」という概念に触れておきたい。国家による外国人に対する入国在留管理をめぐる論争は、「国家は、外国人を排除する権利を持つか」という問いをめぐる論争として定式化されることも多い（cf. Bertram 2018）。そのような場合には、Wellman や Miller の見解を念頭に、外国人の入国在留管理についてある程度裁量的判断を許容する立場が、この問いに対して「然り（Yes）」、すなわち、排除する権利を持つと回答し、Carens や Oberman の議論を念頭に、国境を越えた移動・移住の人権性を主張する立場が、この問いに対して「否（No）」、すなわち、排除する権利を持たないと回答することが想定されている。

これは分かりやすい定式化ではあるが、本書での論争の分析を踏まえるならば、この定式化は不明確であるといえるだろう。なぜなら、本書の論争の整理の通り、Wellman や Miller の見解と Carens や Oberman の見解を隔てているのは、国家が外国人に対して入国・在留を拒否する権利を持つか否かではなく、

---

[7] 筆者は、外国人の受け入れも含めたグローバルな正義をめぐる Miller 議論には、リベラルな解釈とナショナリスティックな解釈の 2 つがありうると考えている。外国人の受け入れをめぐっても、外国に移住する権利を手段として正当化する議論に力点を置いて Miller の主張を理解するならば、Miller の見解は、外国人の受け入れ判断について国家の裁量的権限を主張する一方で、当該権限を制約するものとして難民保護を主張する立場であるということになるだろう。他方で、正義の間隙論が持つ含意を踏まえたうえで Miller の主張を理解するならば、本論で示したように、Miller の立場はナショナリスティックな自由裁量論に接近する。

国境を越えた移動・移住の自由に人権性を認め、国境を越えた移動・移住が自由であることを入国在留管理政策の原則とするか否かであるためである。前述したように、国家による外国人の入国在留管理をめぐって、国家が自由裁量的に外国人を排除する権利を持つと主張する論者は、おそらく存在しない。大きな見解の相違は、外国人に対する入国在留管理政策について国境を越えた移動・移住の自由の人権性を根拠とする制約を認めるか否かにある。国境を越えた移動・移住の自由の人権性を否定する Wellman や Miller の議論においては、「排除する権利」が相対的に広く認められる一方、国境を越えた移動・移住の自由の人権性を肯定する Carens や Oberman の立場においては、国家による入国在留許否の権利という意味における「排除する権利」を否定するわけではないにしても、同権利を行使可能な範囲は相対的に狭い、というのが「排除する権利」をめぐる正確な説明であるだろう。したがって、Wellman や Miller のような見解と Carens や Oberman のような見解の違いを問うことが目的であるならば、国境を越えた移動・移住の自由を人権として理解すべきか否かと問うのが適切であると、筆者は考えている。

3　日本における「国際移動の正義」研究と本書の目的
(1)　日本における「国際移動の正義」研究

　日本においても「国際移動の正義」をめぐる研究は増えてきており、とりわけ前述した代表的文献については、多くの研究者によって検討されている。筆者のこれまでの研究以外で本書の企図に特に密接に関わるものを挙げたうえで、本書の目的を示したい。

　本書が掲げる理論的課題を提示し、憲法学と法哲学を架橋する形で書かれた論考として、小泉良幸による論文「入国の自由」（小泉 2003）および著書『個人として尊重──「われら国民」のゆくえ』第 5 章「リベラルな国家のアドミッション・ポリシー」（小泉 2016）がある。小泉は、Carens のロールズ批判と Bruce Ackerman の議論の検討を通じて、すべての個人の道徳的人格としての自由・平等を主張するリベラリズムの原理からは、外国人の入国の自由を否定することはできず、日本国憲法の解釈論上も、外国人の入国の自由を原則として肯定する見解が成立する余地があると論じている（小泉 2003; 小泉 2016、第 5

章)。

　国境を越えた移動・移住の自由の人権性をめぐる検討で、本書が多くを負う研究として、瀧川裕英「帰属でなく移動を——移動と帰属の規範理論」(瀧川 2022)、井上達夫の著書『世界正義論』第 4 章第 3 節「世界貧困問題の原因と解決策——『制度的加害』対『国民的自己責任』論争の再検討と複合的接近の視点」(井上 2012)、森村進「移民の規制は正当化できるか？」(森村 2014a) がある。

　瀧川は、移動不可能財へのアクセスを根拠として国境を越えた移動の自由の人権性を示したうえで、人の移動をめぐる議論で区別されずに扱われることが多い、人の移動と国家への帰属を区別し、「帰属でなく移動を」重視する人権保障体制を構築する重要性を論じる (瀧川 2022)。移動を、移動それ自体、積極的移動、消極的移動の 3 つの概念に区別しているのも同論文である。

　井上は、グローバルな経済格差や貧困問題を主題とするグローバルな分配的正義の問題を考察するなかで、開発途上国の自律的な経済発展を阻んでいる制度的障壁の除去を根治療法として示す一方、先進国の移民受け入れ政策を、開発途上国が一定の経済的発展を遂げるまでの過渡的対処療法として位置づける。また、移動の自由の制約は、移動の自由を前提とする他の人権の制約をもたらすことから、移動の自由を諸権利の保障の前提条件であるという意味で基幹的人権であるとしたうえで、移動の自由の核心を「自分の〈居場所〉を選ぶ自由」であると捉える。そして、人権としての移動の自由は、途上国政府が経済発展のために必要な政策を実施し、自国民に自国に留まる権利を保障することを要請すると同時に、先進国政府に対して、途上国民が自国に留まることができるような条件を整備することができるよう支援することを要請すると論じる (井上 2012、250-268 頁)。

　森村は、国家による移民規制の賛否をめぐる様々な根拠を検討し、移動の自由と経済的自由を主な根拠として、移民規制に批判的な立場を支持している (森村 2014a; 森村 2020、第 5 章)。

　国境を越えた移動・移住の自由が人権であるとの見解に基づく入国在留管理政策の構想と関係を持つ議論として、宮井健志の論文「投資家移民プログラムの是非について——裕福な外国人の優遇措置は正当化しうるか」(宮井 2016) が

ある。宮井は、投資家移民プログラムについて「誰に対して不正か」という本書とは異なる視点から考察し、同プログラムを現実的に利用可能ではない圧倒的多数の外国人の利益を考慮していないという点で、これらの外国人に対して不正であると論じている。

本書の研究の中心の1つであるCarensの理論の分析として、横濱竜也「解説：不法移民をいかに処遇すべきか」（横濱2017）、岸見太一による論文「J. H. カレンズの移民の倫理学——政治理論における理想と現実の統合の一方法」（岸見2014）、「許可なく暮らすことは悪いことなのか——政治理論から入管政策を考える」（岸見2023）等がある。

本書では触れないが、Carensの有名な主張の1つとして、出入国在留管理関係法に違反した外国人滞在者に関する社会的メンバーシップ論がある。外国人が出入国在留管理関係法に違反して入国・滞在している場合であっても、一定期間以上滞在し、社会関係を形成していることを根拠として、滞在のための法的地位を取得可能にすべきであるという主張である。横濱は、Linda Bosniakによる Carensの社会的メンバーシップ論批判に依拠しつつ、個人の国境を越えた自由な移動・移住を重視するCarensの開放的国境政策論と社会的メンバーシップ論の間の齟齬を指摘するとともに、受け入れ国の自治を根拠として、出入国在留管理関係法違反の取り締まりが不当ではないことおよび違法な移動の背後にあるプッシュ・プル要因を緩和すべく外国人労働者の一時的受け入れを拡充すべきことを示している（横濱2017）。岸見は、前者の論文（岸見2014）では、Carensの「前提変更アプローチ」についてRawlsの現実主義的ユートピアおよびMillerの文脈主義と比較し、その特徴と意義を明らかにしている。後者の論文（岸見2023）では、出入国在留管理関係法違反の外国人滞在者をめぐって、Carensの開放的国境政策論や入国在留管理と交通規制には類似するところがあるという指摘に基づき、出入国在留管理関係法違反の厳格な取り締まりについて疑問を提起している。

グローバルな再分配を根拠とする移住労働者受け入れ案に関係する論考として、宮井健志の論文「移民出稼ぎの政治理論——移住労働者の人生計画を尊重する受け入れへ」（宮井2021）がある。宮井は、同論文において、移住労働者の受け入れ擁護論と批判論がともに移住労働者を自律的な主体として理解する視

点に欠けていると指摘し、受け入れ国・送り出し国の双方において、移住労働者の政治的利益の表出を可能にし、国外への出稼ぎという人生の選択肢を追求可能な制度の構築を進めることを提案する。さらに、宮井は、この議論を発展させ、論文「国境開放論争とは何だったのか——移民正義論の現在と展望」（宮井 2023）では、本書の考察の中心である外国人に対する入国在留管理をめぐる論争を、個人に対する移動能力の普遍的保障という観点から拡大・再編させる可能性を示している。

難民保護をめぐって、国際人権法の観点から、「地球上のどこかに住む権利」という Thomas Jefferson の概念の重要性を喚起する議論として、小畑郁「国際法(6) 地球上のどこかに住む権利」（小畑 2011）および同著『地球上のどこかに住む権利——現代公法学へのエチュード』（小畑 2022）がある。難民保護に関する規範的議論を紹介し、我々はなぜ見ず知らずの難民に責任を負うべきなのかを問い、フランスの現象学者 Emmanuel Lévinas の責任論に依拠しつつ、責任とは、必ずしも自分自身で積極的に引き受けるものではなく、また、過失を前提とするわけでもないと説く論考として、小手川正二郎「難民の倫理学——見ず知らずの難民に責任を負うべきなのか」（小手川 2018）がある。

最後に、現代正義論の関心・手法での移民・難民研究に対して批判的な論考も存在する。小畑郁「移民・難民法における正義論批判——『地球のどこかに住む権利』のために」（小畑 2015）である。

(2) 本書の目的

以上の国内外の研究に対して、本書の目的は主に3つある。

第1に、本書の序章冒頭で掲げたように、リベラリズムを中心とする現代正義論を思想資源とし、国境を越えた人の移動・移住をどのように理解・評価し、国家の外国人に対する入国在留管理政策がどのようであるべきかを探求することである。とりわけ、国境を越えた人の移住を人権として理解する立場の根拠および法理論的政策的含意を明らかにする。

近代立憲主義のバックボーンであるリベラリズムが、どのような入国在留管理政策を求めるかは、法哲学や憲法学において一定の関心を集めてきた問いであるが、裁量的な入国在留管理政策に対して批判的視点を提示するものであることが強調され、その理論的・政策的含意が何であるか積極的には論じられて

こなかった。このようななかで、最も踏み込んだ見解が、現代リベラリズムの立場からは、国境を越えた移動・移住の自由も人権の1つであり、この立場を貫くならば、外国人も入国の自由を有すると説くものであるだろう。このことは、小泉良幸をはじめとする憲法学者の研究で示されてきた（cf. 小泉 2016、第5章; 髙佐 2012）。

　この指摘は、筆者も首肯するものであるが、国境を越えた移動・移住の自由も人権の1つであり、外国人が入国の自由を有するという見解は、移民受け入れ政策における選別性の強化という現代的文脈においては、さらに強い政策的含意を持つ。本書の第4章で詳述するが、この見解は、受け入れ国家への貢献可能性による外国人の選別的な受け入れを否定するだろう。筆者は、このような含意こそ、人権としての国境を越えた移動・移住の自由論の特徴的な政策的含意であると考えている。このほか、外国人が入国の自由を有するという見解に立つ場合に、現在の法制度における入国の自由の保障と出国の自由の保障の違いや国民と外国人の入国の法的取り扱いの違いをどのように理解すべきか等、国境を越えた移動・移住の自由が人権であるという見解の法理論的含意もこれまで検討されてこなかった。そこで、本書の第1の目的は、国境を越えた移動・移住一般が人権であるという見解の根拠を確認したうえで、この立場に基づくならば、入国在留管理政策がどのようなものとして描き出せるかを明らかにすることである。

　第2に、消極的移動の受け入れ義務が、以上の議論とは別に考察可能であることを明らかにし、その根拠を探求することである。瀧川裕英の分析に依拠しつつ、後述するように、移動は、移動が実現する利益・価値という観点から、積極的移動と消極的移動に区別することができ、積極的移動の自由と消極的移動の自由では保障根拠が異なりうる。難民保護義務の根拠をめぐっては多くの議論があり、難民としての移動・移住の受け入れは、国境を越えた移動・移住の自由一般の人権性とは別の視点から正当化できる。また、気候変動の影響を原因とする移住の受け入れについても、近年の急速な地球温暖化の原因が二酸化炭素（CO_2）の排出にあるという指摘からは、国境を越えた移動・移住の自由一般の人権性とは別の視点から検討されなければならず、そのためには気候正義論上の論争点にも立ち入って検討する必要がある。したがって、本書の第

2の目的は、国境を越えた移動・移住の自由の人権性とは別の視点から正当化可能であり、その検討の必要性も高い切迫した消極的移動の受け入れ義務の根拠を探求することである。

　第3に、移民と難民を区別し、一定の難民保護制度を共有するという現在の人の国際的移動をめぐる体制の特徴を規範的観点からどのように理解・評価すべきかを考察することである。現在の人の国際的移動をめぐる体制の特徴の1つは、移民（一般外国人）と難民を区別し、一定の難民受け入れ制度を国際的に共有している点にあるといえる。このような体制は、国家による外国人の入国在留管理や難民保護の重要性を背景として、歴史を通じて発展してきたものである。積極的移動と消極的移動の区別を前提にするならば、積極的移動の自由が保障されるか否かにかかわらず、消極的移動の自由を保障すべき理由があり、難民保護の制度化は、消極的移動のなかでも緊急性の高い難民の移動の重要性に配慮したものと理解・評価できる。本書の第7章で考察する、難民保護は主権国家秩序が地球上の個人に対して正統性を持つための条件であるという見解からは、現在の難民保護体制は、基本的人権のなかでも中核的内容の保障を可能にすることを試みるものであり、主権国家秩序の最低限の正統性を確保するものであるとも理解・評価できる。

　しかし、本書の終章での考察を先取りするならば、積極的移動と消極的移動をめぐっては、積極的移動の自由の保障によって消極的移動の自由も保障されるという関係がある。緊急性の高い移動・移住を定義して、ピンポイントで保護する体制が望ましいかをめぐっては議論の余地がある。したがって、本書の第3の目的は、現在の国際的な難民保護制度を規範的観点からどのように理解・評価すべきか検討し、その展開が進むべき方向性を考察することである。

第1部
個人の自由・自律と国境を越えた移動・移住

　国境を越えた人の移動・移住をどのように理解・評価すべきか、国家の外国人に対する入国在留管理政策はどのようであるべきだろうか。現代リベラリズムの諸構想が、国境を越えた人の移動・移住を論じる際の考慮は2つに大別できる。個人の自由・自律に関する考慮とグローバルな資源・機会の分配に関する考慮である。

　このうち、個人の自由・自律に関する考慮に基づく議論は、さらに3つに分けることができる。第1に、自由の推定論、第2に、移動・移住の自由の重要性と個人の自律との結びつき、第3に、政治的自由の保障である。

　まず、自由の推定論（presumption of liberty）とは、強制の欠如を内容とする消極的自由については、強制的干渉がない状態が理論的出発点であり、消極的自由を制約する側に、制約が正当であることを示す義務があるという議論である。この議論に基づき、移動・移住の自由についても、これを制約する側、すなわち、外国人の入国在留管理を行う国家に、制約が正当であることを示す義務があるという主張である（Dummet 2001, pp. 56-57; van der Vossen & Brennan 2018, pp. 28-30）。

　次に、移動・移住の自由と個人の自律との結びつきとは、国境を越えた移動・移住の自由の保障と個人の自律的生の保障との関係性に着目する見解である。詳細については第1部で検討するが、代表的な議論は、行きたい所に行く権利の重要性、移動・移住の自由と他の自由との結びつき、移動・移住の自由の保障の個人の自律への貢献等を指摘する Joseph Carens の議論である（Carens 2013, p. 227）。

　最後に、政治的自由の保障に関する議論とは、移動・移住の自由と政治的自由の保障との関係性を重視する議論である。例えば、Ilya Somin は、「投票箱による投票」と「足による投票」としての移住を比較して、国境を越えた移住の自由の保障は、政治的自由の実質的保障を可能にするものであるという議論を展開する（Somin 2020, pp. 16-20, 64-71）。このほか、Kieran Oberman も、国境を越えた移動・移住の自由の保障が、政治活動の自由の保障に繋がることを指摘する（Oberman 2016, pp. 35-36）。

　このうち、移動・移住の自由の重要性および個人の自律と移動・移住の自由との関係性については、いくつもの論争が提起されている。第1部では、このうち主要な論争点について考察する。

第2章 国境を越えた移動・移住の自由は人権か

I はじめに

　現代リベラリズムの諸構想が、国境を越えた人の移動・移住を論じる際の考慮は、個人の自由・自律に関する考慮とグローバルな資源・機会の分配に関する考慮に大別できる。

　個人の自由・自律に関する考慮に基づく議論のうち、国境を越えた移動・移住の自由の人権性をめぐっては、とりわけ大きな論争を呼んでいる。本章では、国境を越えた移動・移住の自由一般が人権であるという主張が、人権の根拠に基づく議論によってどのように正当化できるかを確認したうえで、この立場へ向けられた疑問・批判にどのような応答が可能であるかを考察する。

　国境を越えた移動・移住の自由の人権性は、様々な形で主張することができる。実際、これまで多様な形の議論が示されてきた。移動・移住の自由の重要性（Carens 2013, pp. 227, 245-247）、国内的移動・移住の自由の保障の拡張（Carens 2013, pp. 237-239）、個人の自律への貢献（Carens 2013, p. 227; Bauböck 2009, pp. 5-7）、人生の選択肢へのアクセスの自由の保障（Oberman2016, pp. 35-37）、政治活動の自由の保障（Oberman 2016, pp. 35-36）、生存の基本的レベルへの権利の保障（Pevnick 2011, pp. 86-96）、諸権利の保障の前提条件（Carens 2013, p. 227; 井上 2012、262-263頁）、移動不可能財へのアクセスの保障（瀧川 2022、36-40頁）等である。

　以上の多様な議論は、なぜ国境を越えた移動・移住の自由が人権であるといえるかという根拠だけでなく、どのような移動・移住を人権であると主張しているかという射程も異なっている。そのため、入国在留管理政策への規範的含意もそれぞれに異なる。特定の目的や特定の利益の実現のための移動・移住が人権であるということであるならば、国家は、当該目的のための移動・移住や

当該利益の実現のための移動・移住についてのみ外国人を受け入れる義務を負うにすぎない。例えば、Ryan Pevnick は、「生存の基本的レベルへの権利 (the right to a basic level of subsistence)」を根拠に、多数の人の収入が一定以下（1日当たり2 US ドル）の国家に居住する個人は、一定以上の収入を見込むことができる国家に移動することができる権利を持つと論じる (Pevnick 2011, pp. 86-96)。この Pevnick の議論において、人権に該当するのは、多くの人の収入が一定以下の国家に居住する個人が、生存のために、より多くの収入を見込むことができる国家に移動する場合である。本書の序章Iで紹介したようなデジタル・ノマドの国境を越えた移動は、Pevnick のこの議論からは人権ではない。Pevnick の議論からは、国家は生存のための移動を受け入れるべき義務を負うが、デジタル・ノマドの移動を受け入れるべき義務までは負わない。デジタル・ノマドの移動を許容してもよいが、拒否してもよいということになる。

　これに対し、特定の目的や特定の利益の実現のための移動・移住の自由ではなく、国境を越えた移動・移住の自由一般が人権であるというならば、国家が、国外からの人の移動・移住を受け入れることが原則になる。もちろん、後述するように、この原則が制約されるべき正当な理由はあるが、そのような理由に該当しなかったり、正当な理由があったとしても、移動・移住の拒否がこの理由の実現に見合う手段ではないというならば、個人は、原則として、希望する国家に移動・移住してよいということになる。したがって、国境を越えた移動・移住の自由の人権性をめぐる多様な議論のなかで最もラディカルな含意を持つのは、特定の目的や特定の利益の実現のための移動・移住ではなく、国境を越えた移動・移住一般が人権であるという主張である。

　特定の目的や特定の利益の実現のための移動・移住が人権であるという主張を限定的正当化論、国境を越えた移動・移住一般が人権であるという見解を一般的正当化論と呼ぼう。一般的正当化論の代表的議論として、国内的な移動・移住の自由と国境を越えた移動・移住の自由の区別が理論的に不合理であることを指摘する Joseph Carens の見解がある。本章では、Carens が提示した議論を明確化する形で、国境を越えた移動・移住一般が人権であるという主張を擁護し、この立場へ向けられた疑問・批判にどのように応答可能かを考察する。

II　国境を越えた移動・移住の自由の保障の人権性の一般的正当化——Carens の議論の明確化

1　Carens の議論

　国境を越えた移動・移住の自由の保障の人権性を正当化する議論を示してきた代表的な論者は、Carens である。前述したように、Carens は、開放的国境政策論について 3 つの論拠を示している。移動・移住の自由の重要性、国籍による機会の格差の是正、グローバルな政治的社会的経済的格差の縮減である (Carens 2013, p. 227)。とりわけ、移動・移住の自由の重要性をめぐっては、行きたい所に行く権利の重要性、移動・移住の自由と他の自由との結びつき、移動・移住の自由の保障の個人の自律への貢献の 3 つを指摘している (Carens 2013, p. 227)。また、国内的な移動の自由や居住移転の自由が、世界人権宣言や国際人権規約に規定されている権利であることから、この権利を拡張して、個人が、国境を越えて移動・移住する自由を承認すべきであるとも指摘する (Carens 2013, pp. 237-239)。

2　Carens の議論の明確化

　Carens の議論は、国境を越えた移動・移住の自由の保障の重要性を考えるにあたって、多くの肝心な点を指摘している。Carens の議論には、国境を越えた移動・移住の自由の重要性・人権性とグローバルな再分配という 2 つの考慮があるが[1]、ここでは、国境を越えた移動・移住の自由の人権性について検

---

[1]　James Woodward は、Carens のこの 2 つの考慮に対し、2 つの議論が持つ規範的含意が両立しないという趣旨の批判を示している (Woodward 1992)。理由は次のようなものである。国境を越えた移動・移住の自由が人権であるという議論に基づくならば、移住希望者に優劣を付けることができず、国家が移住希望者を一度に受け入れられない場合に、籤のような無作為抽出での選別が望ましいことになる。他方で、グローバルな再分配の考慮に基づくならば、貧者を優先的に受け入れるべきであるということになるはずである。そのため、国境を越えた移動・移住の自由が人権であるという主張とグローバルな再分配からの外国人受け入れの考慮とは両立しない。
　これに対し、Carens は、国境を越えた移動・移住の自由が人権であるという議論とグローバルな再分配の考慮とは、相互に強化し、補い合うものであるとする。そして、人権保障が同時に成り立たない場合がある例を挙げ、国境を越えた移動・移住の自由が人権であるという議論とグローバルな再分配の考慮とが同時に成り立たない場合があるとしても、ともに重要な理念であることが否定されるわけではないことを説明しようとしている (Carens

討する。とりわけ、なぜ国内的な移動・移住の自由を拡張して国境を越えて移動・移住する自由を承認すべきかについて明確化したい。なぜなら、国内的な移動・移住の自由が人権として保障されている一方、国境を越えて移動・移住する自由が人権として保障されないことには論理的一貫性がないという指摘はもっともであるが、論理的一貫性の欠如という指摘のみでは、なぜ移動・移住の自由の保障を国境を越えた移動・移住にも及ぼすべきかが明らかではないためである。

　それでは、なぜ国内的な移動・移住の自由を拡張して、国境を越えて移動・移住する自由を承認すべきであることになるのだろうか。Carens は、この議論において、国家の領域内で移動・移住する理由は、国境を越えて移動・移住する理由になりうると指摘する。Carens は以下のように述べる。

　「人が一国内を移動・移住したいと思う理由は、いずれも、国家間を移動・移住する理由になりうる。仕事が欲しいと思うかもしれない。別の国家から来た誰かと恋に落ちるかもしれない。自国には、ほとんど信者がいず、他国に信者が多い宗教の信者であるかもしれない。別の土地でのみ利用可能な文化的機会を求めたいと願うかもしれない。」(Carens 2013, p. 239)

　しかし、個人がある行動をする理由があるからといって、そのことが当該行動を権利として認めるべき理由になるわけではない。すると、なぜ国内的な移動・移住の自由の保障を、国境を越えた移動・移住にも拡張すべきであることになるのだろうか。

　1 つの理由は、「行きたい所に行く」、「住みたい所に住む」という個人の移動・移住の自由の保障を根拠づける利益には、国境を越えて行きたい所に行き、住みたい所に移り住む利益も含まれなければならないというものである。人権

2013, pp. 253-254)。
　しかし、Woodward の指摘が重要であるのは、2 つの議論の規範的含意が両立しないためではなく、国境を越えた移動・移住の自由が人権として保障されるべきであるというならば、自由な移動・移住が原則となる以上、グローバルな再分配の考慮からは外国人を受け入れるべき必要がなくなり、グローバルな再分配の考慮からの外国人の受け入れ案は不要になるためであるだろう。この指摘に対しては、国境を越えた移動・移住の自由が人権であるという議論は、人の移動・移住をめぐって国際社会が目指すべき理想的終局的状態を示すものであり、グローバルな再分配の考慮からの外国人の受け入れ案は、人の移動・移住が自由化するという理想的状態が実現できず、かつグローバルな経済的格差が大きい状況におけるグローバルな再分配のための制度構想の 1 つであると応答するのがよいと、筆者は考える。

の根拠には様々な議論があるが、その1つとして、人権とは、個人が自律的存在として自己の幸福を追求するために必要な利益を保障するものであるという見解がある（Griffin 2008, p. 33）。人権とは、個人が自律的人格として生きることを可能にするために保障されるものであるという見解は、日本の憲法学においても主張されてきた（e.g. 佐藤幸治 2020）。とりわけ、居住地は、個人がどのような生活を送って人生を歩むかに関わり、「行きたい所に行く」、「住みたい所に住む」利益は、個人が自律的存在として自己の幸福を追求するために不可欠な利益である。Carens が言うように、個人が国内的に移動・移住する理由は国境を越えて移動・移住する理由でもあり、「行きたい所に行く」、「住みたい所に住む」という利益の保障には、国内的に移動・移住する利益だけでなく、国境を越えて移動・移住する利益が含まれなければならない。

　以上の点は、Carens が指摘する移動・移住の自由の重要性および移動・移住の自由の保障が個人の自律の保障に資することを説明するが、移動・移住の自由と他の自由との結びつきという点からは、どのような議論を示すことができるだろうか。移動・移住の自由は、「行きたい所に行く自由」や「住みたい所に住む自由」を内容とする具体的な権利としての性格だけでなく、諸権利・諸自由の保障のための前提条件としての性格も持つ。移動・移住の自由の保障が諸権利・諸自由の保障のための前提条件であるとは、移動・移住の自由の保障なしには、それ以外の権利・自由の保障ができないことを指す。多くの論者が、移動・移住の自由のこの特異な性格に着目し、国内的な移動・移住の自由の性格を説明してきたほか[2]、この性格を国内的な移動・移住の自由を保障すべき根拠として挙げてきた。例えば、James Nickel は、移動の自由は、結社の自由や政治参加の自由の行使の一部であることから、他の人権から生じる人

2　例えば、日本の憲法学では、居住・移転の自由（22条）は、歴史的には、労働の場を選ぶ自由という形で経済的自由の1つとして理解されてきた（伊藤 1965、193-206 頁; 野中＝中村＝高橋＝高見 2012、458 頁）。居住・移転の自由は経済活動だけでなく、多様な活動に従事することを可能にするものであり、居住・移転の自由の保障が、経済的自由の保障だけでなく、精神的自由の保障にも関わることを指して、「両棲的な性質」（伊藤 1965、217 頁）、「複合的性格」（野中＝中村＝高橋＝高見 2012、420 頁）、「多面的性格」（伊藤 1995、356 頁）を持つと表現されてきた。このほか、西貝小名都は、英国法に依拠しつつ、移動の自由は、それ自体が個別に取り上げられて法的に保護されてきたものというよりも、適正手続きの保障等、身体的自律の保護を含む個別具体的な規定によって間接的に保護されてきた自由であると説明する（西貝 2021）。

権として正当化できることを指摘している（Nickel 2007, p. 87）。

　このことは、国境を越えた移動・移住の自由を保障すべき根拠にもなるだろうか。以上の点を考察するためには、移動・移住の自由が、他の権利・自由を保障するための前提条件であるという性格が、人権保障において、どのような含意を持つかを明らかにする必要がある。移動・移住の自由の保障が諸権利・諸自由の保障のための前提条件であるとは、移動・移住の自由の保障なしには、それ以外の権利・自由の保障ができないことを指すが、この重要な含意は、移動・移住の自由の制約が、物理的な移動・移住だけでなく、それを前提とする他の自由の制約に繋がるという点にある。この点を最も明確に示しているのは、井上達夫の次の論述である。

　「移動の自由は個人がもつ様々な具体的権利の一つというより、むしろ、それなしには他の権利が無意味化してしまうような諸権利の共通前提条件であり、その意味で人間にとって根本的な人格権の構成要素だということである。職業選択の自由や営業の自由のような経済活動だけが移動の自由を前提にしているわけではない。思想良心の自由は、自己の思想や信仰を迫害する国家から逃れて安全な地に移動する自由なしには、殉難の覚悟ある者しか享受できなくなる。国家の迫害がない場合でも、自己の思想や信仰に相応しい社会的文化的環境が自国にない場合、それがある場所へ移動する自由が必要である。表現の自由も、迫害されずに表現できる場所だけでなく、自己の表現目的に不可欠な『表現の場』を選ぶ自由を必要とする。集会結社の自由が移動の自由を必要とすることはいうまでもない。結婚する権利、結婚して家族生活を送る権利も、好きな人――それが外国人であっても――と共に暮らせる場所に移動する自由を必要とする。移動の自由の制約は単に物理的移動を制約するだけでなく、移動の自由を前提とする諸々の人権の制約を含意するのである。」（井上2012、262-263頁）

　この指摘からは、現在のグローバルな人権保障体制について次のような見方が提起できる。国際人権法において、出国の自由は人権として規定されているものの、入国の自由は、希望する国家に入国する自由としてではなく、自国に入国する自由としてのみ規定されている。このような現在のグローバルな人権保障体制は、国境を越えた移動・移住の自由の保障を限定的なものにとどめる

ことによって、他の権利・自由の実現にも限界を設けているのではないだろうか。

権利・自由と一口に言っても様々なものがあり、国家の意思決定過程への参加を内容とする政治的権利、国家による個人の社会福祉に関する積極的措置を求める社会権、国家による個人の選択・自由への介入を控えることを求める自由権等がある。このうち、政治的権利や社会権は、国家による積極的な制度構築を求める点で、移動・移住の自由が保障されたからといって、実現されるものではない。しかし、自由権については、現在のグローバルな人権保障体制が、国境を越えた移動・移住の自由の保障を限定的なものにとどめることによって、他の自由の実現にも限界を設けているという見方ができるのではないだろうか。

これに対する応答は、おそらく、外国人の出入国の権利は、他の自由権の保障からは区別されるべきであるというものであるだろう[3]。このような応答の根拠を説明することが可能な理由があるかについてはⅢで検討するが、もし仮にそのような理由がないとするならば、国家の領域外にいる外国人が、ある国家に入国し、領域内で活動する自由について自由権の保障が及ばないことは規範的観点から説明できるものではなく、現在の国境を越えた人の移動・移住をめぐる体制がそのような体制であるにすぎないということになるだろう。すると、物理的な移動・移住以外の、他の自由のより充実した保障を可能にするためにも、国境を越えた移動・移住の自由を人権として保障すべきであるということになるのではないだろうか。

人権の根拠に遡って考えてみるならば、なお一層、以上の見方にも分があるといえるように思う。先ほど、人権とは、個人が自律的存在として自己の幸福を追求するために必要な利益を保障するものであるという見解に触れた。この根拠からは、移住・移住の自由の保障は、本来、国内的な移動・移住の自由だけでなく、国境を越えた移動・移住の自由にも及ぶべきであることになる。そして、国境を越えた移動・移住の自由の保障を限定的なものにとどめるならば、

3　日本の憲法学においては、外国人の出入国・在留に関わる事項は、憲法上の基本的人権の保障には含まれないという見解が通説となっている。日比野勤は、この見解を「出入国システム優位説」と呼び、これに対し、出入国・在留に関する事項も基本的人権に含まれると考える立場を「基本的人権優位説」と名づけ、両者の相違を整理している（日比野1998b）。出入国システム優位説ないしそれを前提とした入管難民法上の在留資格制度に対しては、基本的人権保障という観点から根本的な疑問も提示されている（cf. 安念1993）。

他の自由の実現も限定的なものにとどまることからは、様々な自由のより充実した実現を可能にするためにも、国境を越えた移動・移住の自由を人権として保障すべきであるといえる。

　第1章で示したように、外国人の受け入れをめぐって相対的に裁量的な規制を認める Miller は、国内的な移動・移住の自由が、世界人権宣言や国際人権規約に規定されている権利であることから、この権利を拡張して、個人が、国境を越えて移動・移住する自由を承認すべきであるという Carens の指摘を「片持ち梁論（cantilever argument）」と命名している（Miller 2016a, p. 23）。梁とは、構造物を支える部分であり、片持ち梁とは、両端が支えられている梁に対し、一端は固定されているものの、もう片方の一端が固定されず、自由な状態の梁を指す。片持ち梁論という Miller の命名は、国内的な移動・移住の自由の保障については実定法上の規定があり、規範的論拠も確かであるが、国境を越えた移動・移住の自由については、実定法上の規定も限定的であり、規範的論拠も不確かであるような印象を与える。しかし、本章の考察を踏まえるならば、国内的な移動・移住の自由と国境を越えた移動・移住の自由との関係は、本来、片持ち梁のようなものではなく、国内的な移動・移住の自由と国境を越えた移動・移住の自由との関係を片持ち梁であるかのようにみせているのは、現状の人権保障体制であるということになるのではないだろうか。

　以上の考察からは、人権の根拠に基づく議論によって国境を越えた移動・移住の自由が人権性を有することを説明できたとしても、他の観点から否定すべき理由はないか、もしくは、国境を越えた移動・移住の自由が人権性を有するとしても、国境を越えた移動・移住という実践が何か別の特徴を併せ持ち、その考慮が、人権性の考慮を上回るといえないかが問題となる。そこで、Ⅲでは、国境を越えた移動・移住の自由の人権性をめぐる批判を中心に検討する。

Ⅲ　疑問・批判と応答

　国境を越えた移動・移住の自由が人権であるという見解をめぐっては、多くの疑問・批判が提起されており、その一部については、Carens によってすでに検討されている（Carens 2013, pp. 247-251）。ここでは、Carens が検討している

疑問・批判の一部も含めて、筆者が重要であると考える内容を3つに分けて検討する。①国境を越えた移動・移住の自由の人権性そのものをめぐる疑問・批判、②国境を越えた移動・移住の自由が人権であるという見解に立った場合に、出入国に関する現状の法制度の理解について提起される疑問、③国境を越えた移動・移住の自由が人権であるという見解の意義である。

1　国境を越えた移動・移住の自由の人権性をめぐる批判・疑問

まず、国境を越えた移動・移住の自由の人権性をめぐる疑問・批判を5点取り上げる。

(1)　人権保障と制度的機構

人権の保障には集権的な組織が必要なため、人権保障とは各集権的組織がそのメンバーに対して保障する形でしか実現できず、それゆえ、国家という集権的な組織を横断する移動・移住は人権ではない、という批判がある。この議論からは、国家は、国民に出国の自由や入国の自由は保障しなければならないが、外国人に対して入国の自由を保障すべきであるということにはならない。

以上の批判に対しては、2つの応答を試みたい。第1に、本書で議論しているのは、道徳的人権としての移動・移住の自由であり、人権とはどのような利益を保護すべきかという人権の根拠から導き出せるものであると、筆者は考えている。そのような意味での道徳的人権性の有無は、それを保障するための制度的機構の有無とは別の問題であるだろう。次のような例を考えてみたい。仮に北海道が日本から政治的に独立したとしよう。その場合に、独立前は、本州から北海道への移動は国内的移動であり道徳的人権であるが、独立後には、本州から北海道への移動は国際的移動となり、道徳的人権ではないという説明は奇妙ではないだろうか。

第2に、筆者は、この批判について、国境を越えた移動・移住の自由の人権性への問題提起ではなく、国境を越えた移動・移住の自由の保障には、国内的な移動・移住の自由とは異なり、集権的な組織の間で人権保障を実現する方法を明らかにする必要があることを示すものとして理解するのが有意義であると考える。すなわち、国境を越えた移動・移住の自由を人権であると主張するならば、国際社会が、国家を政治的単位として成り立つ状況下で、どのような制

度的機構によって当該人権を保障することが可能であるかまで示さなければならないという批判である。仮にそのような批判であるとするならば、現状では、国家間で条約を結んで、国境を越えた移動・移住の自由が保障できるよう移動・移住を自由化していくべきであるという応答になるだろう。

(2) 基本的生活を保障するものとしての人権

　国境を越えた移動・移住が人権であるのは、自国で迫害を受けるおそれがある場合や食糧や衛生的な水の確保が困難である等、基本的な生活をするための条件が満たされず、国外に生活の手段を求めざるを得ない場合のみで、どこでも住みたい所に移り住むという意味での国外への移住は人権ではない、という主張がある（e.g. Miller 2007, pp. 204-213; Pevnick 2011, Chap. 4）。

　このような見解は、人権の根拠や人権の国際的保障の範囲を狭く理解する立場と、難民の移動の人権性を重視する立場の両方から呉越同舟的に主張されうる。人権の根拠や人権の国際的保障の範囲を狭く理解する立場からの議論とは、人権とは基本的な生活を送ることを可能にするための利益を保護するものであり、どこでも住みたい所に移り住むという意味での国外への移住は人権ではない、という主張である。難民の移動の人権性を重視する立場からの議論とは、どこでも住みたい所に移り住むという意味での国外への移住も人権で、基本的な生活をするための条件が満たされず、国外に生活の手段を求めざるを得ない場合の移動も人権であるというならば、どちらの移動も人権として保障されなければならないことになり、後者を有効に保護することができなくなるのではないかという懸念から、後者の移動こそ人権として保護すべきであるという見解である。

　それぞれ検討しよう。まず、1つ目の議論については、人権とはどのような利益を保護するものであるかという点に遡って考える必要があるというのが、筆者の応答である。人権とは、個人が自律的存在として自己の幸福を追求するために必要な利益を保障するものであるという理解からは、移動・移住の自由を、国家の領域内で保障される自由として限定するならば、この利益の保護は不十分なものにとどまってしまう。したがって、国境を越えた移動・移住の自由も人権として保障されるべきであるということになるだろう。

　次に、2つ目の議論については、瀧川裕英の移動概念の分析に依拠しつつ、

積極的移動と消極的移動の関係性を明らかにすることで応答したい。瀧川は、移動を、移動それ自体、積極的移動、消極的移動の3つに区別している。移動それ自体とは、移動という運動それ自体である。積極的移動とは、「バルセロナでサグラダファミリアを見たい」というように、目的地の積極的価値に基づく移動である。消極的移動とは、「ここではない場所に行きたい」というように、出発地の消極的価値に基づく移動である（瀧川2022、33頁）。そして、消極的移動の重要性は、現在地の消極的価値と緊急性にあると述べる（瀧川2022、36頁）。

それでは、積極的移動の自由の保障と消極的移動の自由の保障とは、どのような関係にあるのだろうか。

第1に、積極的移動の自由が保障されるならば、消極的移動の自由も保障される。消極的移動の意義は、「危険で不快な現在地を離れること」である（瀧川2022、33頁）。そのため、消極的移動は、現在地ではないどこかに移動することが可能であれば、実現する。したがって、行きたい所に行くことができるという積極的移動の自由が保障されるならば、現在地ではないどこかに移動することも可能であり、消極的移動の自由も保障される。例えば、日本国憲法における居住・移転の自由の保障は、日本国内において行きたい所に行くという積極的移動の自由を保障したものであるが、このことによって、日本国内において特定の場所から逃げるという消極的移動の自由も保障されている。

第2に、積極的移動の自由の人権性の根拠と消極的移動の自由の人権性の根拠とは異なる。目的地の積極的価値に基づく移動が人権であるべき根拠が、個人の自己決定の尊重や個人の自己決定を可能にする条件に関わるのに対し、消極的移動の人権性は、第一義的には、瀧川が指摘するように、現在地の消極的価値とその緊急性にある。

第3に、消極的移動の自由の人権性は、切迫した利益の保護に関わるため、積極的移動の自由が保障されるか否かにかかわらず、消極的移動の自由を保障すべき理由がある。現在地が持つ消極的価値には様々な程度があるが、深刻なものとしては、紛争のために身の安全を確保できない、生来的属性による差別のために暴力にさらされる危険がある等の例がありうる。このような場合には、個人の生命、身体の安全という切迫した利益の保護に関わっており、積極的移

動の自由が保障されるか否かにかかわらず、消極的移動の自由を保障すべき理由がある。

　以上の議論から明らかなように、積極的移動の自由と消極的移動の自由（より正確には、切迫した利益の保護に関わる消極的移動の自由）では、人権性の根拠が異なる。消極的移動の自由の人権性は、切迫した利益の保護に関わるため、積極的移動の自由が保障されるか否かにかかわらず、消極的移動の自由を保障すべき理由がある。このことは、国際社会が、積極的移動の自由の保障についてどのような立場をとるか、また、どのような制度を築いているかにかかわらず、切迫した利益の保護に関わる消極的移動の自由を実効的に保障すべき制度を築く必要があることを示している。したがって、国境を越えた移動・移住の自由一般を人権として理解し、そのための制度を築くことが望ましいという見解と消極的移動の自由の保障を重視する見解は両立し、国境を越えた移動・移住の自由一般を人権として理解するからといって、消極的移動の自由の保障を軽視することにはならない。

(3)　新たな政治共同体への参加としての国境を越えた移住

　国境を越えた移住とは、居住地の単なる移し替えではなく、政治共同体間の移動、もしくは、新たな政治共同体への加入であり、政治共同体が、誰が政治共同体の正規のメンバーであるかを決定する権限を持つ以上、移住の自由は国内的にしか保障の対象にならない、という批判がありうる。以下の2つの観点から提起されうる批判である。

　第1に、同一の社会制度のもとで暮らす者の受け入れという意味で、外国人の受け入れは新たなメンバーの受け入れに相当するという指摘がある。居住地は、個人にとっては生活の拠点であるが、政治共同体の側からみるならば、政治共同体における権利保障・義務負担の基準になりうる。もちろん、個人は、外国に移住しただけで外国の国籍を取得するわけではなく、外国人住民は「国籍を持つ者」という意味では、居住国のメンバーではない。しかし、中長期的に住むならば、外国人住民にも居住国で納税の義務が発生したり[4]、外国人住

4　例えば、日本の所得税法では、「国内に住所を有し、現在まで引き続いて1年以上場所を有する個人」という意味での居住者（2条3号）は、原則として、所得が国内で発生したものか国外で発生したものかを問わず、すべての所得が課税対象となる（5条1項）。これに対し、非居住者（2条5号）は、国内で発生した所得についてのみ課税対象となる（5条2項）。

民も居住国の社会保障制度の保険料を支払ったり、そこから給付を受けたりする。未成年は居住国の教育制度によって教育を受けることも多い。「政治共同体に、生活の拠点としての居住地を持ち、当該政治共同体の社会制度のもとに暮らす者」という意味で、外国人住民は居住国のメンバーである。新たなメンバーの参加は、社会制度に大きな影響を及ぼす可能性があり、そのため、政治共同体には、「国籍を持つ者」だけでなく、「当該政治共同体の社会制度に参加する者」という意味での広義のメンバーを決定する権限があるという主張がありうる。

　第2に、時間の経過とともに、移住者は実質的な意味で国民化し、出身国への帰還が現実的な選択肢ではなくなっていくという意味においても、外国人の受け入れは新たなメンバーの受け入れに相当するという指摘がありうる。例えば、外国人が長期的に滞在するならば、出身国との結びつきよりも居住国との結びつきの方が強くなっていき、国籍の取得を希望するかもしれない。国民と家族を形成し、定住していて、国籍の取得を希望しない場合であっても、実質的な意味では受け入れ国のメンバーであるかもしれない。外国人同士の夫婦であっても、子どもが移住先で成長するならば、子どもやその子孫は両親の出身国の国籍ではなく、自分自身が成長した国家の国籍の取得を希望するかもしれない。このような観点から、外国人の受け入れとは、いわば潜在的国民の受け入れであり、国籍の付与と同様に理解されなければならないという議論がありうる。

　このような批判に対して、まず指摘されるべきは、国籍の付与であっても、国家は完全に裁量的な権限を持つわけではなく、国家の国籍付与の権限も規範的観点から制約を受けうるという点であるだろう。例えば、差別禁止規範からは、特定の人種の個人に対して、差別的な理由で国籍の付与を拒否してはならない。

　そのうえで、筆者は次のように考える。確かに、国境を越えた移住は、居住地の移し替えという性格だけでなく、新たな政治共同体への加入という性格を持つ。この2つの性格をめぐる理解の違いが、入国在留管理政策をめぐる規範的見解の相違を形づくっていると言っても過言ではないだろう。そして、これらの批判に対しては、この2つの性格のいずれを重視するかによって、2つの

応答がありうる。一方の見解は、新たな政治共同体への加入としての性格を重視し、国境を越えた移動・移住の人権性は否定し、国家による外国人の裁量的な受け入れを主張するというものである。他方の見解は、居住地の移し替えが持つ価値を重視つつ、国境を越えた移動・移住の人権性を肯定し、国家による外国人の裁量的な受け入れは否定するが、自治の観点から、国境を越えた移住への政策的な制約をある程度の範囲で許容する。筆者は、人権の根拠の議論からは、国境を越えた移動・移住の人権性を否定することはできず、後者の見解の方が、理に適うのではないかと考える。

(4) 国内的な移動・移住の自由を保障すべき固有の理由

国内的な移動・移住の自由には、それを保障すべき固有の理由があり、この理由が、国境を越えた移動・移住の自由には当てはまらない、という見解がある。例えば、Miller は、国内的な移動・移住の自由の保障根拠を政府の差別的な政策の禁止に求めている（Miller 2016, pp. 24-25）。南アフリカ共和国のアパルトヘイト政策では、南アフリカ国内をヨーロッパ人居住地区とアフリカ人居住地区に区別し、それまでヨーロッパ人居住地区に住んでいたアフリカ系住民を強制的に移住させ、居住地を制限した。アフリカ系住民が、労働目的でヨーロッパ人居住地区に入るためにも許可が必要だった[5]。Miller は、国内における移動・移住の自由の保障の根拠は、政府のこのような差別的な政策を禁止するためであり、国境を越えた移動・移住の自由を保障する根拠にはならないと述べている。

この Miller の議論に対しては、Carens が次のように応答している。歴史を振り返ると、差別的な移民受け入れ政策は多い。例えば、オーストラリアの白豪主義である。オーストラリアは、1901 年に英国の自治領となったが、その直後に制定した移民制限法では、移民審査官の前で、ヨーロッパ言語の書き取りができることを移民の要件としていた。この規定は、英語を解しない非ヨーロッパ系移民希望者に対しては、英語の書き取りを求め、それができないことを理由に移民を拒否し、英語を解する非ヨーロッパ系移民希望者に対しては、

---

[5] 国際連合広報局編「南アフリカの人種差別―アパルトヘイトに関する質問と答え」（国際連合広報センター・1969）〈https://www.unic.or.jp/files/print_archive/pdf/apartheid/apartheid_7.pdf〉.

英語以外のヨーロッパ言語の書き取りを求め、それができないことを理由に移民を拒否するという形で運用され、非ヨーロッパ系移民を締め出すものであった（浅川2016、2-4頁）。このような歴史を考慮すると、政府の差別的な政策を禁止するために移動・移住の自由を保障すべきであるというならば、同様に、差別的な移民受け入れ政策を禁止するために国境を越えた移動・移住の自由が認められるべきであるということができる。したがって、この議論では、国内的な移動・移住の自由の保障根拠と国際的な移動・移住の自由の保障根拠を区別できない（Carens 2013, pp. 242-243）。

(5) 受け入れ国の国民の自由

国境を越えた移動・移住の自由の一般的正当化論は、個人が移動・移住する自由を人権であると主張するが、これに対し、外国人の受け入れが、受け入れ国の国民の自由を制約する可能性をどのように考えるか、という疑問が提起されうる。実際、Christopher Heath Wellman や Michael Blake 等は受け入れ国の国民が持ちうる自由の擁護を、国家が、外国人の受け入れを判断する裁量的権限を持つ根拠として挙げている。前述したように、Wellman は、誰もが任意に団体を結成し、団体はその意思に基づいて自由に活動を行うことができるという結社の自由の保障を、国家についても主張し、外国人の受け入れについての裁量的権限の根拠としている（Wellman & Cole 2011, pp. 38-41）。Blake は、個人は「同意しない義務を課されることから自由である推定的権利」があるとし、外国人の受け入れは、国民に新たな義務を生じさせることから、国民の同意を必要とし、このことが、国家が外国人の受け入れを判断する裁量的権限を持つ根拠であるとしている（Blake 2013, pp. 114-118; Blake 2020, pp. 73-79）。

(a) 受け入れ国の国民の自由一般

検討しよう。Wellman や Blake の議論は、受け入れ国の国民が集合的に持ちうる自由を問題にしているが、これに対しては、まず、受け入れ国の国民は、個人として、外国人と関係を持つか否かを判断し、行動する自由を有することを指摘したい。例えば、事業者である国民には、外国人労働者を雇う自由がある。雇用において国籍や民族に基づいた差別をしてはならないが、雇用主として、雇用を希望している外国人労働者が求められている労働をこなすための十分な能力を持たないと判断するならば、当該外国人を雇わない自由もある。ま

た、受け入れ国の国民は、近隣に住む外国人と親睦を深める自由もあるし、外国人が近隣に住んでいても外国人とは疎遠でいる自由もある。そして、国家が、外国人の受け入れを裁量的に判断することは、移民希望者が移動する自由だけでなく、受け入れ国の国民が外国人労働者を雇ったり、外国人と親睦を深めたりする自由を制約することになるだろう。

(b) 国民の結社の自由

WellmanとBlakeの議論についても、それぞれ簡単に論評したい。まず、Wellmanの結社の自由論について、筆者は、国家を任意団体に類するものとみることは不適切であり、結社の自由の保障を国家による裁量的な移民規制の根拠とする議論には難点があると考える。なぜなら、第1に、国家は、自由に組織される団体ではない。第2に、国家は、個人が自由に加入したり、退会したりする団体でもない。第3に、国家は領域内における強制力の行使を独占することによって、領域の統治を担う組織であり、この強制力の行使には正統性が求められる。第4に、国家は、個人への権利保障や義務賦課を通して、個人の人生・生活の基盤を提供する組織であり、いずれの国家にも帰属しないことは個人に著しい不利益をもたらす。したがって、国家を任意団体に類するものとみることはできず、結社の自由の保障に基づいて、国家が裁量的な外国人の受け入れ規制をなしうるという議論も不適切である。

Wellmanの議論に対する論評は多いが（cf. Wellman & Cole 2011, pp. 233-260）、最も内在的なものはSarah Fineが示している次の批判であるため、Fineの批判に触れておきたい。Fineは、国家を自由な結社の1つであると理解できるとするならば、結社の自由の保障に基づき、国民は、外国人に、メンバーとしての資格である国籍を付与するか否かについて裁量的な権限を持つといえるかもしれないが、外国人の滞在を許可するか否かについて裁量的な権限を持つとまではいえないという批判を提起している。Fineによるならば、結社の自由論に基づいて主張可能であるのは、結社という組織から排除できることにとどまり、ある領域からその存在を排除できるというためには、当該結社が領域を所有していることが示されなければならない。Wellmanが、国家が外国人の入国や滞在をめぐって、裁量的な規制をなしうるという結論を導くためには、国家が領有権を持つという議論を加える必要がある（Fine 2010, pp. 353-355）。

Fine の指摘はその通りかもしれないが、仮に Wellman が領有権の正当化論を追加しないとしても、Fine のこの批判によって主張できるのは、国家という組織への参加を希望せず、それでも当該国家の領域における滞在を望む個人がいる場合に、結社の自由論によっては当該個人に対する入国・滞在の拒否を正当化できないということでしかない。そうであるとすると、この結論が Wellman にとってどれだけ回避したいものであるか、また、Wellman の議論の批判者にとっても、どれだけ提起したい問題点であるかは疑問である。なぜなら、Fine の批判は、Wellman の議論が、外国人が滞在国において帰化の権利を持たずに滞在するという、いわゆる二級市民状態を受け入れざるを得ないことを主張するものであるためである。

　Fine は、この批判以外にもいくつか問題点を挙げている。その1つは、任意団体によるメンバーの決定によって危害が生じる場合には、そのような決定も制約されるため、国家を自由な結社の一形態であると理解できるとしても、国家による外国人に対する入国在留管理が危害を生じさせる場合には、そのような決定は制約されるべきであるというものである。この議論における Fine の危害の概念は広く、外国人の滞在の希望が叶わないことも危害であると述べている（Fine 2010, pp. 346-348）。しかし、会員制のゴルフクラブのような任意団体であるならば、入会希望者の希望を叶えるべく入会審査が規制されるべきであるとは言いづらい。国家の入国在留管理において、個人の入国・滞在の希望が叶わないことが問題であるのは国家が任意団体ではないからであり、Wellman に対する重要な批判は、国家を自由な結社と見なすことはできないという点にあると、筆者は考える。

　(c) 不同意義務からの自由

　Blake の議論についても考察する。Blake が述べるように、個人は、何らかの義務を課される場合には、事前に義務の内容を把握し、義務を拒否する権利を持つ。例えば、小中学校の PTA 組織が児童の家庭から PTA 会費を徴収するには、PTA 活動がどのようなものであるか、どのような利益と負担があるか等を事前に説明し、PTA 組織に加入することに同意を得なければならない。PTA 会費の納付を求められた保護者は、PTA 組織について説明を求める権利を持ち、PTA 活動に参加したくないならば、加入を断る権利も持つ。問題は、

このような権利を国家による外国人の受け入れ判断の根拠としても主張できるか否かである。

　Blakeのこの見解に対しては複数の疑問・批判が提起されており、Blakeによる応答も示されているが（Blake2020, pp. 79-93）、そのうち、最も興味深い疑問・批判は、外国人の受け入れによる人間の増加と出産による人間の増加との相違を問いただすものであるだろう。新たな人間の増加は、国民に新たな義務を負わせる可能性があるために、外国人の受け入れについて国民が裁量的に判断することができるというならば、子の出産についても同様の議論が当てはまり、国民の出産についても、国家が裁量的に可否を判断し、場合によっては、強制的な避妊等を通じて出産を抑制させることができることになってしまうのではないかという疑問・批判である（Blake 2013, pp. 118-119）。

　このような議論に対して、Blakeの立場に立つならば、外国人の受け入れと子の出産は異なるという応答がありうる[6]。大きな違いは、子どもは生まれた社会において、成長とともに社会化されていくことが期待できるのに対し、外国人は、自分自身が育った社会においてすでに社会化されており、異質な文化や価値観を受け入れ社会に持ち込みうる存在であるという点であるだろう。このような議論であるとするならば、Blakeが、外国人の受け入れに関して問題にしている新たな義務とは、異質な文化や価値観がもたらす社会的摩擦への対応であるということになる。しかし、Blakeの主張がこのような見解であるとするならば、Blakeの議論は、外国人に対して受け入れ社会の文化や価値観を

---

[6] Blake自身は、2013年論文では、個人が同意しない義務を課されることから自由である推定的権利も無制約ではなく、一定の場合には制約を許容しなければならず、国民の出産はそのような場合に当たると応答している。Blakeは、個人が自分自身の身体をコントロールする権利の方がより中心的な権利であるという（Blake 2013, pp. 118-119）。その後、2020年著書では、出産の抑制は身体への侵襲を伴うという点で、外国人の受け入れ拒否とは異なると論じている（Blake 2020, pp. 88-90）。
しかし、まず、2013年論文の応答では、個人が「同意しない義務を課されることから自由である推定的権利」がどのような場合に制約されるのかが明らかではなく、外国人が移住する場合も、同様の例外的な場合に当たるといえるのではないかという新たな疑問を生む。Blakeが自身の立場を擁護するためには、なぜ出産と外国人の受け入れとが異なるかを示さなければならず、本文で示した応答はBlakeの立場を説明する1つの候補でありうるだろう。身体への侵襲の有無という2020年著書でのBlake自身の応答も1つの候補ではあるが、この応答からは身体への侵襲を伴わない出産抑制策を否定することはできないため、筆者は、この応答よりも筆者が本文で示した応答の方が、Blakeの当初の問題提起の意図に沿っていると考える。

理解することを求める理由にはなるかもしれないが、外国人の受け入れを裁量的に拒否する根拠にはならないのではないだろうか。なぜなら、社会的摩擦については、互いの理解を深めることによって緩和することもできるはずだからである。Blake のありうべき応答は、社会的摩擦を減らすべく、外国人に対して受け入れ社会の文化や価値観を理解することを求め、そのために、外国人に対して受け入れ社会の社会統合プログラムに参加を求める理由にはなるかもしれないが、外国人の受け入れを裁量的に拒否する根拠にはならないだろう。

2　出入国に関する法制度の理解をめぐる疑問

　国境を越えた移動・移住の一般的正当化論に対しては、この立場に立つならば、出入国に関する現在の法制度をどのように理解することになるかという疑問が提起されうる。問題となるのは、①現在の法制度における入国の自由の保障と出国の自由の保障との相違、②国民の入国と外国人の入国の法的取り扱いとの相違である。この2つの点について検討する。

(1)　入国の自由と出国の自由の非対称的保障

　1つ目に、国境を越えた移動・移住の自由が人権であるという立場から、日本国憲法や国際法における入国の自由の保障と出国の自由の保障の相違をどのように理解すべきか、という疑問がありうる。

　前述したように、日本国憲法や世界人権宣言・自由権規約等の国際人権法では、ある国家の領域内における移動の自由や居住・移転の自由の保障が規定されている。国際的な移動・移住をめぐっては、出国の自由が、自国を含めていずれの国からも離れる自由として定められている一方、入国の自由の保障は限定的である。自国に入国する自由は定められているが、外国に入国する自由は規定されていない。このような規定から、国際法学者の Satvinder Juss は、国際的な移動・移住の権利を「半分の権利」と呼ぶ（Juss 2006, p. 7）。また、政治哲学者である Phillip Cole や Lea Ypi は、入国の自由の保障と出国の自由の保障の区別を「非対称的見解（asymmetry view）」と呼ぶ（Wellman & Cole 2011, Chap. 12; Ypi 2008）。

　これに対し、国境を越えた移動・移住の自由が人権であるという立場に立つならば、国際的な移動・移住の権利も「半分の権利」ではなく、「完全な権利」

でなければならないことになる。非対称的保障ではなく、対称的保障でなければならないことになるだろう。すると、日本国憲法や国際法における入国の自由の保障と出国の自由の保障の相違をどのように理解すべきだろうか。

　この点についても、前述した積極的移動と消極的移動の区別を前提とすると、現在の制度は消極的移動の重要性に配慮したものとして説明できる。消極的移動は、現在地ではないどこかに移動することが可能であれば、実現する。そのため、国境を越えて消極的移動を果たすために、出国の自由の保障は必須であるが、入国の自由の一般的保障は必須ではない。したがって、日本国憲法や国際法における入国の自由の保障と出国の自由の保障との相違は、消極的移動を最低限の範囲で可能にする制度であると説明できるだろう。

(2) 　国民の入国と外国人の入国の法的取り扱いとの相違

　2つ目に、国境を越えた移動の自由が人権であり、国民の入国の自由も外国人の入国の自由も人権であるというならば、出入国管理関係法における国民の入国と外国人の入国の取り扱いとの相違をどのように理解すべきか、という疑問がありうる。日本の入管難民法においても、国民の入国と外国人の入国の取り扱いには相違がある。入管難民法では、日本国民の入国（帰国）は確認事項である（61条）。他方で、外国人の入国については、上陸の審査がなされる（6条・7条）。上陸拒否事由も列挙されている（5条）。自国民の入国と外国人の入国のこの取り扱いの相違をどのように理解すべきだろうか。

　この疑問についても、国民の入国の自由と外国人の入国の自由が両方とも人権であるという立場に立ったとしても、日本人と外国人に課せられる制約が異なると理解することで、この相違を説明することができる。それでは、日本人と外国人の相違は何だろうか。国家による強制的な退去を免れることができる場所を日本以外に持つか否かである。ある領域から強制的退去を免れることができる権利、すなわち、ある領域に資格や時間の制約なく滞在することができる権利を「退去免除権」と呼ぶ（cf. 瀧川 2022、42頁）。国籍には様々な機能があるが、国籍の国内法的機能の1つとして、居住の権利の保障が挙げられる。また、国際法的機能の1つとして、自国民の受け入れ義務が挙げられる。この意味で、国籍は、個人に対して、国家領域からの退去免除権を保障する。個人が安定的に人生を送るためには、退去免除権が、世界のいずれかの領域で保障さ

れる必要がある。このことから、退去免除権が保障される領域への入国の自由は全面的に認められなければならないが、退去免除権が保障される領域が他にある個人に対しては、当該領域以外での入国の自由の保障に一定の制約があってもよいといえる。すなわち、退去免除権が保障される領域が日本しかない日本人にとっては、日本への入国の自由が制約されてはならない。これに対して、外国人が、日本以外の国家において退去免除権が保障されているならば、日本への入国の自由が制約されたとしても、退去免除権の保障には支障がない。

したがって、国民の入国の自由も外国人の入国の自由も人権であるという立場に立つとしても、この取り扱いの相違について説明できないことにはならない。

3　人権としての国境を越えた移動・移住の自由論の意義

最後に、人権としての国境を越えた移動・移住の自由論の意義は何かという疑問がありうる。国境を越えた移動・移住が人権であるという議論に基づくならば、国家が、国外からの移動・移住を受け入れることが原則になる。個人が希望する国家に移動・移住してよいというのが原則で、正当な理由がある場合に、国家は移動・移住を拒否することはできるが、国家が、貢献度を評価して、受け入れる外国人を選別することはできない。このような議論は、国家は、どのような外国人をどの程度の規模で受け入れるかを判断する自由があるという、現在の国際社会の認識から大きくかけ離れている。贔屓目に見ても、近い将来、実現する見込みがあるとは言い難い。すると、人権としての国境を越えた移動・移住の自由論の意義は何だろうか。

筆者は、人権としての国境を越えた移動・移住の自由論の理論的性格を明らかにすることで、意義を説明することができると考える。人権としての国境を越えた移動・移住の自由論は、理想理論の1つである。法哲学・政治哲学の理論的探求において、理想的状況（実現を制約する条件がない状態）における制度のあるべき姿やその原理を理論化した「理想理論（ideal theory）」に対し、理想理論上の主張を実現するための条件を欠いた状況をめぐる研究は、「非理想理論（non-ideal theory）」と呼ばれている[7]。このような区別の背景には、法哲

7｜「理想理論」と「非理想理論」という概念の対比は、様々な意味で使われている（cf. Valenti-

学・政治哲学の規範的研究が、どのような理論の構築を目指すべきかという問いをめぐる論争があり、理想理論を提示することを目指す立場がある一方、非理想理論の探求を重視する立場も存在している。現実主義的な観点からは、理想理論には批判的視線が集まりがちであるが、理想理論にも固有の意義がある。

　理想理論の1つ目の意義は、現状に対して、根本的な問題提起をすることである。2つ目の意義は、実現を目指すべき終局的状態を示すことである。終局的状態が重要であるのは、単に理想を示すためだけではなく、終局的状態がどのような状態かを明らかにすることなしには、現在の状況が改善に向かっているのか、そうではないのかを判断することができないためである。そのため、理想理論と非理想理論とはセットで存在する必要がある。3つ目の意義は、不正な実践のなかでも、早急に改善すべき最も緊急性の高い実践が何かを示唆することである。John Ralws は、不正義を克服する義務は、完璧な正義からの逸脱の程度によって同定される最も重大な不正義の克服に始まるとした（Rawls 1999a, p. 216）。Adam Swift & Zofia Stemplowska は、このような Rawls の議論を基に、不正な実践をどのような順序で改善すべきかという「改革のスケジュール」を明らかにするのも理想理論であるとする（Swift & Stemplowska 2014, p. 117）。

　人権としての国境を越えた移動・移住の自由論にも、この3つの意義があるといえるだろう。第1に、国家は、どのような外国人をどの程度の規模で受け入れるかを判断する自由があるという認識に対して、根本的な問題提起をする。例えば、Carens は、開放的国境政策論の主な意義を、現状に対する批判的視点を示すことに見出している。Carens は、次のように言う。

「大多数の人々は、民主国家による移民の受け入れをめぐる裁量的な管理を、自由の制約とはみていない。少なくとも、国籍・市民権を持たない者が道徳的な権利として持つ自由［に対する制約］であるとはみていない。北米およびヨーロッパにおける多くの人々は、（いずれの民主国においても）人々が［現在］所有するものを集合的に所有する道徳的な資格があり、他者を締め出すことによって、それを保護する資格があるとも考えている。開放的国境政策論が突き崩したいのは、まさにこの独善性である。」

ni 2012)。

（Carens 2013, pp. 229-230）

「開放的国境政策論の目的は、独善性に挑戦することである。いかに移民受け入れにおける型通りの民主的実践が自由を否定し、不正な不平等を維持することを手助けしているかを、我々に気づかせることである。」

（Carens 2013, p. 296）

　第2に、人権としての国境を越えた移動・移住の自由論も、リベラリズムが求める入国在留管理政策が目指すべき終局的状態を示す理論である。人権としての国境を越えた移動・移住の自由論に基づくならば、個人が希望する国家に移住してよいというのが原則で、正当な理由がある場合に、国家は個人の移動・移住を制約することはできるが、国家が、基準を設けて積極的に選別することはできないという形が、入国在留管理政策が目指すべき終局的な状態である。

　第3に、早急に改善すべき実践とは、「完璧な正義」から最もかけ離れた実践であるという Rawls の議論に依拠するならば、国境を越えた移動・移住をめぐって、現在の国際社会では、難民の保護が、早急に改善すべき最も緊急性の高い実践であるといえる。現在の国際社会では、国境を越えた移住の自由の保障は、EU（ヨーロッパ連合）等の地域統合における移住等、極めて限定的な場合にしか認められていない。したがって、現在の国際社会の状況は、人権としての国境を越えた移動・移住の自由論が考える「正義」からは、大きくかけ離れているが、なかでも、かけ離れている度合いが大きいのは、切迫した理由に基づく移動・移住を取り巻く状況であるだろう。就労や就学等、計画的な移住については、それぞれに査証を取得する必要があっても、ある程度、個人が望む形で実現することが可能である。他方で、自国政府による危害の標的になっているとか、予期せずして始まった戦争を避けるとか、切迫した理由に基づく緊急的な移住（広義の「難民」の移住）は、極めて困難である。自国での旅券（パスポート）の取得も困難である場合もあるが、旅券を取得できたとしても、中長期的な滞在については、受け入れ国が発給する査証が必要であり、第8章で問題化するように、査証が準備できない状況でとりあえず合法的に移動できる移動先は、短期滞在での査証が免除されている国家に限られる。

　国家によって査証免除協定を結んでいる範囲は異なり、「グローバル・パスポート力ランキング（Global Passport Power Rank）2024年版」によれば、100

か国以上の国家と短期滞在についての査証免除協定を結んでいる国家がある一方、短期滞在についての査証免除協定の締結先が数か国にすぎない国家もある[8]。UNHCR（国連難民高等弁務官事務所）が、毎年発表している報告書「グローバルな潮流（Global Trends）」によれば、ロシアによるウクライナ侵攻前のデータに基づく2021年版では、7割弱の難民（ベネズエラからの移住者を含む）が、シリア、ベネズエラ、アフガニスタン、南スーダン、ミャンマーの5か国の出身で、ロシアによるウクライナ侵攻後である2023年版では、この5か国のほか、ウクライナが難民発生国の上位を占めている（UNHCR 2022; UNHCR 2024, p. 19）。

「グローバル・パスポート力ランキング 2021年版」を見ると、シリア、ベネズエラ、アフガニスタン、南スーダン、ミャンマーの5か国のうち、ベネズエラを除いては、短期滞在の査証免除協定の締結先は、アフガニスタンで4か国、シリアで5か国、南スーダンが13か国、ミャンマーが6か国である[9]。「2024年版」では、これらの国の査証免除協定の締結先は多少増えているが、相対的に締結先が少ないことに変わりはない。合法的に入国できる国家で、難民として保護を受けることができるか、どのような保護を受けることができるかは、各国の難民保護法制に依存し、それ以外の国家に移動しようとするならば、各国の出入国在留管理関係法に違反する形でしか入国できない。そのため、密航業者に移動を頼らざるを得ない。これが、本書の序章Iで紹介したハーシムが置かれた状況である。この状況が、早急に改善すべき最も緊急性の高い問題であることは、理想理論である人権としての国境を越えた移動・移住の自由論からも示唆される。

IV おわりに

本章では、Carensの議論を基に、国境を越えた移動・移住の自由の人権性を確認し、この立場に対して提起されうる疑問・批判を検討した。第3章では、

---

[8] Passport Index, Global Passport Power Rank 2024 〈https://www.passportindex.org/byRank.php〉.
[9] Passport Index, Global Passport Power Rank 2021 〈https://www.passportindex.org/passport-power-rank-2021.php〉.

人生を形づくる多様な選択肢へのアクセスという観点から国境を越えた移動・移住の自由の保障根拠を提示しようとする新たな議論を検討し、続く第4章にて、国境を越えた移動・移住の自由を人権として主張する立場が、国家の入国在留管理政策について具体的にどのような含意を持つか、検討していきたい。

第3章 人生の選択肢と国境を越えた移動・移住の自由の関係性

I　はじめに

　国境を越えた移動・移住の自由の保障と個人の自律的生との結びつきに関連した見解として、人生の選択肢へのアクセスの自由の保障を根拠に、国境を越えた移動・移住の自由の保障が主張できるというものがある。Kieran Oberman が提示している議論である。Oberman は、国境を越えた移動・移住の自由を保障すべきいくつもの議論を提示しているが、その1つに、人生の選択肢へのアクセスの自由の保障を根拠として、国境を越えた移動・移住の自由の保障を正当化できるという主張がある。Oberman のこの議論は、個人の人生を形づくる選択肢に着目し、国境を越えた移動・移住の自由の新たな保障根拠を提示しようとする点で興味深い。新たな土地への移住によって新たな機会や選択肢が開かれることは、誰もが経験する事実でもあり、選択肢へのアクセスに着目する議論は、国境を越えた移動・移住の自由を保障すべき有力な根拠となりそうである。ところが、この Oberman の見解も論争を呼んでおり、本章では、この議論の検討を通じて、選択肢へのアクセスと国境を越えた移住の自由の保障とがどのような関係にあるかを明らかにする。

　Oberman の議論は、国際人権法で規定されている国内的な移動・移住の自由の保障根拠が、国境を越えた移動・移住の自由をも正当化することを主張する点で、国境を越えた移動・移住の自由が人権であることも主張するものであるが、この点については、本章では措いておく。

Ⅱ　人生の選択肢への十全の範囲でのアクセスの自由と国境を越えた移動・移住の自由の保障
　　── Oberman の議論

1　人生の選択肢への十全の範囲でのアクセスの自由の保障── Oberman の議論

　Oberman の議論の出発点は、国家の領域内を移動する自由である。人権には、人身の自由や言論の自由等の様々な自由が含まれるが、国家の領域内を移動する自由も、このような自由と並んで、世界人権宣言（13条1項）や自由権規約（12条1項）で保障される権利の1つである。

　Oberman は、この根拠を2つの利益の保障に求めている。私的利益と政治的利益[1]である。国家の領域内を移動する自由が人権として認められるべき根拠の1つは、私的利益として、人々が重要な決定を行うに際して、人生の選択肢について、「十全の範囲（full range）でアクセスする自由」を保障することである。もし国家が、ある地域への移動を禁止するならば、ある地域で可能な人生の選択肢を選ぶことはできない。例えば、当該地域にいる友人を訪ねることができなかったり、当該地域の学校に通うことができなかったりする。

　人生の選択肢に十全の範囲でアクセスする自由を保障するという論拠が、移動の自由の保障だけでなく、移住の自由の保障をも正当化するのは、人生の選択肢には、誰かと生活を共にすることやどこかで働くというような中長期的な時間的継続性を前提とするものがあり、そのような選択肢の実現のためには、単に移動の自由が保障されるだけでは足りず、移住の自由が保障されなければならないためである。例えば、居住地とは別の場所に事務所を持つ企業で働くためには、その所在地近辺に引っ越す必要がある。

---

[1]　Oberman は、政治的利益を保障するためにも、移動・移住の自由の保障が不可欠であるという議論も示している。Oberman によれば、国家の領域内を移動・移住する自由は、自由な政治活動を保障し、自由かつ効果的な政治過程を実現することを根拠としても正当化できる。グローバル化が進むなかで、多くの政治的課題はグローバルな広がりを持つものであることから、外国を訪問して、現地の人々と意見を交換したり、政治活動を行ったり、情報を収集したりすることは、居住する国家の政策を判断するための基礎となりうることから、国境を越えて自由に移動・移住することができなければ、自由かつ効果的な政治過程を実現することもできない（Oberman 2016, pp. 35-36）。この議論については、本章では検討の対象とはしない。

そして、人生の選択肢は国境を越えても存在し、国内を移住する理由は国境を越えて移住する理由にもなることから、国境を越えて自由に移住することができなければ、人生の選択肢が十全の範囲で保障されているとはいえない (Oberman 2016, pp. 35-37)。

2 検討

我々の人生は様々な選択の積み重ねで成り立っている。Obermanの主張は、個人の人生を形づくる選択肢に着目し、移動・移住の自由の新たな保障根拠を提示しようとしている点でユニークで興味深い。選択肢へのアクセスと人権保障の関係についてすでに批判も提起されている (Miller 2016a, pp. 19-23; Miller 2016b, pp. 31-37)。しかし、Obermanの議論については、2つの解釈が可能であり、まずは、議論の理解について精査する必要がある。

Obermanの議論を評価するにあたって鍵となるのは、人生の選択肢への十全の範囲でのアクセスの自由という議論における「十全の範囲でのアクセスの自由」が何を意味するのかである。「十全の範囲でのアクセスの自由」は、2つの解釈が可能である。第1に、個人が世界に存在するあらゆる選択肢へのアクセスの自由を有することを意味するという理解である。第2に、国家による個人の人生の選択肢に対する不当な制約がないことを意味するという理解である。この2つの理解について、それぞれ検討する。

議論を始める前に断っておくべきことがある。第1の理解については、さすがに極端な理解であり、検討の必要性が低いのではないかという疑問が提起されるかもしれない。しかし、Obermanの「十全の範囲でのアクセスの自由」という表現は、第1の理解に基づく主張であるように解釈できてしまう。筆者も以前に執筆した論文（浦山 2023）では、Obermanの議論をこのように解釈しており、そのためにObermanの議論を有意義に分析することができなかったと考えている。また、Obermanの議論に対するDavid Millerの批判も同じ問題点を共有していると考えられることから、第1の理解について検討しておく必要がある[2]。

---

2 | 同様に、第1の理解に基づく批判として、(Blake 2020, pp. 37-41)。

(1) あらゆる選択肢へのアクセスの自由の保障

　仮に、十全の範囲でのアクセスの自由とは、世界に存在するあらゆる選択肢へのアクセスの自由を意味するとする。このような理解に基づくと、Oberman の主張は、個人に国境を越えた移動・移住の自由を保障すべき根拠は、世界に存在するあらゆる選択肢へのアクセスを可能にするためであるという見解になる。前述したように、Miller の批判をはじめとして、Oberman の議論に対する批判の多くがこのような理解に基づいている。そのため、Oberman 対 Miller 論争を概観したうえで、この見解の難点を明らかにする。

(a) Oberman 対 Miller 論争

　人生の選択肢への十全の範囲でのアクセスの自由を根拠として国境を越えた移動・移住の自由の保障を正当化する Oberman の議論に対して、Miller は、人権保障のためにアクセスが保障されるべき選択肢は一定の範囲で足りると批判する（Miller 2016a, pp. 19-23; Miller 2016b, pp. 31-37）[3]。Miller がこのように主張する理由は、人権保障とは、人権の根拠となる利益の保障であり、当該利益の保障のために必要な選択肢は一定の範囲で足りると判断するからである。Miller は、人権保障のために必要な選択肢が一定の範囲で足りることを示す例として、食糧を得ることへの人権（human right to food）を挙げる。Miller によるならば、食糧を得ることへの人権とは、適切な程度の栄養価を含む食糧へのアクセスを保障するという内容の人権で、特定の食糧（例えば、高級な寿司）へのアクセスを保障するものではない（Miller 2016a, p. 20）。

　しかし、この Miller の議論には難点がある。高級な寿司を食べることができないとしても、食糧について一定の範囲で選択肢が存在するならば、食糧を得ることへの人権の根拠である「食糧を得る」という利益は満たされるかもしれない。しかし、自由権である移動・移住の自由は、国家によって制約されないことを権利の本質としており、移住先に関する選択肢が一定の範囲で存在したとしても、国家によって正当な理由なく制約されている選択肢がある場合には、移動・移住の自由が保障されているとはいえない。ここで、表現の自由を

---

[3] このほか、自律とは、個人が、自分自身に関する事柄について自分自身で決定できることを指すという理解から、世界に存在するすべての選択肢へのアクセスが開かれていなかったとしても、個人は自分自身に関する事柄について決定権を持つという意味において、個人の自律は保障されているという指摘もある（Pevnick 2011, pp. 84-85）。

例に考えてみたい。新聞や雑誌等の紙媒体での表現は自由であるが、インターネット上での表現が禁止されているとしよう。この場合、新聞や雑誌等の表現媒体に関する選択肢が一定の範囲で存在したとしても、国家によって正当な理由なく表現を制約されている媒体がある場合には、表現の自由が保障されているとはいえないわけで、自由権については、一定の範囲で選択肢が存在するならば、人権が保障されているとはいえないだろう。Oberman による Miller への反批判の要点も、この点にある (cf. Oberman 2016, p. 39)。

これに対し、Miller の応答は、おそらく次のようなものである。移住の自由について、英国を例にとるならば、英国内における居住地選択の利益の保障によって、移住の自由という人権が保障されているといえる。ロンドンに住んでもよいし、ニューヨークに住んでもよいというように、世界に存在する選択肢に1つ残らずアクセスできるという意味でのあらゆる選択肢へのアクセスが自由でなくても、移住の自由は保障されているといえる。このことを Miller は指摘し、むしろ、世界に存在する選択肢に1つ残らずアクセスできるという意味でのあらゆる選択肢へのアクセスの自由の保障という見解が好ましくない含意を持つことを主張しているまでで、国家による個人の自由の積極的な制約まで許容できるとは主張していない。Oberman の反批判は、Miller の批判のうちに、Miller が意図していない新たな主張を読み込んだものである。

Miller の指摘が、世界に存在する選択肢に1つ残らずアクセスできるという意味でのあらゆる選択肢へのアクセスの自由の保障を主張する見解の問題点を指摘するにとどまるものであるならば、この指摘自体は適切であるだろう。しかし、後述するように、世界に存在する選択肢に1つ残らずアクセスできることを根拠として国境を越えた移動・移住の自由の保障を主張する見解には、このほかにも難点があり、Oberman の議論が、このような立場を主張するものであるという理解は、そもそも有意義な理解ではない。

(b) 「世界に存在するあらゆる選択肢へのアクセスの自由の保障」という見解の難点

あらゆる選択肢へのアクセスの自由の保障を根拠として、国境を越えた移動・移住の自由の保障を擁護する主張は、Miller の上記の指摘以外にも2つの難点を伴う。まず、文字通りあらゆる選択肢へのアクセスの保障を根拠として

国境を越えた移動・移住の自由の保障を主張するならば、個人の希望の実現を妨げている障壁を取り除き、個人が様々な選択肢について実現可能であるような環境の整備等を含む移動・移住の自由の積極的保障を要請することになるだろう。例えば、パティシエになるために、フランスに行き製菓学校で学びたいが、留学資金を得ることができずに困っている個人がいるとしよう。この場合に、あらゆる選択肢へのアクセスを保障するというならば、個人が希望する選択肢の実現を積極的に支援しなければならず、当該個人に対し、国境を越えた移住の受け入れだけでなく、国家による留学資金の提供まで要請されることになってしまう。

　次に、やはり文字通り人生のあらゆる選択肢へのアクセスの自由の保障を主張するならば、国家に対して一定の行為を求めることによって実現可能な選択肢をも含めてあらゆる選択肢へのアクセスの自由が保障されるべきであるということになってしまうだろう。詳述しよう。人生の選択肢とは何だろうか。例えば、通学を希望する学校で学ぶことや誰かと共に暮らすことが人生の選択肢として思い浮かぶ。このような選択肢は、国家が個人の選択への介入を控えるならば、個人が自分自身で実現可能である。ある国家で老齢年金を受け取って生活することは、どうだろう。人生の選択肢という表現には、このような選択肢も含まれるだろう。しかし、老齢年金の受け取りは、国家が個人の選択への介入を控えることだけでは実現が保障されず、国家に対して老齢年金制度の整備やその給付を求めることによって初めて実現可能な選択肢である。しかし、国家に対して一定の行為を求めることによって初めて実現可能な選択肢も含めて、あらゆる選択肢へのアクセスの自由が保障されるべきであるというのは不適切であるだろう。なぜなら、このような選択肢の実現は、制度の構築・財源の確保等のための負担を必要とするからである。したがって、老齢年金による生活のような選択肢は、誰にでもアクセスが保障されている選択肢ではなく、制度を共有する集団においてアクセスの自由が保障される選択肢、言い換えるならば、国民としてアクセス可能な選択肢であるか、もしくは、外国人であったとしても、当該国内に居住している場合に、一定の負担のもとにアクセス可能な選択肢というべきである。

　この点、Obermanは、人生の選択肢とは、我々の人生に意味や目的を与え

る選択肢で、友人、家族、市民同士の結社、表現活動のための機会、宗教、職業、婚姻相手を例として挙げている（Oberman 2016, p. 35）。Oberman が想定している人生の選択肢も、国家が個人の選択への介入を控えるならば、自分自身で実現可能なものであるように見受けられる。そうであるとすると、人生の選択肢への十全の範囲でのアクセスの自由という Oberman の議論は、世界に存在する選択肢に1つ残らずアクセスできることを主張しているのではなく、国家による個人の選択肢の制約を問題にする議論であるのかもしれない。このような議論として解釈する可能性を、次に検討したい。

(2) 国家による選択肢の不当な制約の禁止

Oberman の議論には別の理解の可能性がある。別の理解の可能性を考察するために、選択肢へのアクセスと移住の自由の関係について考えてみたい。選択肢へのアクセスと移住の自由には2つの関係がある。第1に、新たな土地への移住は、個人に新たな機会・選択肢へのアクセスをもたらす。例えば、新たな土地に引っ越すならば、引っ越した先で新たな友人に恵まれて、これまで試したことがなかったことに挑戦するかもしれない。したがって、移住が自由であるならば、個人には、より多くの機会や選択肢が開かれるというのが、選択肢へのアクセスと移住の自由の1つの関係である。第2に、逆に、移住できないならば、潜在的移住先に存在する機会・選択肢へのアクセスは閉ざされる。例えば、ある学校に通学を希望したとしても、当該学校の所在地近辺に引っ越すことができないならば、当該学校に通学することはできない。したがって、移住の自由の制約が、選択肢へのアクセスの制約に繋がるという関係性もある。

Oberman の議論を、この2つ目の関係性に着目した議論として理解できるかもしれない。Oberman の議論が、移住を制約することによって選択肢へのアクセスが制約されることに着目した議論であるとするならば、次のような議論として提示できるだろう。

- 国家は、個人に対して不当な干渉を通して人生の選択肢へのアクセスを阻んではならない。
- 選択肢へのアクセスと移住の自由との間には、移住の自由の制約が、選択肢へのアクセスの制約に繋がるという関係性があり、国境を越えた移住の自由の制約も人生の選択肢へのアクセスの制約に繋がる。

・国家は、国境を越えた移住の自由の制約によって、人生の選択肢へのアクセスを阻んではならない。
・国家は、国境を越えた移住の自由を原則として保障しなければならず、当該自由を制約する場合には、その正当性が示されなければならない。

　例えば、医師として働くことを希望する女性がいるとしよう。このとき、社会における女性への偏見から、国家資格である医師免許を取得するための試験の受験資格を男性に限定するならば、国家はそのことによって、女性が医師として働くという選択肢へのアクセスを合理的な理由なく阻んでいる。同様に、異国で働くことを希望する個人がいるとしよう。もちろん、希望したからといって必ずしもそれが叶うわけではなく、異国で希望する職を見つけることができるか否かは、本人次第である。しかし、有色人種への偏見から、白人にしか移住を認めないならば、国家はそのことによって、有色人種である外国人が就職を希望する国家で働くという選択肢へのアクセスを合理的な理由なく阻んでいる。したがって、国境を越えた移住の自由の当該制約は不当である。

　このような議論は成り立ちそうである。このような議論であるとするならば、人生の選択肢への十全の範囲でのアクセスの保障とは、国家による選択肢の不当な制約の制約の禁止を意味していることになる。Obermanの議論の理解としては、以上が、より有意義なものであるだろう。

(3)　小括とⅢの課題

　以上の考察をまとめよう。Obermanの議論は2つの理解が可能である。第1に、十全の範囲でのアクセスの自由とは、世界に存在するあらゆる選択肢へのアクセスの自由を意味するという理解である。第2に、十全の範囲でのアクセスの自由とは、国家による選択肢の不当な制約がないことを意味するという理解である。第1の理解には様々な難点があり、Obermanの議論を有意義に解釈する方法は、移住によって新たな選択肢が開かれることではなく、移住を制約することによって選択肢へのアクセスが制約されることに着目した議論として捉えることである。

　前述したように、選択肢へのアクセスと移住の自由には2つの関係がある。Obermanの議論を有意義に解釈する方法が、移住の自由の制約が選択肢へのアクセスの制約に繋がるという関係性に着目したものと捉えることであるとす

ると、移住が自由であるならば、個人には、より多くの機会や選択肢が開かれるという関係性からは、国境を越えた移住の自由の保障について、どのような議論を展開することができるだろうか。国境を越えた移住の自由の保障論において、新たな土地への移住によって、新たな機会・選択肢へのアクセスが可能になるという認識をどのように活かすことができるだろうか。Ⅲで検討したい。

Ⅲ　選択肢の増加・多様化と個人の自律的生の充実

　移住が自由であるならば、個人には、より多くの機会や選択肢が開かれるという関係性からは、国境を越えた移住の自由の保障についてどのような議論を展開することができるだろうか。アクセス可能な選択肢の増加・多様化が、個人の自律的な生を充実させることに、国境を越えた移住の自由を保障すべき根拠があるといえるだろう。

　まず、国境を越えた移住の自由の保障が、アクセス可能な選択肢の増加・多様化をもたらすという点を確認しよう。瀧川裕英は、消極的移動と積極的移動を区別し、「バルセロナに行ってサグラダ・ファミリアを見たい」というような目的地の積極的価値に基づく移動が重要であるのは、世界に移動不可能財が存在するからであると説明する（瀧川 2022、32-40 頁）。移動不可能財とは、「移動させることが不可能であるか、移動させることに多すぎる費用のかかる財」である。瀧川の移動不可能財の概念は広く、土地や建物といったモノだけでなく、「文化や慣習といった人々の行動様式とそれが創り出す社会環境、さらにそれと結合した人やその人がもたらすサービス」をも含む。瀧川は、積極的移動が重要である理由を次のように説明する。

　　「積極的移動が重要であるのは、この世界に移動できないものが存在するからである。仮にすべての財が移動可能であったならば、積極的移動の自由は重要ではなかっただろう。逆説的にいえば、移動不可能性が移動の意義を創出するのである。もちろん、その前提にあるのは人間の身体性である。人間が身体を持たず心だけを持つ存在であれば、物理的な移動は必要なかっただろう。物理的な移動が必要となるのは、物理的実体である身体を持つ人間が、物理的に移動不可能な財と邂逅するためである。」（瀧川

2022、39頁)

　財の違いは、場所による選択肢の違いをもたらす。どのような住居に住むことができるか、どのような食材を手に入れることができるか、どのような商店に行くことができるか、どのような余暇の過ごし方があるか、どのような人に出会うことができるか、どのような行事に参加できるか、どのような職場に通勤可能か等、財が異なることによって、場所によって選択肢が異なる。

　自律とは、個人が、自分自身に関する事柄について自分自身で決定できることのみを指すとするならば、国境を越えた移住の自由が保障されていなくても、自律が保障されていないとはいえない。しかし、利用可能な選択肢が増加・多様化するならば、個人の自律的な人生は、より一層充実したものになる[4]。

　ここで、どのような個人の自律的な生が充実するといえるのかについても、改めて確認しておく必要があるだろう。移住希望者の自律的な生が充実することは、言うまでもない。しかし、それだけでなく、受け入れ社会の個人にとっても、利用可能な選択肢が増加・多様化することになる。したがって、国境を越えた移住の自由の保障は、受け入れ社会の個人の自律的な生の充実にも寄与する。個人が、国外へ移住することを希望するとしても、自国で生涯暮らすことを希望するとしても、個人が自国内にしか自由に移り住むことができない世界よりも、自国外にも自由に移り住むことができる世界の方が、多様な生の選択肢を試すことができ、より充実しているといえるだろう。

Ⅳ　おわりに

　第2章および本章を通じて、個人の自律的生の保障と国境を越えた移動・移住の自由の保障の関係性についてみてきた。第4章では、国境を越えた移動・移住の自由の保障を人権とみる立場がどのような入国在留管理政策を求めるのかを考察したい。

---

[4] このような見解から、多様性の実現を目的とした多文化主義の構想を主張するものとして、(Goodin 2006)。

第4章 リベラルな移民国家の入国在留管理政策

I はじめに

　国家の入国在留管理政策が規範的観点から制約されうると主張する裁量規制論のうち、最もラディカルな見解は、国境を越えた移動・移住の自由が人権として保障されるべきであるというものであるが、この議論については、その根拠が主な論争の的となっており、その理論的・政策的含意については簡単にしか論じられてこなかった。果たして、国境を越えた移動・移住の自由が人権であるならば、どのような入国在留管理政策が求められるのだろうか。
　本章では、人権としての国境を越えた移動・移住の自由論の理論的・政策的含意を明らかにする。

II 人権としての国境を越えた移動・移住の自由論の理論的・政策的含意を明らかにする必要性

　まず、人権としての国境を越えた移動・移住の自由論の理論的・政策的含意を明らかにする必要性を明確にしておきたい。
　第1に、国境を越えた移動・移住の自由が人権であるという議論をリードしてきたのは、Joseph Carens であり、Carens は自分自身の立場を「開放的国境政策（open borders）」という印象的な語で示してきたが、Carens の開放的国境政策論においてその政策的含意が何であるかは必ずしも十分には論じられていない。
　Carens が示している議論を確認しておこう。Carens は、国境を越えた移動・移住の自由が重要な自由であること等を、国境が開かれるべき一応の理由

として挙げる。このことの含意として、国境を越えた移動・移住の自由が制約される場合には、国境の内側にいる受け入れ国の国民・住民と国境の外側で排除される外国人の双方の利益を考慮した理由によって正当化されなければならないと指摘している（Carens 2013, p. 227）。そして、国境を越えた移動・移住の自由の制約根拠として、①防衛・治安の維持、②短期間に多人数が到来した場合の法と秩序の維持、③社会保障制度の維持、④文化の維持の4点を検討している（Carens 2013, pp. 276-286）。

以上のCarensの議論には、検討されるべき課題も残されている。

1つ目に、現在の国際社会で、国外移住の多くは労働を目的としており、外国人は国内労働力の状況に配慮した形で受け入れられることが多い。国内労働者の雇用や労働条件の保護も外国人の受け入れを制約すべき有力な根拠の1つであり、「移民が仕事を奪う」という主張は、その真偽はともかく、実際に移民受け入れ反対論において頻繁に提起されるものである。しかし、国内労働者の雇用や労働条件の保護を根拠とした制約の可否については論じられていない。

2つ目に、Carensは、国境を越えた移動・移住の自由の制約根拠として、上記①〜④を検討しているものの、具体的にどのような制約が許容できるかを本格的に論じるというよりは、各目的を実現する限度でのみ制約できることを強調する内容となっている。

3つ目に、現代の移民受け入れ政策のうち論争的な政策の1つとして、後述Ⅲ2（1）のポイント制等、移民の選別的な受け入れ政策があるが、この選別的な受け入れ政策について国境を越えた移動・移住の自由が人権であるという議論がどのような含意を持つかは明らかにされていない[1]。

1　Carensの論考には、経済的貢献可能性を移民の選別基準とすることについて、特に反対しているわけではないものもある（Carens 2013, p. 183）。しかし、この主張は、国境を越えた移動・移住の自由が人権であるという主張を含む開放的国境政策論の含意ではなく、国家が外国人の受け入れについてある程度裁量的に判断する権限を持つことを前提にしたうえでの議論であるだろう。
Carensは、すべての制度が正義に適い、人々の行動も正義に適い、克服すべき過去の不正も存在しないという理論的前提を「正義に適った世界前提（just world presupposition）」と呼び、開放的国境政策論を「正義に適った世界前提」のもとで成り立つ構想として説明している。Carensによれば、原理を考察するにあたって設定しうる前提は複数存在し、複数の前提は連続体として存在しており、一方の端にあるのが「正義に適った世界前提」であり、他方の端にあるのが、現状をすべて考慮に入れた「現実世界前提（real world presupposition）」である。Carensのこれまでの研究には、非正規移民の正規化の問題等、移民政策をめぐる具体的な実践についての規範的考察もあり、これらの考察は著書『移民の倫理』にも多く含ま

Carensが、開放的国境政策論の政策的含意について必ずしも熱心に論じているわけではない理由の1つは、Carens自身が、開放的国境政策論を現実の政策提言ではなく、現状への批判的視点を示すものと位置づけていることにあると思われる。Carensは、次のように言う。
　「大多数の人々は、民主国家による移民の受け入れをめぐる裁量的な管理を、自由の制約とはみていない。少なくとも、国籍・市民権を持たない者が道徳的な権利として持つ自由［に対する制約］であるとはみていない。北米およびヨーロッパにおける多くの人々は、（いずれの民主国においても）人々が［現在］所有するものを集合的に所有する道徳的な資格があり、他者を締め出すことによって、それを保護する資格があるとも考えている。開放的国境政策論が突き崩したいのは、まさにこの独善性である。民主国家が移民の受け入れをめぐって実施する管理は、不正なグローバルな不平等を保ち、人間の自由を不正に制限することにおいて決定的な役割を果たしている。」（Carens 2013, pp. 229-230）
　したがって、人権としての国境を越えた移動・移住の自由論の政策的含意を明らかにすることには、Carensが論じ残している部分を明らかにするという点で一定の意義があるだろう。
　第2に、国境を越えた移動・移住の自由が人権であるという議論が福祉国家と両立しうるか、そして、どのような形で両立しうるかを考察するためにも、その政策的含意を明らかにする必要がある。国境を越えた移動・移住の自由が人権であるという議論は、国家が果たすべき機能は小さい方が望ましいと考えるリバタリアニズムと馴染みやすい。外国人の受け入れが拡大するならば、社会保障政策や労働政策を維持できなくなるのではないかという懸念は移民を制約すべき根拠として頻繁に言及されるものであるが、リバタリアニズムの立場に立つならば、そもそも社会保障政策や労働政策は、国家がなすべき政策では

れているが、このような具体的実践についての考察は、国家が外国人の受け入れについてある程度裁量的に判断する権限を持つことを前提にした「現実世界前提」に基づくものと位置づけられている。Carensは、このアプローチを、探求の目的によって前提を変更するという意味で「前提変更アプローチ（"shifting presuppositions" approach）」と呼んでおり、このアプローチによって、国家の外国人の受け入れをめぐる判断が裁量的なものであることへの疑問の提起と国家の入国在留管理の権限を前提とした現状の具体的な実践の考察とが、矛盾した取り組みではないことを示している（Carens 2013, pp. 297-313）。

ないため、既存の社会保障政策や労働政策の維持は、外国人の受け入れを制約すべき根拠にはなり得ないからである。しかし、現代の移民受け入れ国家は福祉国家であり、理論的にも、分配的正義論において国家による再分配政策の根拠となる平等主義的な立場を支持する論者は多い。したがって、国境を越えた移動・移住の自由が人権であるという議論の主張者は、当該議論が福祉国家と両立しうるか、そして、どのような形で両立しうるかを考察する必要がある。そのためにも、その政策的含意を明らかにする必要があるだろう。

Ⅲ 人権としての国境を越えた移動・移住の自由論と入国在留管理政策

1 入国の自由・在留の自由の保障

(1) 入国の自由・在留の自由の保障とは

　国境を越えた移動・移住の自由が人権であるという議論は、入国在留管理政策に対し、どのような含意を持つだろうか。Carens や Oberman によっても、国境を越えた移動・移住の自由が制約される場合には、裁量的な制約は許されず、制約が正当化されなければならないことが指摘されてきた（Carens 2013, p. 227; Oberman 2016, p. 33）。より明確には、入国の自由、そして、在留の自由が保障されるべきであるというのが、基本的な含意である[2]。

　入国の自由・在留の自由の保障とは、より具体的には何を意味するのだろうか。まず確認すべき点は、入国の自由・在留の自由の保障は国家の入国在留管理政策の撤廃を意味するわけではない。国家の入国在留管理の権限そのものは、多くの論者によって自治の一環として正当化されている（e.g. Walzer 1983, pp. 61-62; Miller 2007, pp. 222-223）。国家の入国在留管理政策の権限が基礎づけられる限り、入国在留管理政策そのものが否定されるわけではない。国家の入国在留管理政策の権限が正当であると考える限りでは、入国の自由・在留の自由の保障とは、国家の入国在留管理政策の撤廃ではなく、入国在留管理政策への一定の制約を意味する。

---

[2] 日本の憲法学の議論として、外国人に対し、再入国の権利にとどまらず、入国の自由・在留の自由が権利として保障されるべきであることを主張した議論として、(宮地 2012)。

さらに、注意すべき点が2つある。第1に、入国とは国家の領域内に立ち入ることを指し、在留とは国家の領域内に留まることを指す。したがって、入国の自由とは国家の領域内に立ち入る自由であり、在留の自由とは国家の領域内に滞在する自由であり、入国の自由・在留の自由の保障は、社会保障を受給する権利や国籍取得の権利を当然に含むわけではない。

　第2に、入国の自由・在留の自由の保障は無制約ではない。今日、多くの国の裁判所において、人権の制約は比例原則によって審査されている[3]。比例原則とは、人権を制約する場合には、制約目的が正当で、制約手段も目的に釣り合ったものでなければならないという原則である。より詳細には、(i)制約目的が正当であること、(ii)制約手段が目的に適合していること、(iii)制約手段が目的達成のために必要最小限のものであること、(iv)制約目的である利益が制約によって損なわれる利益を上回っており、目的と手段との均衡がとれていること、という4点を内容とする（近藤2015、815-826頁）。したがって、入国の自由・在留の自由の制約も、このような比例原則を満たす場合には正当であるといえる。入国の自由・在留の自由の保障によって求められるのは、入国の自由・在留の自由の制約も、他の人権の制約の場合と同様に、比例原則を満たさなければならないということである。

(2)　入国の自由・在留の自由の制約

　どのような目的による制約が正当であるといえるだろうか。まず、国境を越えた移動・移住の自由を制約する目的は、国家の基本的機能の維持を目的とするものとそれ以外の政策的な目的とに分けることができる。Carensの議論を手掛かりに検討しよう。前述Ⅱの通り、Carensは、国境を越えた移動・移住の自由の制約根拠として、①防衛・治安の維持、②短期間に多人数が到来した場合の法と秩序の維持、③社会保障制度の維持、④文化の維持の4点を検討している（Carens 2013, pp. 276-286）。このうち、①と②や④における公用語の維持は、国家の基本的機能の維持を目的としている。このほか、公衆衛生の維持と

---

[3] 日本国憲法には、人権は「公共の福祉」によって制約を受けるとの規定（12条・13条・22条1項・29条2項）があり、日本の憲法学では、公共の福祉とは、人権間の矛盾・衝突を調整する原理で、人権の本質に論理的に内在すると説明されてきた（宮沢1974、228-236頁）。しかし、内在的制約の意味は明確ではなく、日本国憲法における「公共の福祉」も比例原則によって理解されるべきであるという提案がある（近藤2015、816-819頁、833-835頁; 近藤2020、76-78頁）。

しての感染症対策も、国家の基本的機能の維持に含めることができるだろう。これに対し、③・④のほか、国内労働者の雇用や労働条件の保護等は、国家の基本的機能の維持を超えた個別の国家の政策的な目的である。国家の基本的機能の維持を目的とした制約については、多くの論者が首肯するだろう。すると、問題は、個別の国家の政策的な目的による国境を越えた移動・移住の自由の制約が正当であるといえるか否かである。

　筆者は、まず、移動をめぐっては、移動は一時的な滞在であることから、社会保障制度や国内労働者の就労環境等が受ける影響も一時的なものにとどまるため、国家の基本的機能の維持を目的とした制約のみが正当であると考える。これに対し、移住をめぐっては、このような国家の基本的機能の維持を目的とする制約だけでなく、政策的な制約も正当でありうる場合があると考える。移住についても、リバタリアニズムのように国家が果たすべき機能は小さい方が望ましいと考える立場からは、そもそも社会保障政策や労働政策は国家がなすべき政策ではなく、移住の自由の制約も国家の基本的機能の維持を目的とするもののみが正当であるということになる（e.g. 森村 2014a、120-121 頁）。しかし、筆者は、政策的な制約にも正当なものがあると考える。なぜなら、国家の入国在留管理の権限は、個々の政治共同体における生活を取り巻く環境や社会制度はその政治共同体のメンバーが作り上げ、維持しているという国民の自治によって正当化でき、政治共同体への新たな参加は、場合によっては、各政治共同体における生活環境や社会制度に大きな影響を及ぼすからである。そのため、生活環境や社会制度を維持することを目的とする国境を越えた移住の制約は、それが合理的な目的であるならば、一概に不当であるとはいえないと考える。国内的な人権の制約の場合にも、人権の矛盾・衝突を調整するという内在的制約だけでなく、政策的な外在的制約も認められる場合がある。このことからも、国境を越えた移住について政策的な制約を許容することは不合理ではないだろう。

　他方で、国境を越えた移住の自由が人権であることを議論の起点とするならば、制約目的としては正当であっても、実際に行う制約が正当であるか否かは、個々の制約目的を実現するために、必要な限度であるか否か等の観点から精査されなければならない。制約目的が正当であっても、包括的な制約を正当化す

ることはできない。個別の根拠に基づき、比例的な手段であることが求められる。

(3) 政策的制約事由の検討

(a) 社会保障制度の維持

社会保障制度の維持を根拠とする制約が許容されるべきであるかについて、考察しよう。まず、社会保障制度の維持を根拠とする制約が許容されるべきか否かをめぐって、指摘されるべきは、次の点である。外国人の移住を受け入れるべきか否かと社会保障制度において外国人を受給対象者とするか否かは、一応区別できる問題である。その意味で、社会保障制度の維持を根拠として移住を制約する必要はないし、そのような移住の制約は理屈に合わない (van der Vossen & Brennan 2018, p. 35)。

もちろん、だからといって、筆者は、外国人の移住は受け入れるが、外国人が利用できないような社会保障制度の仕組みでも構わないとか、外国人にも社会保障制度の財源となる保険料や租税負担を求めるものの、受給権を拒否して構わないなどと主張したいわけではない。多様な社会保障制度の仕組みの性格を区別し、その性格に沿って受給条件を設けることで、国民と外国人が、制度への寄与度に応じて、できる限り公平な形で利益を受け、負担を負う仕組みを作ることは可能であると考えており、そのような仕組みの構築が目指されるべきである。

例えば、社会保障制度において、リスクに備えることを目的とする社会保険と、困窮からの救済を目的とする社会扶助を区別するというモデルを考えることができる[4]。国民と外国人から同様に保険料を徴収し、疾病や労働災害等のリスクに同様に備えることを可能にする一方、租税を財源とした社会扶助制度を構築し、一定以上の期間滞在する定住者に対して困窮からの救済に備えることを可能にするというモデルである。このモデルは、外国人であっても保険料

---

[4] EUの社会保障制度の枠組みは、このような社会保険と社会扶助の明示的区別を特徴としている。具体的には、社会保障（疾病給付、育児給付、障害給付、老齢給付、遺族給付、労災・職業病給付、葬祭料、失業給付、早期退職給付、家族給付）においては、EU市民、無国籍者、難民とその家族・遺族が国民と同じ権利・義務を持つことを原則とする一方、社会扶助については、社会保障と同様の平等な取り扱いを原則とはせず、各国に制度の創設・運営が委ねられている（Regulation (EC) No.883/2004, 2条〜4条）（松本2018、第2章）。もっとも、現実には、社会保障と社会扶助とのハイブリッド的な性格を持つ給付が多く存在し、そのような給付における外国人の取り扱いについて裁判で争われている（松本2018、45-47頁）。

を徴収する場合には受給権を持つという点で、保険として公正であるだけでなく、国民と外国人が同様に日常的なリスクに備えることを可能にする。他方で、労働移民が、受け入れ国の経済を成長させる可能性を持ち、また、労働に伴って租税も納めることからは、一定期間経過後は、社会扶助についても受給権を持つべきであるといえるが、受け入れ当初から、租税を主な財源とし、各国の国民が政治過程を通じて実現した社会扶助について受給権を持つべきであるとまでは言い難い。以上の仕組みは、国民と外国人を、制度の構築・維持への寄与度に応じて公平な形で包摂する社会保障制度として評価できるだろう。

(b) 国内労働者の雇用や労働条件の保護

次に、国内労働者の雇用や労働条件の保護を根拠とした制約について、考えてみたい。まず、国内において、労働者が、一定の労働環境で労働に従事し、また、就労を継続できる環境を整備することは、失業給付、雇用創出や雇用支援、職業技能訓練プログラムの提供、最低賃金の設定、雇用形態による処遇格差の改善、労働時間の上限規制等様々な労働政策を通して試みられている。このことからは、国外からの労働者の流入によって、国内労働者の雇用が奪われたり、労働条件が悪化したりする可能性に対しても、国外からの移住の制約ではなく、同様の試みによって解決されるべきだといえるだろう。

そのうえで、筆者は、国外からの労働者の流入に対する国内労働者の雇用や労働条件の保護について、WTO協定のセーフガード措置に準じて、緊急的な状況に対応した制約および自由化のための経過措置的な制約は正当化できるのではないかと考える。貿易の自由化を目指すWTO協定は、自由化後、想定外の事情によって、輸入量が増え、国内産業が重大な損害を受ける場合に、一時的な輸入の制限を認めるセーフガード措置を備えている。ただし、セーフガード措置は自由貿易を抑制するため、ある輸入制限策がセーフガード措置として認められるには、自由化の際に予見できなかった事情であること、輸入量が増えていること、国内産業に重大な損害があること、輸入量の増加と国内産業への損害に因果関係があること等の要件を満たさなければならない。また、セーフガード措置を発動する国家は、ある品目の関税を引き上げる代わりに他品目の関税を引き下げるというように、関係国に補償を提供しなければならない（セーフガードに関する協定1条～7条、関税及び貿易に関する一般協定〔GATT〕

19条）（関根 2021、42-43 頁）。自国労働者の雇用や労働条件の保護を目的とした外国人労働者の制限についても、このような WTO 協定におけるセーフガード措置に準じて考え、経済危機等の想定外の事情によって外国人労働者が増加し、そのことによって、自国労働者の労働条件を大きく悪化させる場合に、労働条件の悪化を防ぐ限度で一時的に制限することは正当な制約として理解できると、筆者は考える。

　以上の制約は、2つの点で理由づけることができる。第1に、国民・住民が、個々の国家における生活環境や社会制度を創り上げ、維持していることを考慮するならば、このような想定外の危機的状況への対応を許容することが正当であるといえる。第2に、自由化のための経過措置という観点からも、このような措置が正当かつ必要であるといえる。現在の国際社会において、国境を越えた移動・移住の自由化はごく一部で実現されているが、多くの国家間では、国境を越えた移動・移住の自由化をこれから進めていくかどうかという段階にある。一定の期間を経て無理なく自由化を進めるためには、このような経過措置が必要である。むしろ、一旦自由化した以上は保護主義的な措置を一切認めないというならば、自由化のリスクが大きくなり、自由化を進めることができなくなってしまう。

(c) 文化の維持

　最後に、文化の維持を根拠とした制約についても考えてみよう。まず、文化の維持という目的からは、受け入れ国国民と同様の文化的要素を持つ個人や受け入れ国の言語や文化を理解し、積極的に適応することを希望する個人の移住を制約することはできない。そのうえで、文化の維持を根拠とした制約について考えるにあたっては、状況を区別して議論を進める必要があると考える。まず、独自の言語や文化の維持が困難になっている少数派文化の維持を目的とする場合と、それ以外の文化の維持を目的とする場合である。少数派文化の維持が目的であるならば、国家間での移住そのものの制約が必要であるとはいえず、少数派が集住する地域への移住の制約が正当であることになる。そして、このような移住の制約は、外国人のみに対してなされるものではなく、国民に対してもなされるものであるだろう。

　少数派文化以外の文化の維持については、文化的に多様な国家における移民

規制と文化的多様性に乏しい国家における移民規制を分けて考える必要がある。言語、宗教、エスニシティ等の点で多様な文化的背景を持つ個人から成る、文化的に多様な国家においては、文化の維持のために、国境を越えた移住を制約することは、合理的な理由であるとはいえないだろう。他方で、文化的多様性に乏しい国家においては、文化の維持という目的が正当であるといえる場合もありうる。言語、宗教、エスニシティ等多様な文化的背景を持つ個人を一挙に迎えるとなると、国民と外国人住民の間の衝突等、文化的な摩擦がヒートアップしうる。どのように対応すべきかについてのノウハウがないなかで、多様な文化的背景を持つ個人が増えるならば、教育等の社会制度において、大きな負担となる可能性がある。しかし、他方で、文化は固定的なものではなく、社会の文化的特性は、時とともに変化する。個人も、複数の言語をすべて流暢に操るというわけにはいかないにしても、複数の言語を身につけることは可能であるし、複数の異なる文化的生活様式に通じることも可能である。文化的な差異を厄介なものであると思う個人がいる一方で、文化的な差異を楽しむ個人もいる。多様な文化的背景を持つ個人が実際に増えるなかで、共存していく方法を見つけ出す個人も社会も存在する。

　すると、問題は、文化的多様性に乏しい国家において、多様な文化的背景を持つ個人が単に増えることというよりも、一挙に増えることである。このような観点からは、文化的多様性に乏しい国家においては、多様な個人が増えるまでの間、一定期間ごとに、多様な文化的背景を持つ個人の受け入れ数を、社会が無理なく迎え入れることができる範囲にとどめるべく、ある程度管理することが正当であるといえる。しかし、文化的多様性に乏しい国家においても、包括的な制約は正当化できない[5]。

---

[5] Ryan Pevnick は、文化は、個人の自律的な生を可能にするための選択の文脈を提供するという議論から外国人の受け入れ規制を正当化できるかについて検討し、そのような選択の文脈としての文化が固定的なものである必要はないため、この見解からは、外国人の受け入れペースの抑制が正当化できるのみであるという見解を示している。そして、Pevnick は、さらに議論を進め、むしろ、外国人の受け入れを規制することで、自国の文化の変化を妨げるならば、個人が自由な選択をすることを妨げる可能性があることも指摘している（Pevnick 2011, pp. 141-146）。

2　選別的移民政策への含意
(1)　受け入れ国への貢献可能性による外国人の選別的受け入れ

　さらに、国境を越えた移動・移住の自由が人権であるという議論の重要な含意は、受け入れ国への貢献可能性による選別的受け入れを否定することである。今日、多くの国家にとって、移民受け入れ政策とは、望ましくない移民を単に拒否するものではなく、望ましい移民を積極的に選別して受け入れるものとなっている。まず、国家への貢献可能性による選別的受け入れとは、どのような政策かを明らかにしておこう。典型的な例は、ポイント制と投資家移民プログラムである。

　ポイント制とは、各国が移民に期待する事柄を点数化し、一定以上の点数を獲得することを移民の要件とするという制度である。例えば、カナダの連邦技能労働者プログラム（Federal Skilled Worker Program）では、学歴（25点）、公用語能力（28点）、職歴（15点）、年齢（12点）、カナダでの雇用の確保（10点）、カナダでの学業経験、配偶者の公用語能力、カナダに在住する親戚の有無等を基準とした適応性（10点）の6項目に得点が割り振られている。以上のような審査項目のもと、67点以上の取得を同プログラムで受け入れるための要件としている[6]。

　投資家移民プログラムとは、一定額の投資を主な基準として、移民を受け入れるプログラムである。例えば、地中海に浮かぶ風光明媚な国であるマルタのプログラムでは、マルタ政府やマルタ国内のNGOへの寄付および一定期間にわたる一定価格以上の不動産の購入・所有または一定価格以上の賃貸契約の締結等を主な要件とし、非EU加盟国の国民等がマルタの永住権を得られる。投資家自身だけでなく、4世代にわたる家族を含めて永住権を取得することができる[7][8]。英国が、1994年に、米国・カナダ・オーストラリアからの移民につ

---

[6] Citizenship and Immigration Canada, Who can apply as a Federal Skilled Worker: Six selection factors 〈https://www.canada.ca/en/immigration-refugees-citizenship/services/immigrate-canada/express-entry/eligibility/federal-skilled-workers/six-selection-factors-federal-skilled-workers.html〉.

[7] Residency Malta Agency, Malta Permanent Residence Programme 〈https://residencymalta.gov.mt/the-mprp-programme/〉.

[8] マルタの投資家移民プログラムの歴史は、1964年の独立時に投資を基準として英国人を受け入れるプログラムを実施したことに遡る（Surak 2020, p. 7）。同プログラムでは、マルタの永住資格取得後も、マルタ国内に居住する必要はない。また、マルタの永住資格を取得すると、

いて、一定額以上の英国への投資を基準として居住許可を与えたのがEU圏での最初の試みだったとされ（Surak 2020, p. 7）、投資家移民プログラムの試みはヨーロッパに多いが、近年、ヨーロッパにとどまらず、世界的に広がっている[9]。

(2) 受け入れ国への貢献可能性による選別的受け入れの否定

　国境を越えた移住の自由が人権であるという議論は、このような受け入れ国家への貢献可能性による選別的受け入れを否定する。国境を越えた移動・移住の自由は人権であるという議論に基づくならば、個人が希望する国家に移動・移住してよいというのが原則である。ある個人の国際的な移住を拒否すべき正当な理由があり、当該個人の移住を拒否することが、その理由に見合う手段であるならば、国家は、当該個人の移住を拒否することができる。しかし、国家が、移住希望者を積極的に選別し、選別した者のみを受け入れることは許容できない。

　国内的移住を例に考えてみよう。例えば、日本で、第2次世界大戦終戦直後に、東京都や大阪府等の一部地域への人口集中による住宅、雇用、食糧事情の悪化や災害への対処を理由として、同地域への国内的移住（転入）が制限されたことがある（都会地転入抑制緊急措置令を改正する法律〔昭和22年法律221号〕1条）。このような制限は、当時の社会事情に照らして、制限の目的が正当であり、手段が目的に見合うといえるならば、日本国憲法における居住移転の自由の保障に違反するとはいえないだろう。しかし、同地域に一定額以上の投資をしていることや高度な職業技能を有することを移住の要件とし、移住者を積極的に選別することは居住移転の自由の保障とは相容れない。同様のことが、国境を越えた移住にも当てはまる。

　もっとも、現在の国際社会において、受け入れ国への貢献可能性による選別

9　マルタ以外のEU加盟国内およびシェンゲン協定（The Schengen acquis）の締約国内を180日以内の期間中90日を上限として、自由に移動（旅行）することができるようになることが大きな魅力となっている。ヨーロッパ各国で導入された投資家移民プログラムの詳細についての研究として、(Surak 2020)。

9　例えば、タイでも、2022年9月から、資産・所得が一定額以上で、タイの国債・企業・不動産等への投資が一定額以上の富裕者を対象として、5年間有効でさらに5年間延長可能な長期滞在者（LTR）ビザを開始した。このビザの所持者は、90日ごとの移民局への報告義務を免除されるほか、出入国の際、空港ではファストトラックの利用が可能で、再入国許可の取得も不要となる。参照、日本貿易振興機構（JETRO）「ビジネス短信：9月開始の長期滞在者（LTR）ビザの概要、投資委員会が説明」（2022年7月25日）〈https://www.jetro.go.jp/biznews/2022/07/95dab648de315b29.html〉。

を一切認めないという主張は現実的ではないかもしれない。しかし、受け入れ国への貢献可能性による選別自体を許容するとしても、ある国家が、受け入れ国への貢献可能性による選別的受け入れプログラムしか持たないとか、複数のタイプの受け入れプログラムを持つとしても、移民の受け入れ割合が選別的受け入れプログラムに偏っているならば、人権としての国境を越えた移動・移住の自由論の考慮からは、当該国家の移民受け入れ政策は不当であるといえるだろう。

3 外国人の入国の自由を認めた歴史的見解

　以上の議論は、外国人に対する入国在留管理が一般的な現代の感覚からは突拍子もないものに思えるかもしれない。しかし、欧米社会において、外国人に対する入国在留管理が一般化したのは 19 世紀後半以降であり、外国人の入国に権利性を認める見解や、外国人が入国の自由を有することを国家の入国在留管理の原則であるとする立場は、歴史的には珍しいわけではない。歴史的には、国家主権と国境を越えた移動・移住の自由の保障が相容れないものであるとは必ずしも考えられていなかった。これまでの議論を補足するべく、外国人が入国の自由を有することを国家の入国在留管理の原則とした歴史的見解を紹介し、外国人に対する入国在留管理が一般化した歴史的な流れについても触れておきたい[10]。

　外国人が入国の自由を有することを国家の入国在留管理の原則であるとする立場として、よく知られている例は、万国国際法学会（Institut de Droit International）が 1892 年に採択した「外国人の入国と国外退去に関する国際規則（*Règles internationales sur l'admission et l'expulsion des étrangers*）」である。同規則は、国家は、戦争、国内的事情、疫病を理由として、外国人の入国を一時的に制限する権限を持つとし（8 条）、また、放浪者や物乞い、公衆衛生の脅威となる疾病の罹患者、重大な違法行為のために有罪を宣告された者、重大な違法行為を犯すおそれが強い者に対して入国を拒否しうる（12 条）としつつも、「文明国の領域における外国人の自由な入国は、公共の福祉の利益および極めて重要

10　出入国在留管理をめぐる歴史について、(Nafziger 1983; 春田 1994; トーピー 2008 [2000]; Chetail 2019, Chap. 1; 阿部 2017、42-46 頁; 阿部 2019、11-20 頁; 阿部 2021、1-20 頁）。

な根拠によるもの以外の一般的恒久的な手段では禁止できない」（6条）と規定している。この規則を紹介する多くの論者が指摘することであるが、「国内的な労働の保護は、それのみでは、入国拒否の十分な理由ではない」（7条）とも定めている[11]。

万国国際法学会が 1897 年に採択した「万国国際法学会が推奨する原理——移民に関する協定の計画を目指して（*Principes recommandés par l'Institut, en vue d'un projet de convention en matière d'émigration*）」の 1 条には、締約国は、個人が、1 人でもしくは集団で、「移民する自由（la liberté d'émigrer et d'immigrer）」を承認するという原則も掲げられている。同条には、これらの自由が、政府の公的に正式な決定によって、また、社会的政治的秩序の厳密な意味における必要性を根拠としてのみ制約されうるという内容も含まれている。

外国人の入国に権利性を明確に認めた学術的立場の例として、フランスの国際法学者 Paul Fauchille の見解がある。Fauchille は、フランス語で執筆した国際法の教科書を英訳し 1924 年に学術誌に掲載した論文において、国家間の経済的相互依存と個人の自由を根拠として、個人の出国の権利および入国の権利を擁護している（Fauchille 1924, pp. 318-319, 323-324）。Fauchille は、同論文において、個人の入国の権利を前提とし、国家の入国在留管理について 2 つの原則を導く。①国家は、国境に到着した外国人の入国を許可する義務がある。②外国人の入国の拒否は、国家の自己保存（self-preservation）に必要な場合にのみ正当化できる（Fauchille 1924, p. 324）[12]。

実際のところ、以上の見解が示されていた 19 世紀後半〜20 世紀初頭の西ヨーロッパでは、国境を越えた移動の自由が拡大していた。これらの見解の歴史的背景となる欧米社会における入国在留管理の一般化の流れについても、簡単

---

11 | ただし、同規則の起草段階において、人種を理由とする入国拒否の規定は採用されなかったものの、当時の起草者が、国内労働者の保護を理由とした外国人労働者の入国拒否を否定する際に念頭に置いていた外国人労働者とは、ヨーロッパ人労働者であって、人種が異なる非ヨーロッパ系の外国人の入国をめぐる起草者の見解はかなり曖昧だったという指摘がある（寺田 2014、230-233 頁）。
12 | ただし、Fauchille の「国家の自己保存」概念は広く、国家が入国を拒否しうる外国人には、犯罪者や感染症の罹患者、貧困者等が含まれている。また、国籍によって入国を拒否することは国家の平等に反するとしつつも、異なる文明に属し、人種的にも異なる外国人が大量に入国を希望した場合には、入国の拒否が正当化できると述べている（Fauchille 1924, pp. 325-326）。この点には、当時の欧米社会の風潮が反映されている。

に触れておきたい。

　そもそも、欧米社会において、歴史的に厳格な管理の対象であったのは、人の入国よりも、出国や国内的移動だった。絶対王政下のヨーロッパでは、国内的な移動および出国が厳しく管理された。出国や国内的移動が文字通り禁止されたり、出国や国内的移動のために許可証の携帯が義務づけられたりした（春田 1994、40-41 頁; トーピー 2008 [2000]、36 頁）。市民革命期には、移動の規制は専制の象徴であるとの認識が広がり、出国禁止や移動のための許可証の所持を義務づける法令の廃止が、重要な政治闘争の目的の1つとなった（トーピー 2008 [2000]、第2章）。これに対し、欧米社会は、人の入国には相対的に寛容だった。近世には、重商主義思想の下、人口の増加は国内産業の成長に寄与することから、人の流入は好ましいことであるという考えも存在していた（Chetail 2019, p. 39）[13]。

　国家による入国在留管理は、19世紀後半以降に一般化していった。前述したように、19世紀後半には、西ヨーロッパ諸国では、出入国許可証の携帯義務や査証受領義務が廃止されていき、国境を越えた移動の自由が拡大した（春田 1994、50 頁; トーピー 2008 [2000]、第3章）。他方で、19世紀末は、人種主義的考慮から移民を排斥する動きが広まった時期でもあった。万国国際法学会が「外国人の入国と国外退去に関する国際規則」を採択した 1892 年、米国では、連邦最高裁が、外国人の入国の許否を判断することが主権国家の権限であることは国際法上の格率であると記す有名な判決を下した[14]。横浜港を出港した蒸気船によって渡航した日本人女性ほか5名について、サンフランシスコ港での入国拒否が問題となった事案であった。外国人の入国在留管理における人種主義的な考慮は、カナダやオーストラリア等、他の移民国家にも広がっていき、第1次世界大戦の開戦とともに、スパイの入国防止や兵役忌避のための出国防止、難民流入の規制等のため、諸国家間で外国人の入国在留管理は一般化していっ

13　このような時代背景をうかがうことができる文書として、John Locke が英国の集団帰化法案への支持を表明した文書がある。1685 年にフランスでナント勅令が廃止されたことにより、数千人のユグノー教徒が英国に移住した。そのため英国議会に複数回にわたって提出されたのが集団帰化法案であるが、なかなか成立しなかった。Locke は、同文書の中で、人口が増え、モノの製造や輸送等多くの労働を移住者がこなすことで利益が生まれるとしており、フランス人の移住は英国の利益であると述べている（ロック 2007 [1693]、287-293 頁）。

14　Nishimura Ekiu v. United States, 142 US 651 (1892).

た（春田 1994、51-52 頁; トーピー 2008 [2000]、第 4 章; Chetail 2019, pp. 46-48）。国際法学者の Vincent Chetail は、国家が、領域主権に基づいて、外国人に対する入国在留許否判断を行う権能を持つという見解を、国家による外国人に対する入国在留管理が一般化した歴史的な流れの中で支持を得ていったものとして説明している（Chetail 2019, pp. 48-49）。

Ⅳ　おわりに

　第 1 部では、国境を越えた移動・移住の自由を人権であると理解する見解の根拠と含意をみてきた。第 2 部では、グローバルな資源・機会の分配の考慮から国境を越えた移動・移住の自由を擁護する立場を検討する。

第 2 部

グローバルな資源分配と国境を越えた移動・移住

　第2部では、現代リベラリズムの諸構想が、国境を越えた人の移動・移住を論じる際の2つの考慮のうち、グローバルな資源・機会の分配に関する考慮に基づく議論を考察する。グローバルな資源・機会の分配に関する考慮には、地球上の自然物の人類共有性から展開される議論とグローバルな経済的再分配を目的とした移住労働者受け入れ論とがあり、この2つの議論について、それぞれ検討を加える。

第5章 地球上の自然物の共有性は国境を越えた移動・移住の自由を正当化するか

I はじめに

　国境を越えた移動・移住について論じた重要かつ有名な古典の1つに、18世紀プロイセンの哲学者 Immanuel Kant の『永遠平和のために』がある（カント 1985 [1795]）。これは、フランス革命をめぐって、フランスと戦火を交えていたヨーロッパ諸国のうちプロイセンが、抜け駆けしてフランスと秘密条項を含む休戦条約を結んだことに義憤を感じた Kant が、そのことをきっかけとして執筆した著作で（小牧 1967、205-206頁）、ヨーロッパに恒久的な平和を実現するために必要な条件が論じられている。6つの予備条項と3つの確定条項が挙げられているが、Kantは、この確定条項の1つとして外国人の訪問の権利の承認を挙げ、その根拠を、地表が人類の共有物であることに求めている。Kantによれば、「人間はもともとだれひとりとして、地上のある場所にいることについて、他人よりも多くの権利を所有しているわけではない」（カント 1985 [1795]、48頁）。したがって、外国人は、他国の土地に足を踏み入れたというだけの理由で、当該国家の人間から敵意をもって扱われることはないという権利（訪問の権利）を持つ。他方で、Kant は、外国人が、一定の期間家族の一員のように扱われるという客人の権利を求める場合には、特別な契約が必要である、と論じた（カント 1985 [1795]、47-48頁）。

　現代の規範的議論においても、この Kant のモチーフを発展させ、地球上の陸地や天然資源等の自然物が人類の共有であるという見地から、個人が国境を越えた移動・移住の自由を有することを主張する議論がある。本章では、このような議論を検討する。地球上の自然物が人類の共有であるという主張からは、すべての個人は自然物が持つ価値を等しく享受できなければならないという論

理と、誰もが地球上の自然物の利用権を持つという論理の2つが展開可能であり、各見解によって国境を越えた移動・移住の自由を基礎づける試みをそれぞれ考察する。

II 天然資源から得られる利益の再分配

1 天然資源から得られる利益の再分配── Risse の議論

　地球上の自然物が人類共有であるという見解から展開可能な論理の1つは、個人は自然物が持つ価値を等しく享受できなければならない、ということである。このことから、個人は、自然物のなかでも、石油や鉱物等の天然資源から得られる利益を等しく享受する権利を持つといえる。

　この見解から、グローバルな再分配を支持する次のような議論を導くことができる。各国家が、どのような天然資源をどの程度の規模で有するかは、地球上のどこに国家が位置しているかという地理的偶然性に依存する。価値が高い天然資源を多く有する国家は、それを経済活動の元手にすることが可能であり、そのような天然資源を持たない国家は、天然資源の取引による利益を期待することができない。価値が高い天然資源を多く有する国家の国民は、天然資源がもたらす利益の恩恵に与る一方、そのような天然資源を持たない国家の国民は、その利益を享受することができない。天然資源が人類の共有であり、個人は、天然資源から得られる利益を等しく享受する権利を持つというならば、天然資源がもたらす利益は国家間で再分配の対象とならなければならない。

　以上の論理は、グローバルな貧困や格差を論題とするグローバルな分配的正義論において、天然資源から得られる利益の再分配を根拠とした開発援助やグローバルな課題解決のための資金拠出を擁護する見解で、Charles Beitz、Thomas Pogge、Hillel Steiner らによって主張されてきた内容である（Beitz 1979, pp. 136-143; Pogge 1994, pp. 199-205; Steiner 1996, pp. 145-146）。このうち、Steiner は、左翼リバタリアニズムの論客として知られる理論家であり、地球上の天然資源が人類の共有であるという内容は、左翼リバタリアニズムの論者のコアな主張でもある（Vallentyne, Steiner & Otsuka 2005, pp. 202-203）。

　この論理を外国人の受け入れに応用する議論がある。Mathias Risse の見解

である。Risse は、地球上の天然資源を人類の共有とし、人口1人当たりの天然資源の価値が、人口1人当たりの天然資源の価値のグローバルな平均より大きい国家は、外国人に対して当該国家の移民政策の順守を期待することができない、すなわち、外国人の受け入れを拒否できないという議論を展開している（Risse 2012a, pp. 152-154）[1]。

2　検討

　以上の議論を検討したい。Risse は、以上の議論を、基本的ニーズが満たされた個人が国外への移住を希望する場合を対象とする議論として限定しているが（Risse 2012a, p. 153）、Risse の議論は、グローバルな分配的正義の実現を支持する代表的見解を外国人の受け入れに応用したという点で、このような限定なしに外国人の受け入れ一般を対象とする主張としても検討する必要性が高い。そこで、Risse が提示した議論が、外国人の受け入れ一般を対象として主張される場合と、基本的ニーズが満たされた外国人の受け入れを対象として主張される場合とに分けて検討してみたい。

(1)　外国人の受け入れ一般を対象とする主張である場合の問題点

　まず、人口1人当たりの天然資源の価値が、そのグローバルな平均より大きい国家が外国人の受け入れを拒否できない、という主張を、外国人の受け入れ一般を対象とする主張として検討しよう。この主張の背景的論理は運の平等主義であり、仮にこのような主張であるとするならば、運の平等主義に対する疑問と同様の疑問が提起されるだろう。自然の運の影響が排除されて、悪しき状

---

[1] Kieran Oberman は、Risse の議論（元来、Michael Blake と Risse の2人によって提示された議論）を、地球上の自然物について人類が等しく利用権を持つことを主張する見解の1つとして理解し、検討している。確かに、地球の共同所有（common ownership）という Risse の見解からは、このような主張を導くことが自然であるようにみえるものの、Oberman 自身が指摘するように、Risse の主張がこのような議論であるとするならば、なぜ天然資源の価値が大きい国家に限って外国人の受け入れを拒否できないかを説明することができない。地球が人類の共有であるという主張は、誰がどこに行くのも自由であるという議論と親和的であり、どのような国家であったとしても、外国人の受け入れ拒否は不当であるという議論を導いてしまうだろう（Oberman 2017, pp. 152-154）。Risse 自身も、地球の共有という見解の内容を、地球の共有者であるすべての個人は、集合的に所有する資源によって実現可能な基本的ニーズの保障について平等な機会を持つことであると述べ、天然資源がもたらす利益の再分配を主張するものとして定式化している（Risse 2012a, p. 111）。したがって、本章では、Risse の見解を、天然資源がもたらす利益のグローバルな共有を求める主張を外国人の受け入れに応用したものと捉えて考察している。

態に陥った責任を本人にすべて帰すことができるならば、社会は悪しき状態にある個人に対して再分配の義務を負わないのかという疑問である。

　運の平等主義とは、Elizabeth Andersonが定式化した次のような議論である（cf. Anderson 1999, pp. 289-295）。例えば、野球選手に憧れて自ら選んで野球選手になり、莫大な収入を得ている等、個人が有する資源や利益のうち、自分自身の選択によってもたらされた帰結については、その報酬を得るのは当該個人であるといえる。他方で、自分自身の選択によってもたらされた帰結が悪しき帰結であったとしても、自分自身で選択した以上、個人は悪しき帰結も甘受しなければならない。この原理を徹底するならば、個人が有する資源や利益の差が、個人が選択したわけではない要素によって生じることは不当であり、自然の運によって、個人が有する資源や利益に差が生じることを避けなければならない。

　このことを国家と天然資源の関係に応用すると、前述した議論を導くことができる。各国家にとって、どのような天然資源をどの程度の規模で有するかは、地球上のどこに国家が位置しているかという自然の運の結果であり、運の平等主義からは、天然資源の有無によって、各国家もしくはその国民が有する資源や利益に差が生じることを避けなければならない。すると、この天然資源に関する運の影響を平等化するため、保有する天然資源の価値が大きい国家は、保有する天然資源の価値が小さい国家に対して、天然資源から得られる利益を分配しなければならない。この議論を外国人の受け入れに応用するならば、保有する天然資源の価値が大きい国家が、外国人の受け入れを拒否することは不当であることになる。

　しかし、運の平等主義に対しては複数の批判がなされている。そのうち重要なものとして、仮に個人が有する資源や利益に対する運の影響を排除することが可能で、悪しき状態に陥った責任を本人にすべて帰することができるならば、悪しき状態にある個人に対して、社会は再分配の義務を負わないのかという批判がある（Anderson 1999, pp. 295-302）。国家が再分配政策を実施すべき根拠は、個人が有する資源や利益に対する運の影響を排除するためではなく、どのような個人であっても、一定の生活環境を享受する権利があるためであるという立場から、運の平等主義に疑問を提起する批判である。国家が再分配政策を実施

すべき根拠が、どのような個人であっても保障されるべき権利や利益があるということであるならば、悪しき状態に陥った原因が本人に帰責できるか否かにかかわらず、国家は個人に対して、悪しき状態を改善するために再分配政策を実施すべきであるということになる。

仮にRisseの主張が、個人の基本的ニーズが満たされているか否かに関係なく、外国人の受け入れ一般を対象とする主張であるとするならば、同様の批判がこの主張にも当てはまるだろう。どのような個人であっても保障されるべき権利や利益があり、そのために、富裕な国家は貧しい国家や貧しい個人を支援する義務を負うという再分配の考慮から外国人の受け入れ義務を論じるならば、富裕な国家は、当該国家の経済成長が天然資源によってもたらされたものであるか否かにかかわらず、富裕の程度に応じて貧しい外国人を受け入れるべき義務を負うという提案の方が、当該考慮を反映したものであるといえる。例えば、Jonathan Seglowは、すべての富裕な国家がGDP、人口密度、環境インフラの質という3つの基準に基づいて外国人を公平に受け入れるべき義務を負うという「移民クォータ（quota for migration）」を提案している（Seglow 2006, pp. 237-240; Seglow 2005, pp. 329-330）。Seglowの移民クォータにおいては、より貧しい国家からのより貧しい外国人を優先すべきことも提案されている。このようなSeglowの移民クォータの方が、天然資源の価値に基づく受け入れ案よりも、個人に対する分配内容を重視する平等主義の考慮には適うだろう。

このような議論に対しては、外国人の受け入れがグローバルな再分配に資するか否かは明らかでないという指摘がありうるが、この点については次章で考察する。

(2) 基本的ニーズが満たされた外国人の受け入れを対象とする場合にも残る問題点

次に、Risseが実際に示すように、人口1人当たりの天然資源の価値が、そのグローバルな平均より大きい国家が、外国人の受け入れを拒否できないという主張を、基本的ニーズが満たされた個人の国外への移住を対象とするものとして検討したい。

この主張に対しては、まず、次のような指摘がなされるだろう。天然資源がもたらす利益の享受が偏っていることが問題であるならば、この利益を共有す

る方法は、外国人の受け入れには限られない。Beitz をはじめとして、John Rawls の国際的正義論を批判し、グローバルな分配的正義論を牽引した多くの論者が提示したように、国家間の援助やグローバルな課題解決のための資金調達によって、天然資源がもたらす利益の再分配を求めることが可能であるだろう。このことを踏まえると、天然資源の価値が相対的に大きい国家は、外国人の受け入れによってその利益を再分配しても構わないが、援助やグローバルな課題解決のための資金提供によってその利益を再分配しても構わないはずである。すると、天然資源の価値が相対的に大きい国家が、援助やグローバルな課題解決のための資金提供によって再分配義務を果たし、その代わりに、外国人の受け入れを拒否することは、各国家の判断として許容されるべきことになる。

そして、以上の議論は、次のような疑問を生じさせる。国家が、天然資源の価値をグローバルに共有していることをもって、外国人の受け入れを裁量的に断ることは正当なのだろうか。個人が、外国に移住を希望する理由は経済的なものに限られない。新たな土地で新たな経験をしたいとか、ある土地でしか体験できない文化的体験がしたいとか、外国の教育機関で教育を受けたいとか、様々な理由がありうる。国家が、天然資源の価値をグローバルに共有していることは、国家が外国人のこのような希望の実現を拒む正当な理由となりうるのだろうか。これは、国家が個人の文化活動の自由や希望する教育機関で教育を受ける自由等を制約するということであり、筆者は、国家が個人のこのような希望の実現を拒むには、天然資源の価値をグローバルに共有しているという以上の理由が必要であると考える。そして、この議論が示すのは、天然資源がもたらす利益の再分配という考慮のみによって、国境を越えた移動・移住の自由の保障を基礎づけることには限界がある、ということだろう。

Ⅲ 共有物としての地球上の陸地

1 共有物としての地球上の陸地と国境を越えた移動・移住の自由
　　——Oberman の議論

地球上の自然物が人類共有であるという見解から展開可能なもう1つの論理は、誰もが地球上の自然物の利用権を持つ、というものである。Kieran Oberman は、自然物のなかでも、地球上の陸地を人類の共有とみる立場から、個人が国境を越えた移動・移住の自由を有することを主張する議論を展開している。Oberman は、地球上の陸地が人類の共有であるという見解と私的所有権制度を両立させる立場から、地球上の陸地のうち、個人の私有地以外を人類の共有であると述べる。個人は、国内外を問わず、個人の私有地以外の土地に自由に出入りし、滞在することができ、国境を越えた移動・移住も自由であると言う（Oberman 2017, pp. 155-156）。

2　検討

(1)　Obermanの議論の問題点

　以上の Oberman の議論は、地球上の自然物の共有性というテーゼから、Risse とは異なる含意を引き出すもので、興味深い。しかし、Oberman の文面通りの議論には難点がある。Oberman は、陸地を、公的な土地（public land）と私的な土地（private land）に二分し、私的な土地についてはその所有権者が個人の出入りを自由に規制できる一方、公的な土地は人類の共有であるとするが、Oberman が言う公的な土地とは、国家や地方政府が所有する国有地と公有地、道路や河川等である。例えば、国土交通省がまとめている「土地白書　令和5年版（資料編）」によると、令和2年度の統計では、日本の総面積は私有地（62.2％）と国公有地（37.8％）から成る（国土交通省2023、141頁）。

　すると、個人が、所有権に基づいて、私有地への個人の出入りを自由に規制できるという議論からは、国有地とは、国民が集合的に所有している土地であると主張し、国家も、国民の意思に基づいて、個人の出入りを規制することができる権利を持つと議論することができてしまうのではないかという疑問が浮かぶ。同様に、公有地についても、地方政府が、住民の集合的所有権を主張し、住民の意思に基づいて、個人の出入りを規制することができる権利を持つと議論することができてしまうのではないだろうか。国有地・公有地の中には、誰も管理せず放置されている山林等もあるかもしれないが、国会議事堂や裁判所等、国家機関として使用される建造物が建てられたり、防衛施設が置かれたりしている土地もある。このような土地は、国民や住民が、それぞれの土地を集合的に所有し、それぞれの土地の用途に同意して、現在の用途で使用している

と理解するのが適当であるだろう。

(2) 陸地の人類共有性に基づく議論の可能性

　筆者は、地球上の陸地が人類の共有であるという見解と私的所有権制度を両立させつつ、地球上の陸地の人類共有性に基づいて国境を越えた移動・移住の自由を主張する試みとして、次のような2つの議論が可能なのではないかと考えている。

　第1に、陸地の人類共有性に基づき、個人は陸地について、他者の通行を排除する権利を持たないという議論がありうる。私的所有権の思想・制度からは、地球空間のうち、各個人がその意思を持って所有し、耕作のために利用したり、その上に住居を築いたりしている土地空間について、個人が他人の当該土地空間の利用を拒否できないというのは不当であるだろう。国家や地方公共団体が所有し、活用している土地についても、国民・住民の意思に基づいて、他人の土地空間の利用を拒否できないというのは不当であるだろう。しかし、陸地が人類の共有であるという見地から、個人は陸地について、他者による通行を排除する権利を持たないといえるかもしれない。

　筆者は、本章冒頭のKantの主張を整合的に理解するのは、このような解釈であると考える。Kantは、地表が人類の共有物であるために、個人には外国を訪問する権利があると述べたが、地表が人類の共有であり、誰しもがこの共有権に基づき地表を利用する権利があるというならば、単に訪問する権利だけではなく、長期的に外国に滞在する権利も正当化できるはずである。他方で、Kantは、家族の一員として受け入れるという客人の権利を求めるためには特別な契約が必要であるとしており、外国人の中長期的な滞在を受け入れるか否かは、各国家の判断のうちであることを示唆しているようにみえる。地表の人類共有性という主張を緩やかに解し、完全に排他的な利用権を否定し、通行権を擁護するものとして、Kantの主張を整合的に理解することができるのではないだろうか。

　ただし、陸地の人類共有性から導くことができる主張が以上のようなものであるというならば、正当化できるのは外国を通行する権利にとどまり、短期的な滞在は通行権に含めることができるかもしれないが、長期的な滞在の権利は正当化できない。

第 2 に、私的所有権は、個人の労働に基づいて認められるという 17 世紀英国の思想家である John Locke による共有物の私有化の議論を補うことで、地球上の陸地のうち、遊休地については、私的所有権を主張することはできず、外国人は遊休地に出入りする権利を持つという議論を示すことができるかもしれない。

　Locke は、私的所有権の根拠を複数挙げたが、その 1 つは、個人は自分自身の身体を所有しており、その身体によって共有物に労働を加えた場合に、その労働の果実を私有化することが認められるというものである（ロック 2010［1690］、326 頁）。この議論からは、地球の陸地が共有であったとしても、個人が、自分自身で手を加えて、維持している部分については、個人は所有権を主張することができるといえる。この議論を敷衍すると、例えば、ある土地に、個人が、草花を植えてイングリッシュガーデンを造った場合、当該個人は、このイングリッシュガーデンを所有し、維持する権利を持つ。しかし、当該個人がある土地を放置している場合には、所有権に基づいて立ち退くよう主張することができないといえる。すると、外国人であるか否かにかかわらず、誰もが遊休地に自由に出入りし、滞在する権利を持つことになる。同様に、国有地や公有地についても、国家や地方政府が、建造物を建てて使用するなどしている場合には、その建造物を所有する権利に基づき、個人を排除する権利を持つ。しかし、国家や地方政府も土地を放置している場合には、所有権に基づいて立ち退くよう主張することができず、誰もが遊休地に自由に出入りし、滞在する権利を持つといえる。

Ⅳ　おわりに

　地球の自然物が人類の共有であるという見方は、我々の一般的な直観に適う。本章で検討した各議論が示すように、この見地は、個人の一定の移動・移住の自由を基礎づけるだろう。他方で、国境を越えた移動・移住の自由一般の保障を正当化するには、これらの議論を自由・自律の議論によって補う必要がある。

第6章　国際協力ビザの可能性

I　はじめに

　現在の国際社会が取り組むべき課題の1つは、グローバルな貧困の削減である。グローバルな貧困問題については、主に2つの基準が用いられる。1つは、国際貧困線である。1日2.15USドル（2017年購買力平価基準）の国際貧困線を下回る状態にある人は、2022年の時点で、7億1,300万人存在する。1990年には20億500万人であり、その後、約30年間で大幅な改善がみられるものの、依然として、数億人の規模で極めて深刻な貧困状態にある人が存在する。また、2022年の時点で、1日3.65USドル（2017年購買力平価基準）の国際貧困線を下回る状態にある人は17億8,300万人にのぼり、地球の人口の22.4%に当たる（World Bank 2024, pp. 94-96）。2つ目の基準として、貧困をより多面的に捉えることを目指す指標がある。国連開発計画とオックスフォード大学の研究機関によって開発され、2010年より、国連開発計画の「人間開発報告書（Human Development Report）」で用いられてきた「多次元貧困指数（Multidimensional Poverty Index）[1]」である。この指数に基づくならば、約11億人が貧困状態にある（UNDP & OPHI 2024, pp. 2-4, 7）。

　では、グローバルな貧困を緩和するための国際社会における再分配は、どのような方策を通して実現・促進することができるだろうか。また、より重要な問いとして、どのような方策を通して、実現すべきだろうか。誰もがすぐに思いつくのは、援助だろう。例えば、政府による援助であるODA（政府開発援助）は、国家間の資金・技術の協力と国際機関への出資から成り、国際社会における開発の推進に寄与してきた。グローバルな再分配のために、このような

---

1 ｜　教育・健康・生活水準の3つの指標を構成する10項目を基準に、貧困世帯を定義したもの。

国家間の開発援助を増やすべきだというのは1つの分かりやすい立場だろう[2]。グローバルな社会的・経済的格差や貧困の是正を支持するとしても、途上国政府の腐敗や援助依存の問題から、援助は有効ではないとみて、国際社会はグローバルな経済制度の公正化に徹するべきであるという見解もあるかもしれない。もしくは、感染症の蔓延防止等、グローバルな公共財の創出・維持を支持するという立場もあるかもしれない。このほか、重債務貧困国の債務を削減・免除するという提案もありうる。では、グローバルな再分配のために、先進国が途上国から移住労働者を受け入れるという提案は、どうだろうか。

　日本が含まれる東アジア太平洋地域では、貧困率は2.8％と相対的には低いが、それでも1日2.15USドルの国際貧困線を下回る状況ある人は2,000万人存在する（World Bank 2024, pp. 60, 95, 97）。例えば、日本が、東アジア太平洋地域の貧困地域の人々を対象として就労ビザを発給するという提案は、どうだろうか。

　筆者は、もちろん、グローバルな貧困の削減や開発の促進が、移住労働者の受け入れ以外の形で目指されることを否定するわけではない。むしろ、筆者も、グローバルな貧困を削減するためには、各国が、インフラの整備や産業の発展、人材の育成等、それぞれに開発を通して、国内の雇用を増やしたり、地域の経済活動を活発化したりする必要があると考える。このような長期的なタイムスパンでの開発を促進するために、既存の援助体制の改善や資金調達のためのグローバルな租税制度の提案、貿易制度の改革等が必要であると考える。同時に、後述するように、このような改革と並んで、グローバルな再分配を目的とした移住労働者の受け入れ案を提案すべき規範的理由があると考える。しかし、グローバルな再分配を支持する論者であっても、グローバルな再分配を、移住労働者の受け入れ拡大という方法で実現することについては疑問を呈する論者が多い。そこで、本章では、そのような懐疑論を批判的に検討し、グローバルな再分配を目的とした移住労働者の受け入れ案を提案すべき規範的理由を明らかにする。

　先進国における移住労働者の受け入れが、実際にグローバルな再分配に資す

---

[2] ODAについて、グローバルな分配的正義の観点から検討した議論として、（シンガー 2005 [2002]、228-231頁; 伊藤 2010、161-181頁）。

るかは、特定の国家における外国人労働者受け入れプログラムが、ある程度の期間にわたって、送り出し国に対してどのような効果をもたらしたかを検証することなしには明らかにすることはできない。本章の目的は、グローバルな再分配を目的とした移住労働者の受け入れ案を提案すべき規範的理由を明らかにすることである。

本論に入る前に、グローバルな再分配を支持する根拠をめぐる論争について触れておきたい。グローバルな分配的正義をめぐっては、個人が、国籍や居住地にかかわらず、どのような内容の権利・利益を持つべきかについて多様な見解がある。各見解の大きな相違は、個人に保障されるべき権利・利益とは、基本的ニーズ、基本的自由、生存権等、生存に不可欠な基本的な内容に限られるのか、それを超えて、何らかの平等まで含むのかという点にある。Chris Armstrong は、グローバルな分配的正義をめぐる入門書において、グローバルな分配的正義の理論を「最小限主義者のアプローチ（minimalist approach）」と「平等主義者のアプローチ（egalitarian approach）」に区別し、前者の立場が、平等の理念をグローバルなレベルに拡張することを拒否する十分な根拠を示すことができるか、もしくは、後者の立場が、平等の理念をグローバルなレベルに拡張することを正当化する十分な理由を示すことができるかが、グローバルな正義についての現代的論争において最も重要な問いの1つであるとしている（Armstrong 2012, p.38）。以上の理論的立場の検討は、本章の目的を超える作業であるため、本章では、ひとまず、いずれかの理論的立場が正当化できることを前提とする。

II　出稼ぎ労働者による国際送金の動向

移住労働者の受け入れをグローバルな再分配の手段として提案する議論の前提は、出稼ぎ労働者による先進国から途上国への国際送金の存在である。そこで、出稼ぎ労働者による国際送金の動向について確認しておきたい。まず、送金の定義について触れておこう。何を「送金」と理解するかという定義をめぐって、2009年に公表されているIMF（国際通貨基金）の「国際収支マニュアル〔第6版〕」では、個人間送金（personal remittance）とは、①移住者の国外の留

守宅や知人・親戚等への金銭の送付である「個人間移転（personal transfers）」、②居住期間が1年未満の短期的な労働者および在外公館・国際機関・外国法人の就労者の収入である「雇用者報酬（compensation of employees）」から現地での税金等を引いた残額、③「家計間の資本移転（capital transfers between households）」の3つを合わせたものであると記されている（IMF 2009, pp. 272-277）。ただし、家計間の資本移転については、データを収集するのが難しく、ほぼすべての国で記録されておらず、主に①と②を合わせたデータが、個人間送金の内容となっている（World Bank 2016, p. xvii）。したがって、送金とは、留守宅や知人・親戚等への金銭の送付と短期的労働者の収入[3]等を指す。つまり、ここでの送金とは、金融機関や送金サービス等を通じて実際に送付されている金銭に限らず、短期的な国外での就労によって得られた収入等を含んでいる[4]。

移住労働者による途上国への国際送金は、年を追うごとに、増加傾向にある[5]。グラフ1は、世界銀行・KNOMAD（The Global Knowledge Partnership on Migration and Development: 移民と開発に関するグローバル知識パートナーシップ）が公表しているデータ[6]に基づき、2005年～2022年の世界全体での個人間送

[3] 「持ち帰り金」という表現もあるが、収入の一部は滞在中に使用されているはずであるので、すべてを持ち帰っているわけではないだろう。

[4] 送金の定義については、〈https://www.migrationdataportal.org/themes/remittances〉も参照。

[5] 送金については、多くの移住労働者が必ずしも金融機関を通じて出身国に金銭を送るわけではないため、実際には、国際機関が発表しているデータを遙かに上回る額が出身国にもたらされている可能性があることや、国際機関によって公表されているデータが必ずしも完全ではないことも指摘されており、本章の記載も、個別の値としては正確ではないかもしれない。しかし、筆者は、傾向としては実態を表しているのではないかと考えており、また、多くの論文で世界銀行が公表しているデータを基に議論されているため、本書でも世界銀行が公表しているデータを基に議論する。送金をめぐるデータの問題点について、（Kapur 2005, pp. 335-336）。公表されているデータが不完全であることから、送金の増加についても、その一部は、データ収集が改善されたことによるのではないかという指摘もある（Kapur 2005, p. 340）。新型コロナウイルス感染症の世界的流行の影響としても、各国の入国規制による国際的な往来の制限が、非公式の送金にどのような影響を与えているかは明らかでないという指摘がある（Ratha et al. 2021a, p. 5）。

[6] グラフ1および表は、World Bank/KNOMAD, June 2023, Remittance Inflows（US $ Million）に基づく。KNOMADとは、移民と開発に関する研究・分析を主導してきた世界銀行グループの取り組みである。〈https://www.worldbank.org/en/topic/migration/brief/remittances-knomad〉参照。グラフの根拠であるデータは、筆者が2024年10月16日にKNOMADのウェブサイトからダウンロードしたものであるが、同ウェブサイトは2024年10月末現在閲覧できなくなっており、このデータについてもインターネット上では閲覧不可能である。IOM（国際移住機関）のグローバル移住データ分析センター（Global Migration Data Analysis Centre）が開設している「移住データ・ポータル（Migration data portal）」〈https://www.migrationdataportal.org/〉の送金に関する内容がKNOMADのデータに基づいており、データの一部については「移住データ・ポータル」にて確認できる。

グラフ1　個人間送金受取額の推移（低・中所得国および世界全体）

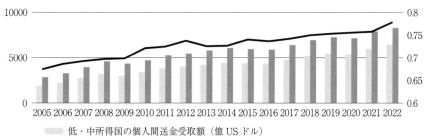

- 低・中所得国の個人間送金受取額（億USドル）
- 世界全体での個人間送金受取額（億USドル）
- 低・中所得国の個人間送金受取額が世界全体の個人間送金受取額に占める割合

金受取額と低・中所得国（Low & Middle Income Country）の送金受取額の推移、そして低・中所得国の個人間送金受取額が世界全体での個人間送金受取額に占める割合を示したものである。2005年以降、世界全体での個人間送金受取額と低・中所得国の個人間送金受取額が、ともに増加傾向であるとともに、低・中所得国の個人間送金受取額が世界全体での個人間送金受取額に占める割合が増えていることが分かる。低・中所得国の送金受取額が世界全体での個人間送金受取額に占める割合は、2005年には7割弱であったが、2019年には7割5分を超えている。新型コロナウイルス感染症流行の最中も増加し続け、2022年に過去最高額の6,450億USドルを記録している（Ratha et al. 2023, pp. 1-2）[7]。

これに対し、ODA（政府開発援助）も全体的な傾向としては増加し続けているが、2020年のODAの総額は約1,930億USドルである[8]。移住労働者による送金額とODAの総額の差は開き続けており、2005年頃は、送金額はODAの総額の2倍弱であったが、現在では3倍弱になる。世界各地で外国人に対する入国規制が実施され、国際的な往来が制限された新型コロナウイルス感染症

[7] KNOMADが公表しているデータ以外で、各国の個人間送金受取額が確認できるものとして、世界銀行グループのウェブサイト（オープン・データ）〈https://data.worldbank.org/indicator/BX.TRF.PWKR.CD.DT〉がある。ただし、表に記載した各国の個人間送金受取額のデータについて、KNOMADのデータと世界銀行グループのデータとでは、中国の送金受取額が大きく異なる。
グラフ1の基になっている世界銀行・KNOMADのデータと、移民と国際送金の動向についての定期的な報告書である『移民と開発摘要（migration and development brief）』のデータとは若干ずれている。

[8] World Bank, Net official development assistance received (current US$), 〈https://data.worldbank.org/indicator/DT.ODA.ODAT.CD〉.

流行下においても途上国への送金額の減少幅は小さいと予想されていたが、この予想の通り、送金額は減少したわけではなかった。地域によっては、新型コロナウイルス感染症流行下においても送金額が増えている。2020年には、直接投資が急激に減ったため、送金額は、直接投資の額も上回った。2024年以降も低・中所得国への送金が継続的に増加するだろう、という予測が示されている（Ratha et al. 2023, pp. 1-2; Ratha et al. 2024, p. 1）。

では、どのような国家が送金先なのだろうか。表は、2005年、2010年、2015年、2020年の送金受取額上位10か国を示したものである。この表からも、この15年間に途上国への送金額が増えてきたことが分かる。網掛けをしてあるのが、OECDに加盟していない国である。2005年には上位10か国中4か国

表 送金受取額上位10か国（2005年、2010年、2015年、2020年）

単位：USドル

	2005年	2010年	2015年	2020年
第1位	中国 (236.26億)	インド (534.8億)	インド (689.1億)	インド (831.49億)
第2位	メキシコ (227.42億)	中国 (524.6億)	中国 (639.38億)	中国 (595.07億)
第3位	インド (221.25億)	メキシコ (220.8億)	フィリピン (297.99億)	メキシコ (428.78億)
第4位	ナイジェリア (146.4億)	フィリピン (215.57億)	メキシコ (262.33億)	フィリピン (348.83億)
第5位	フランス (142.05億)	フランス (198.98億)	フランス (240.67億)	エジプト (296.03億)
第6位	フィリピン (137.33億)	ナイジェリア (197.45億)	ナイジェリア (206.26億)	フランス (288.23億)
第7位	ポーランド (72.83億)	ドイツ (127.89億)	パキスタン (193.06億)	パキスタン (260.89億)
第8位	ベルギー (68.84億)	エジプト (124.53億)	エジプト (183.25億)	バングラデシュ (217.52億)
第9位	ドイツ (68.64億)	ベルギー (109.94億)	ドイツ (155.66億)	ドイツ (193.2億)
第10位	英国 (60.45億)	バングラデシュ (108.5億)	バングラデシュ (152.96億)	ナイジェリア (172.08億)

であったのが、2015年以降は上位10か国中7か国が、OECD非加盟国で占められている。途上国における送金がGDPに占める割合では、2023年の推計になるが、タジキスタン（48%）、トンガ（41%）、サモア（32%）、レバノン（28%）、が順に上位4か国である（Ratha et al. 2023, p. 5）。

これに対し、送金元の国家としては、1990年代以降、突出して送金額が大きいのが、米国とサウジアラビアである。2015年以降は、米国、アラブ首長国連邦、サウジアラビアの3か国で送金額が大きく、2022年のデータで最も多いのが米国であり、次に外国人人口が全人口の9割弱を占めるアラブ首長国連邦、その後、サウジアラビアの順になっている。日本からの送金額も増加傾向にある[9]。

III　グローバルな再分配を目的とした移住労働者受け入れへの懐疑論とその検討

IIで確認した移住労働者による国際送金の動向からは、先進国における途上国からの移住労働者の受け入れがグローバルな再分配の1つの方法となる可能性を秘めているといえるだろう。しかし、グローバルな再分配を支持する論者であっても、先進国における移住労働者の受け入れ拡大をグローバルな再分配のための手段として活用することについては、慎重な立場をとる論者は多い。

例えば、Thomas Poggeは、グローバルな貧困は、先進国が築いてきたグローバルな制度的秩序によってもたらされていると指摘し、他者を害してはならないという消極的義務によって、グローバルな制度を改革する責任を基礎づける。しかし、先進国の外国人受け入れ能力の限界と移住労働者の多くが最貧者ではないという理由から、先進国政府に対し、移住労働者の受け入れよりも、グローバルな貧困の削減に向けて追加的な資金提供を求める方が効果的であるという見解を示している（Pogge 1997）。

Ayelet Shacharも、個人の国籍による生の格差を問題にするが、移住労働

---

[9] データは、World Bank/KNOMAD, June 2023, Remittance Outflows (US $ Million)に基づく。このデータについても、筆者が2024年10月16日にKNOMADのウェブサイトからダウンロードしたものであるが、現在はインターネット上では閲覧不可能である。

者の受け入れによってそれを是正することには限界があるとし、先進国の国籍の付与に課税し、それを世界中の子どもたちの基本的な財へのアクセスを保障するために活用するという国籍特権税を提案している（Shachar 2009, pp. 70-108）。

Gillian Brock も、基本的ニーズの充足と基本的自由の保障をグローバルな正義の中心的な内容であるとする立場から、グローバルな公共財の創出・維持のためのグローバルな税制を支持するが（Brock 2009, Chap. 5）、移住労働者の受け入れによるグローバルな再分配には懐疑的な論者の 1 人である。Brock は、我々は、外国人がもたらしうるクリエイティブな可能性に開かれていなければならないとし、受け入れ国と送り出し国、受け入れ国住民と移住労働者が、それぞれ相互に利益を得ることができる可能性として、技能習得のための教育訓練を目的とした途上国からの受け入れ等を挙げているが、先進国での移住労働者受け入れの増加が、途上国での基本的ニーズの充足に寄与し、グローバルな正義のより良い実現について進歩をもたらすかについては懐疑的であると述べる（Brock 2009, pp. 208-211）。

Ⅲでは、このようなグローバルな再分配を目的とした移住労働者受け入れへの懐疑論の論拠について検討する。

1　グローバルな再分配を目的とした移住労働者受け入れへの懐疑論の論拠

グローバルな再分配を目的とした移住労働者受け入れへの懐疑論の主な論拠は 3 つある。受け入れ国の受け入れ能力の限界、人の流出の負の影響、送金の再分配効果への疑問である。順にみていきたい。

(1)　受け入れ国の受け入れ能力の限界

1 つ目の論拠は、現状で、貧困状態にある人々の規模に対し、受け入れ国が現実に受け入れ可能な規模には限界があるというものである。Pogge は、論文を執筆した 1997 年当時の状況を基にこの議論を説明しているが、最近のデータを用いて議論を説明したい。まず、Ⅰの冒頭で示したように、1 日 2.15US ドルの国際貧困線を下回る状態にある人は、2022 年の時点で、7 億 1,300 万人存在する。また、多次元貧困指数を基にするならば、約 11 億人の人々が貧困状態にある。これに対し、IOM（国際移住機関）が公表するデータによるならば、2020 年現在、出生地以外の国家に居住するという意味での「移民」は約

2億8,059万人にすぎない（McAuliffe & Triandafyllidou 2021, p. 23）。

「移民国家」の新規の外国人受け入れ数を、米国・カナダについて、比較して確認してみたい。2023年に、米国で永住資格を得た人は、米国にすでに滞在しており、滞在資格が永住資格に切り替わった個人と永住資格を得て新規に入国した個人を合わせて約117万3,000人である。このうち、永住資格を得て新規に入国した個人は約56万5,000人である（Office of Homeland Security Statistics 2024, Table 1, 6）。これに加えて、一時的な就労資格を得た人とその家族が約498万人、留学生とその家族が約170万人いる（Office of Homeland Security Statistics 2024, Table 25）。カナダについても確認してみたい。カナダでは、2023年に永住資格を得て新規に入国した人が約47万2,000人いる。これに加え、一時的な就労資格を得た人が約94万9,000人、留学生が約68万3,000人いる（Immigration, Refugees & Citizenship Canada 2024, pp. 11-22）。

以上のように、貧困状況にある人が億単位の規模で存在するのに対し、現在の国際社会での外国人の受け入れは、代表的な移民国家においても、1か国当たり数百万人の規模でしかない。億単位の人々を一度に受け入れることは、G7（主要7か国）であっても、受け入れ国をG20（主要20か国・地域）に広げたとしても、受け入れ能力の面から難しいというのが、1つ目の論拠である。

(2) 人の流出に伴う負の影響

2つ目の論拠は、人の流出が、出身地の社会に負の影響をもたらすというものである。代表的な例は、医療従事者の国際的な移動が出身国・地域の医療サービス提供体制へもたらす影響である（Brock 2009, pp. 198-204）。人の流出は、人口規模が大きい国家においてはそれほど大きな影響を及ぼさないが、人口規模が小さい国家においては、影響が深刻になりやすい。医療サービス提供体制が脆弱な国家において、国外への流出が医療従事者不足に追い打ちをかけ、医療サービス提供体制を一層脆弱化させることが懸念されている。医療従事者の移動をめぐっては、すでに国際的な取り組みがあり、2010年に、WHO（世界保健機関）総会にて「医療従事者の国際的な募集についてのグローバルな実施規則」という倫理的指針が採択されている。医療従事者以外にも、先端的な技術研究に従事する希少な技能を持った人材の喪失や生産人口の減少、消費者の減少、地域社会の活動の担い手の減少等、人の流出は、出身国・地域にとって負

の影響をもたらす可能性があり、このような懸念が2つ目の論拠である。

(3) 送金の再分配効果への疑問

　途上国への国際的な送金額が多額で、かつ増加傾向にあることは事実であるとしても、送金が開発にどのような効果をもたらすかについては争いがある。3つ目の論拠は、送金の再分配効果への疑問である。送金の再分配効果への疑問については、4つの観点からの議論に分けることができる。以下では、Brockの議論を一部補いつつ説明したい。

　第1に、送金が貧困を緩和する効果を持つとしても、より困窮度が高い個人への効果は限定的であるという指摘がある。なぜなら、送金の受け取り額は、インド、中国、フィリピン、メキシコ等、開発途上国のなかでも、所得水準が相対的には高い国家で大きい。したがって、現状では、所得水準がより低い国家への再分配効果は限定的である。また、移住労働者は、教育や所得の水準が高い家庭の出身者である場合が多いことからも、より困窮度が高い個人への効果は限定的であると指摘される（Brock 2009, p. 205）。

　第2に、送金が一時的貧困を緩和する効果を持つとしても、慢性的貧困から脱することを可能にするような長期的な開発に寄与するかは明らかでないという指摘がある。送金が、移住労働者の家族や近親者にとって生活、事業、教育等のための資金になるとしても、それが国家や地域の開発を促進する効果まで持つかが明らかではない。Brockは、私的消費が増えることで、新たなマーケットが開拓されたり、雇用の機会が増えたり、政府の税収が増えたりする効果がある一方、送金は、学校・道路・病院・保健所等、公共財の整備に投じられることがないと指摘する（Brock 2009, p. 205）。

　第3に、援助依存ならぬ送金依存の問題がある。送金に頼るあまり、移住者の家族等が、自ら働くインセンティブを持たない。また、働くとしても、自国ではなく、国外で就労することを希望することから、地域の経済活動を減少させてしまう（Brock 2009, pp. 205-206）。さらには、自国政府に対して、生活・就労環境の改善を求めるインセンティブを持たない（Brock 2009, p. 207）。

　第4に、送金の継続性・安定性についても疑問が挙げられることがある。移住者は、永遠に送金し続けるわけではない。多くの場合、移住者が、受け入れ国に定着するにつれて、送金額が減っていく（Brock 2009, p. 207）。また、送金を

頼りにするとは、移住者の移住先の国家の経済状態に依存することであり、移住先の国家の経済が不況になれば、その煽りを受けざるを得ない。

2　検討
それでは、3つの論拠について、検討してみたい。
(1)　受け入れ能力の限界
まず、筆者は、先進国が、現状で、極度の貧困状態にある人すべてを受け入れるほどの外国人受け入れ能力を持たないからといって、それは、グローバルな再分配を目的とした新たな移住労働者受け入れ構想の妥当性を否定する理由にはならないと考える。援助についても、現在の先進国は、極度の貧困状態にある人すべての状態を改善するほどの資力を持つかは分からない。また、実際に資力があったとしても、援助として提供する意思があるかも明らかではない。例えば、ODAについて、国連総会は、1970年に、各国がそれぞれのGNP（国民総生産）の0.7％に相当する金額を出資することを目標と定めた[10]。しかし、2019年のデータを見てみると、英国がこの目標額で提供しているほか、この目標額を上回って提供している国は、ルクセンブルク、ノルウェー、スウェーデン、デンマークの4か国にとどまっている（外務省2021、20頁）。

しかし、現在の先進国が、現状で、極度の貧困状態にある人すべての状態を改善するほどの資力やそのための意思を持つか分からないからといって、ODAを各国の政治的経済的戦略に基づくものではなく、グローバルな再分配に資するものとする提案が妥当ではないということにはならない。グローバルな再分配の観点から、現在の援助の規模であっても、開発がより遅れている後発開発途上国に多く配分すべきであるという提案はありうるだろう。外国人の受け入れについても、グローバルな再分配の観点から、現在の受け入れ規模において、その一部を、グローバルな再分配を目的とした受け入れに割り当てるべきであるとか、現状の外国人受け入れ政策の再分配効果を高めるための工夫をすべきであるという提案ができるはずである。グローバルな再分配を目的とした新たな移住労働者受け入れ構想の提案が妥当であるか否かを考えるにあたって問題であるのは、グローバルな再分配実現のために、他の手段ではなく、

---

10 ｜　現在は、GNI（国民総所得）比で0.7％提供することが目標となっている。

移住労働者の受け入れを活用すべき積極的理由があるか否か、もしくはそれを否定すべき理由があるか否かである。

(2) 検討2：人の流出の負の効果

人の流出の問題については、医療従事者が少なく医療サービス提供体制が脆弱な地域から希少な人材を引き抜いたり、専門的な技能を持った個人ではなくても、特定の村や地域から労働力を一挙に引き抜いたりする等[11]、負の影響が明らかである場合には、たとえ短期的な影響であっても、そのような影響を与えることは禁じられるべきであるだろう。明らかな負の影響を引き起こす行為は、「他者を害してはならない」という消極的義務に違反する。このような影響への対処は、Poggeが理論化したように、加害責任への賠償としてなされなければならない（Pogge 2008）。他方で、国外への人の移住が、出身国・地域に対して中長期的にどのような影響を与えるかについては、人の流出の効果をどの程度の時間的なスパンで測るべきか等の問題もあり、効果を一義的に確定することが困難である。移住労働者が、移住先と出身国・地域を行き来することで、金銭だけでなく、新たな知識・技能・習慣・言語・経験（「社会的送金（social remittance）」と呼ばれる）等が、移住先にも、出身国・地域にももたらされることを考えるならば、人の流出が負の効果を持ちうることを理由に、グローバルな再分配を目的とした移住労働者受け入れ拡大の可能性を否定するよりも、出身国・地域と受け入れ国との間の循環的移動（circular migration）を可能にする方が有意義であるだろう。

(3) 送金の再分配効果への疑問

4つの観点からの議論をそれぞれ検討したい。

(a) 送金は、困窮度が高い個人に対して再分配効果を持つか

送金が、現状では、より困窮度が高い個人に対して限定的な効果しか持たないという見解に対しては、2点指摘したい。第1に、より困窮度が高い個人に対して効果をもたらしうるかについては、どのような受け入れ体制であるかに

---

11 ニュージーランドでの太平洋島嶼国からの労働者の受け入れプログラムの効果をめぐる調査では、多くのプログラム参加者が若年男性で、出身地でも農業を営んでおり、出身国の農産業の持続性やコミュニティの維持という観点から、「社会に対して責任ある採用（socially responsible recruiting）」の重要性が指摘されている（Bedford, Bedford & Nunns 2020, pp. 9-10）。

依存する。現状で、より所得が高い途上国への送金額が大きいのは、より所得が高い途上国からの先進国への移住が多いためだろう[12]。したがって、途上国のなかでも、所得水準が低い国家を受け入れ対象にするならば、そのような国家への送金を増やすことが可能である。専門的な技能を必要としない分野を受け入れ対象とすることによっても、再分配的な効果を高めることができるはずである。したがって、グローバルな再分配を目的とした移住労働者受け入れ構想案にとっては、送金が、困窮度が高い個人に対して再分配効果を持つか否かではなく、構想案が、困窮度が高い個人に対して就労の機会を提供することができるような内容であるかが問題である。

(b) 送金は開発に寄与するか

送金の再分配効果への疑問のうち、最も論争的な点は、送金と開発の関係である。送金と開発の関係をめぐっては、いくつかの応答がある。

第1に、送金が、移住労働者の出身地の開発に寄与している例もある。移住労働者やその家族が、送金を元手に、新たな事業を始め、新たな雇用が生まれること等も、送金の出身地に対する効果であるが、送金が、出身地の自治体政府によって開発に利用される例がある。送金は、移住労働者から家族に宛てて送られるものだけではない。在米メキシコ人組織等、移住先で、出身地ごとの同郷人会（Hometown Associations; HTA）が組織され、同郷人会への寄付や同郷人会が主催するイベントでの売り上げ等が出身地に送られ、出身地域の開発のために活用されている[13]。

このような同郷人会の活動が有名であるのは在米メキシコミュニティであり、米国には、メキシコ系の同郷人会が700以上あり、メキシコを含む中南米系の同郷人会の数は数千にのぼるとされている（Orozco 2005, p. 322）。例えば、メキシコでは、出身地の開発事業に対し、メキシコ連邦政府・州政府・市役所・同郷人会が出資し合う「3×1プログラム」や「2×1プログラム」が盛

---

12 「移民と送金に関する実態調査書2016〔第3版〕（Migration and Remittances Factbook 2016, 3rd edition）」（World Bank 2016, pp. 37-48）によれば、OECD加盟国への移民の割合は、中所得国（104か国）では48.3％、低所得国（31か国）では17.4％、後発開発途上国（48か国）では15.1％である。2014年の送金額は、中所得国に対して4,172億USドル、低所得国に対して139億USドル、後発開発途上国に対して382億USドルである。
13 同郷人会が送るのは金銭だけではない。例えば、ニューヨークにあるガイアナ系同郷人会は、年に一度、ガイアナに医師と看護師のグループを派遣しているという（Orozco 2005, p. 323）。

んになっている。このようなプログラムは、1980年代末に米国カリフォルニア州ロサンゼルスに在住していたメキシコのサラカテス州出身者が、同郷人会を結成し、出身地の市町村のインフラ整備のために送金したことに端を発するとされており、2005年には、26州425市町村で、1691の事業が実施されている。参加した同郷人会は、米国35州の815組織にのぼり、メキシコ連邦政府・州政府・市役所・同郷人会による出資金は合わせて8億4,700万ドルとされている。メキシコ全体でみるならば、米国に移住労働者を多く送り出し、同郷人会からの送金が多い地域とそうではない地域がある等の課題も指摘されてはいるが、このような送金が、インフラの整備や雇用の創出について一定の成果をもたらしている（山﨑2018;内多2009）。エルサルバドルでも、同郷人会とエルサルバドル政府が連携するには至っていないが、同郷人会が民間銀行と連携し、在米エルサルバドル人コミュニティによる同郷人会が主催する祭り、スポーツ大会等のイベント等での売り上げの寄付が、出身地域の学校や公民館、道路整備等の開発資金となっている。また、同郷人会が、出身地域での消費文化、支援依存を改善すべく、家庭訪問や集会を通じて、人々に助言・支援する活動に出資しているという例もある（安永＝藤代2018）。

　第2に、移住労働者の受け入れ拡大は、長期的な開発を促進するものというよりも、現在の貧困の緩和・削減を目指すもの、もしくは地域的な開発が困難な場合の次善の構想として提案できる[14]。筆者も、慢性的な貧困を削減するためには、長期的なタイムスパンのもと、各国が、インフラの整備や産業の発展、人材の育成等、それぞれに開発を通して、国内の雇用を増やしたり、地域の経済活動を活発化したりする必要があると考える。しかし、各国がそれぞれに開発を遂げることは、グローバルな経済的・社会的格差や貧困の問題にとって根本的な解決ではあるが、一朝一夕に実現することではない。各国の開発が進展し、国内で安定的な生活が可能になるまでの間、今を生きる個人の生活環境を、今、改善するための方策が必要である。それゆえ、グローバルな再分配のため

14　開放的国境政策論を提案するJoseph Carensも、開放的国境政策を支持する理由を説明するなかで、次のように書いている。「長期的には、国際的な政治経済的秩序の変革が移住の需要や移住への抵抗を減らすとしても、［John Maynard］Keynesが言ったように、長期的には、我々は皆死んでしまう。我々は、現在、この場所で、直面する人々の道徳的クレームを考慮しなければならない」（Carens 1992, p. 35）。

の構想は、各国の開発を支援するための構想とともに、開発が進展するまでの間、今、個人の生活環境を改善するための過渡的な構想を必要とする（井上 2012、260 頁）。

移住労働者の受け入れ拡大は、2つの点で、グローバルな再分配のための過渡的な構想として提案できる。①移住労働者の受け入れ拡大は、生活環境を改善したいと切望する人々自身に、今、そのための機会を提供することを可能にする。②現状でも、国外での就労によって得られた収入の送金は貧困を改善する効果を持っており、送金は、移住労働者とその家族の生活を大きく改善する可能性を持つ[15]。

(c) 送金依存が生じないか

送金によって多額の資金が得られるために、残された家族はもっぱら送金に依存し、また、国外での就労の機会にもっぱら頼り、政府に対し、国内の就労環境の改善を求めるインセンティブを持たない等の送金依存の問題は頻繁に指摘されることではあるが、他方で、国外での就労の機会や送金を主体的に活用する個人も存在する。例えば、後述するニュージーランドでの太平洋島嶼国からの労働者の受け入れプログラムの効果をめぐる調査では、妻と子どもたちが出身地で農業を営みつつ生活しながらも、夫がプログラムに参加し、住居の改築のためにニュージーランドでの収入を活用している例や、出身地での農業を拡大する資金を得るためにプログラムに参加している例等が示されている（Bedford, Bedford & Nunns 2020, p. 41）。参加の決定が家族単位で行われており、出身地で高齢の両親の世話をしつつ農業を営むために、兄弟で時期を変えてプログラムに参加する例や、シングルマザーの女性が、都市部での生活費と子どもの学費のために、子どもを親に預けてプログラムに参加する例等も示されている（Bedford, Bedford & Nunns 2020, pp. 39–40）。また、継続的に参加してきた個人がプログラムへの参加をやめた理由として、結婚したことや子どもが生まれたこ

---

[15] 地域の開発支援と連携し、開発に関係した労働分野において移住労働者を受け入れることは、知識・技能の移転に繋がる可能性も持つ。日本において低熟練労働の受け皿となってきた技能実習制度は多くの課題を抱えており、現在、改革のさなかにあるが、従来の技能実習制度を活用した移住労働者の受け入れのなかには、「人材育成を通じた開発途上地域等への技能、技術又は知識（……）の移転による国際協力を推進すること」（外国人の技能実習の適正な実施及び技能実習生の保護に関する法律1条）という制度本来の目的の実現を可能にする優れた取り組みもあり、ODAとの連携も図られている（外務省2021、88頁）。この点についての研究は、今後の課題としたい。

と、子どもの学費の支払いがなくなったこと等も示されており（Bedford, Bedford & Nunns 2020, pp. 45-46）、参加者が、各自の生活設計や価値観に照らし合わせて、プログラムを通して労働する意義・価値を主体的に判断し、参加していることが窺える。したがって、グローバルな再分配を支持する立場からは、送金依存の問題を理由として、移住労働者としての受け入れを否定するよりも、個人が生活環境を改善するための機会を提供することが望ましいと考える。

(d) 送金は持続するか

送金の持続性・安定性についても2点指摘したい。第1に、途上国に提供される資金のうち、相対的に安定性が高いのは送金であるとされている。ODAや投資は、世界経済全体や地域経済が不況に陥った場合等に減額してしまうが、個人が家族・親族や出身地域に送る送金は、世界経済や地域経済が不況に陥った場合や出身国・地域が経済的・政治的に不安定な場合等、困難な状況のときであっても途絶えず、むしろ、困難な状況であるからこそ維持されたり、増額されたりすることが指摘されている。例えば、1997年のアジア通貨危機直後に、東南アジアへの民間資金の流入が減ったが、送金は維持されたといわれる（Ratha 2005, p. 26; Kapur 2005, p. 338）。多くの論者が、移住労働者による送金を「社会保険」（Kapur 2005, p. 342）、「ライフライン」（Kapur 2005, p. 338; Ratha et al. 2021a, p. 7）、「グローバルな社会保障制度の重要な要素」（Ratha et al. 2021a, p. 7）等と形容するのは、このためである。世界銀行グループは、新型コロナウイルス感染症流行下での送金の回復傾向についても、その要因の1つとして、新型コロナウイルス感染症流行の影響を受けた出身国を支えようという移住労働者の行動を挙げている（Ratha et al. 2021b, p. 15）。

第2に、資金提供の継続性の問題は送金以外の支援にも当てはまる。ODAであっても、供与国の内政や外交上の方針、経済状況によって、規模が増減したり、対象国が変わったりすることがある。例えば、2001年の米国での同時多発テロ以降、欧米諸国は、貧困がテロの原因であるという認識からODAを増額したことが知られている。これに対し、日本のODAは2000年代初めには減少傾向にあった。したがって、送金の継続性が高いか否かは、グローバルな再分配を目的とした移住労働者受け入れ案の妥当性を否定する理由にはならないと考える。

3 小括

以上の考察から、3つの論拠のいずれも、グローバルな再分配を目的とした移住労働者受け入れ案の妥当性を否定するものではないと考える。移住労働者の受け入れは、グローバルな再分配の構想において、長期的な開発が進展するまでの間の過渡的な構想、もしくは、開発が困難である場合の次善の構想としての可能性を持つ。

IV 国際協力ビザの現実のモデル
—— ニュージーランド「認定季節雇用者プログラム」

送金の効果に基づいた移住労働者受け入れ案の現実のモデルとして、ニュージーランドで農業分野での低熟練労働者の受け入れを目的に2007年に導入された、「認定季節雇用者プログラム（recognised seasonal employer sheme; RSE）」を挙げたい。

ニュージーランドでは、ワインを含む一次産品が主要な輸出品目となっており、2000年代初めに、国内の園芸農業・ブドウ栽培で輸出が拡大し労働需要が高まったことと周辺の太平洋島嶼国政府から労働市場開放の要求があったことを主な契機として、認定季節雇用者プログラムを開始した。同プログラムでは、ニュージーランド国内の労働者不足の解消だけでなく、地域の経済的発展、地域統合、安定性の促進をプログラムの目的としている。

同プログラムの概要は、次の通りである（Bedford, Bedford & Nunns 2020, pp. 15-16, 44; 西川＝狩野 2018）。対象は、1次産品の輸出拡大に合わせて、園芸農業とブドウ栽培である。労働者を募集したい事業者は、ニュージーランド政府に対し、認定季節労働者雇用主としての認可を受け、雇用期間・場所・勤務内容等を定めた募集協定（Agreement to Recruitment; ATR）を申請・取得したうえで、労働者を募集し、雇用契約を締結する。個々の労働者の選別については、事業者が行う。当初は、キリバス、サモア、トンガ、ツバル、バヌアツの5か国と協定を結ぶ形で始まったが、その後、徐々に対象国が拡大し、現在では、太平洋島嶼国9か国と東南アジア6か国が対象となっている。2007年のプログラム開始以降、毎年の受け入れ人数のうち最多であるのは、バヌアツからの労働者

で、2019年も4,237人と、全体の3分の1弱を占めている。バヌアツ、トンガ、サモアの3か国からの労働者が、全体の8割以上を占めている。受け入れ人数については、国内労働者の状況を考慮し、ニュージーランド政府が定めており、5,000人を受け入れ上限数として始まったが、徐々に人数を拡大し、2019年は1万4,400人を上限としている。ビザの形態としては、季節労働の受け入れであるため、最長で7か月間滞在可能なビザが発給される。ただし、ツバルとキリバスについては、移動コストが大きいことから、9か月滞在可能なビザとされている。ビザの目的は、認定季節雇用者プログラムでの就労に限定されており、プログラム以外での労働はできない。帰国後、再応募することが可能であり、平均的な参加回数は3〜4回とされている。労働者が移動するための航空運賃の半額は、事業者が負担するという特徴もある。

導入から10年以上が経ち、認定季節雇用者プログラムをめぐっては、その成果と課題について詳細な報告書が、ニュージーランド移民局のホームページに掲載されている[16]。報告書は、ニュージーランド側の効果についてのものと受け入れ対象国の側の効果についてのものと2種類存在するが、フィジー、キリバス、サモア、トンガ、バヌアツの5か国を対象とした「RSE効果研究：太平洋諸国の動向報告（RSE Impact Study: Pacific Stream Report）」によるならば、同プログラムは、移住労働者自身と移住労働者の家族・親族に対しても、出身地コミュニティに対しても、多くの効果をもたらしている。移住労働者と移住労働者の家族・親族への効果としては、プログラムに参加している間、安定的な収入が得られたこと、収入によって子弟の教育が可能になったこと、既存の事業を促進したり、新規の事業を始めたりすることが可能になったこと、女性が就労の機会を得ることが可能になったことが主に挙げられている（Bedford, Bedford & Nunns 2020, pp. 59-63, 79-80, 160-165）。個人や家族とコミュニティとの双方への効果としては、災害からの復興を進める資金となったこと、生活や農作業等に関わる新たな技能が得られ、家族・親族間や出身地で共有されたことが、挙げられている（Bedford, Bedford & Nunns 2020, pp. 86-88）。出身地コミュニ

---

[16] New Zealand Immigration, Recognised Seasonal Employer (RSE) scheme research 〈https://www.immigration.govt.nz/about-us/research-and-statistics/research-reports/recognised-seasonal-employer-rse-scheme〉.

ティへの効果として、プログラムに参加している間、参加者が出身地で営む農園で参加者の不在を補うための働き手が雇用される等、プログラムでの収入がコミュニティにも還元されたこと、プログラム参加者の寄付によって、給水設備や学校、通学バス等、コミュニティの施設や社会サービスが改善されたことが挙げられている（Bedford, Bedford & Nunns 2020, pp. 81, 100-104, 166-172）。

　他方で、報告書は、問題点・課題も挙げている。主に5点ある。第1に、対象国の国内で、多くの参加者がいる地域とそうではない地域があり、また、対象国によって受け入れ人数も異なり、プログラムによって利益を得ることができる地域が偏っている（Bedford, Bedford & Nunns 2020, p. 11）。第2に、賃金を含む就労条件をめぐる問題として、就労条件が明確ではない場合があること、環境の違いから、ニュージーランドに来た直後に体調を崩す参加者が多いのに対し、ニュージーランドの労働法上、病気療養のための休暇は雇用開始後6か月以上経過しないと取得できないこと、ニュージーランドでの生活費や航空運賃が10年の間に上がったのに対し、賃金が同様には上がらず、送金・貯蓄可能な収入が実質的に減少していること等が挙げられている（Bedford, Bedford & Nunns 2020, pp. 48-49, 52, 63-64）。第3に、家族に関連する問題として、配偶者（多くの場合、女性）が、出身地で心理的負担や家事・育児の追加的な負担を負っていること、子どもが一定期間、親と離れて暮らしていることも挙げられている（Bedford, Bedford & Nunns 2020, pp. 88-93）。第4に、出身地コミュニティで労働力を失ったことにより、農産業が減産している等の影響がある（Bedford, Bedford & Nunns 2020, pp. 97-99）。第5に、伝統的な価値観の変化にも、負の影響を持つものがあるとされる（Bedford, Bedford & Nunns 2020, pp. 109-111）。プログラムへの参加を見込むことができる若年層において、出身地での就労に関心を抱かなくなったり、一部では、実際に、プログラムへの参加が長期的な生計手段となったりしていることも挙げられている（Bedford, Bedford & Nunns 2020, pp. 84-85）。

　ニュージーランドにおける認定季節雇用者プログラムは、米国やカナダ等、多くの移民受け入れ国で実施されている農業季節労働者の受け入れプログラムの1つである[17]。農作業の繁忙期に短期的に受け入れる点や、雇用者に対して

---

17 | 米国のH-2Aビザ、カナダの季節農業労働者プログラム（seasonal agriculture worker program; SAWP）等。

国内労働者を確保する努力を課したり、国内の労働市場の状況を考慮したうえで受け入れ上限数を決めたりする等、国内の労働市場の状況に配慮する形である点等は、ニュージーランド以外の国で実施されている農業季節労働者の受け入れプログラムと共通しており、受け入れ国内での労働者不足を解消することを目的としている。また、ニュージーランドのプログラム実現の背景には、受け入れ対象となっている太平洋島嶼国では、農業を中心とする自給自足の生活を主体とし、それに加えて援助と出稼ぎによって、経済が主に成り立ってきたという固有の事情もある[18]。

他方で、ニュージーランドの認定季節雇用者プログラムは、他の農業季節労働者の受け入れプログラムとは異なる点があり、以下の点で、グローバルな再分配を目的とする移住労働者受け入れプログラムの実現可能な具体的形態として理解することができると、筆者は考える。第1に、ニュージーランドが含まれる太平洋地域の経済発展、地域統合、安定性の促進が、明示的な目的の1つに含まれている（Bedford, Bedford & Nunns 2020, p. 16）。第2に、キリバス、ソロモン諸島、ツバル、バヌアツ[19]という太平洋地域の後発開発途上国が対象国に含まれており、実態としても、このうちバヌアツからの労働者が、受け入れ人数の3分の1を占めるほどになっている。第3に、対象国のなかでも、多様な地域から受け入れることが、対象国の開発に寄与し、また、人の流出の負の効果を抑制するための課題として認識されている（Bedford, Bedford & Nunns 2020, pp. 7-8, 115-119）。実際、トンガとの間では、トンガの周辺的地域から、国内において賃金労働に就いていない人を受け入れることが試みられている。フィジーでも同様の試みがなされている（Bedford, Bedford & Nunns 2020, pp. 29-31, 156-157）。

V おわりに

日本人も、出稼ぎのために海を渡った時代がある。1868年にハワイ王国駐日領事である Eugene Miller Van Reed が、ハワイでの農業労働者の募集に応

---

18 移民（Migration）、送金（Remittance）、援助（Aid）、官僚機構（Bureaucracy）の頭文字をとって「MIRAB経済」として理論化されている（Bertram & Watters 1985; 風間 2010）。

19 バヌアツは、2020年に「後発開発途上国」から「低中所得国（Lower Middle Income Country）」に移行した。

募した日本人を送り出したことが日本からハワイへの移民の始まりとなった。1869年には、戊辰戦争を前に駐日ドイツ公使館の書記官を辞したJohn Henry Schnellが、旧会津藩（現、福島県）出身者等を連れて、米国カリフォルニア州に渡り、米国本土への移民の先駆けとなった。その後、米国だけでなく、ロシア、カナダ、オーストラリア等にも向かうようになり、1886年には、日本政府とハワイ政府との間で日布渡航条約が結ばれ、この条約に基づいて官約移民としてハワイに渡った日本人は、2万9,000人にのぼった。最初の渡航では600人の募集枠に対して、2万8,000人の応募者があったという。この背景にあったのは、当時の大蔵卿松方正義によるデフレ政策（いわゆる「松方財政」）がもたらした農村の疲弊である。日本の近現代史について多くの著作を残した岡部牧夫によれば、ハワイ官約移民は、日本初の人口調整政策の1つであった（岡部2002、23-30頁）。

　移住した息子からの送金が途絶えたために困窮化し、家族が、役場を通して出稼ぎ先の領事館にその消息を問い合わせる等のエピソードがあるように、移住者からの送金で生活が成り立っていた家族は、かつて日本にも存在していた。現在の送り出し国と同様に、移住先で、日本人会や県人会が組織されていた。移住者からの送金によって、地域の集会所や学校に備品が寄贈されたり、神社の鳥居が造られたり、石段が修繕されたりした。移民を多く送り出した広島県や和歌山県では、移住者からの送金が県の歳入に占める割合も高かった。広島県安佐郡では、1914年には、人口の10%が海外に移民しており、その送金額が生産総額の23%、租税総額の128%に達していたとされる（木村2018、40-43頁; 鈴木1992、第10章）。このような日本の歴史も、グローバルな再分配のための過渡的構想としての移住労働者受け入れ構想の可能性を示すものであると考える。

第3部
消極的移動・移住の受け入れ

　第2章で述べたように、移動は、移動が実現する利益・価値という観点から、積極的移動と消極的移動とに区別することができる。積極的移動の自由と消極的移動の自由とでは保障根拠が異なる場合があり、消極的移動の受け入れについては、積極的移動の自由の保障とは別の観点から論じることができる。
　第3部では、消極的移動・移住のなかでも、切迫した利益に関わる難民の移動・移住および気候変動に伴う自然環境や社会環境の変化に伴う移動・移住について論じる。

第7章 なぜ難民を保護すべきか
——主権国家秩序の正統性と難民保護

I はじめに

　世界的な難民情勢を毎年発表している UNHCR（国連難民高等弁務官事務所）の報告書「グローバルな潮流（Global Trends）2020 年版」によれば、2020 年末には、UNHCR 支援対象者である難民（UNHCR マンデート難民）は 2,070 万人存在し、このうち 86% が開発途上国に滞在している（UNHCR 2021a, pp. 2, 12-21）。驚くべきことは、この数が 10 年前の約 2 倍、15 年前の約 2.5 倍であり、途上国に滞在する割合も増えていることである。「同 2010 年版」によれば、同様の難民は 1,055 万人であり、このうち途上国に滞在する割合は 80% である（UNHCR 2011, pp. 2-3, 11-14）[1]。そして、「同 2005 年版」によれば、2005 年末の難民数は、1980 年以来最も少なく、840 万人である（UNHCR 2006, p. 3）。すなわち、難民問題は、この 15 年間、難民の規模においても受け入れ負担の分担という点でも悪化の一途をたどっている。個人が、時間をかけて生活を築いた居住地を放棄して逃げ出さざるを得ないという状況を考えても、逃げ出した多くの個人が都市の周縁部に潜んで不安定な生活を送ったり（小泉 2017）、難民キャンプとして指定された場所で将来の見通しが立たずに時間を過ごしたりしているという状況[2]を考えても、これが危機的な事態であることは明らかである。危機的という一言で、簡単にまとめてしまうことにも躊躇いを覚える。それでは、これらの人々を受け入れることは、我々の義務なのだろうか。どのような

---

[1] 「グローバルな潮流」の最新版は 2023 年版であり、2023 年版によれば、UNHCR マンデート難民は 3,160 万人にのぼり、このほかに、難民同様の状況にある人が 590 万人、その他国際的保護を必要とする人が 580 万人いる。以上の個人の 75% が滞在するのは低・中所得国である。690 万人が難民認定審査を申請中である（UNHCR 2024, pp. 2, 15）。

[2] 難民キャンプの状況について、（久保 2014; 米川 2017, 第 3 章; 中坪 2019, 第 5 章; 小俣 2019）。

理由で我々の義務なのだろうか。

　難民保護をめぐる規範的議論において、難民保護の根拠として挙げられてきた見解は多い。加害責任論、人道的義務論、緊急性論、非難論、功利主義論、主権国家による国際的秩序の正統性論等である。加害責任論とは、ある国家が、別の国家の国民が難民として逃げざるを得ない状況を創り出した場合に、その危害への賠償として、逃げだした個人を保護する義務を負うという見解である（e.g. Walzer 1983, p. 49; Gibney 1986, pp. 79-102; Wilcox 2007; Souter 2014）。人道的義務論とは、難民保護は、その負担が過大でない限りで引き受けるべき人道的義務の１つであるという見解である（e.g. Walzer 1983, pp. 32-34; Gibney 2004, pp. 231-249）。緊急性論とは、難民を保護すべき根拠は、個人が官憲に拘束されて拷問を受ける可能性がある等、個人が置かれた状況の緊急性にあるという見解である（e.g. Carens 2013, p. 195）。非難論とは、難民保護――とりわけ、迫害のおそれがある個人への庇護――の根拠は、難民個人の保護にとどまらず、迫害主体である政府を国際的に非難し、この非難を通じて当該政府の改革を促すことにあるという見解である（e.g. Price 2009, pp. 69-85, 104-106）。功利主義論とは、難民や受け入れ社会の住民等、関係者の利益を等しく考慮するならば、現在の国際社会においては、裕福な国家は現状よりも多くの難民の受け入れ義務を負うという見解である（e.g. Singer & Singer 1988, pp. 121-129; シンガー 1999、第９章）。主権国家による国際的秩序の正統性論とは、難民保護は、主権国家が複数併存して成り立つ国際的秩序の正統性に由来する義務であるという見解である。その代表的論者である David Owen は、ある国家において基本的人権が尊重・保護されない個人がいる場合には、当該国家の統治の正統性だけでなく、主権国家による国際的秩序の正統性も問題となり、その正統性を確保するために難民保護が義務として求められると論じる（Owen 2020, pp. 44-50; Owen 2016, pp. 269-276）。

　このうち、主権国家による国際的秩序の正統性論は、難民保護義務を国際的秩序のあり方に由来するものであるとする点で、主権国家の併存によって成り立つ国際社会の秩序構造が「正しい」といえる条件は何かという国際的秩序のあり方に関する根源的な問いに迫ろうとするものであり、重要である。しかし、その代表的議論である Owen の立論は、難民保護を主権国家による国際的秩序の政治的正統性に関わる義務であるとするものの、主権国家による国際的秩

序のあり方がどのように難民保護と関係するのか、難民保護がどのように個人への強制力の行使に伴う実践の正しさとしての正統性に関わるか等の点で、理論的に十分には詰められているとはいえない。そこで、本章では、Owenの議論を出発点とし、難民保護がどのような論理によって国際的秩序の正統性に由来する義務であるといえるかを考察する。

　本論を始める前に、「正統性」、「庇護」、「保護」という語の用法について述べておきたい。「正統性（legitimacy）」には記述的な意味と規範的な意味がある。正統性とは、記述的な意味としては、個人や集団が権威や義務を受容していることを意味する。これに対して、正統性は、規範的な意味としては、政治権力の行使、規範、政治的決定等、強制力を持った実践の正しさの基準である（Buchanan 2004, pp. 234-239; Peter 2017）。「政治的正統性（political legitimacy）」という場合には、国家による政治権力行使の正しさを問題にしていることが多い。

　強制力を伴う実践の正しさとして「正統性」を用いる場合には、さらに、2つの区別に留意しなければならない。第1に、規範的意味としての「正統性」の概念は、個人の行動や社会制度の正しさの基準である「正義」と完全に切り離すことはできないが、特定の正義の構想からは区別される。何が正義に適う制度であるかについては、1つの社会の中でも様々な見解があり、意見が一致することはない。しかし、複数の個人が1つの社会を構成し、生きていくためには、社会のルールや紛争の裁定方法について政治的な決定を下し、社会の構成員に対し、その決定への服従を求めざるを得ない。正統性は、正義について多様な見解がある状況の中で、それにもかかわらず、ある見解に基づいて強制力を伴う決定が下されたときに、それを尊重すべき基準である（Buchanan 2004, p. 234; 井上 2012、126-136頁）。

　第2に、規範的意味の「正統性」には、実体的正しさと手続き的正しさという2つの意味が含まれる。手続き的正しさとしての正統性とは、決定に至るまでの手続きが正しいから、その決定は正しいという見方である。例えば、裁判には民主的正統性がないという主張は、裁判は、一般国民が決定者（議員）の選出手続きに選挙を通じて加わることができる政治と異なり、一般国民が決定者（裁判官）の選出手続きに加わることができないため、裁定内容が民意と異なることがあるということを意味している。これに対し、実体的正しさとして

の正統性とは、決定の内容が正しいから、その決定は正しいという見方である。国家による人権保障は、国家の政治権力行使の正統性を保障するものであるという見解は、ある国家の統治が、国民・住民に対して人権を保障するものであるならば、当該国家が、法を制定・適用・執行し、国民・住民に対して強制力を持った決定を下すことが正しいということを意味している。手続き的正しさと実体的正しさの区別については、正統性とは、もっぱら手続き的正しさのことを意味するという理解がある一方、正統性は実体的正しさを含むという見解もある（Peter 2017）。

　本章でも、強制力を伴う規範・実践の正しさの基準という規範的意味で、正統性を用いる。また、正統性を特定の正義の構想とは区別する。手続き的正しさと実体的正しさの区別については、本章の出発点となる Owen の議論において、正統性を手続き的正しさに限定しているわけではなく、筆者も、正統性を手続き的正しさに完全に還元してしまうことはできないと考えているため、本章でも特に手続き的正しさには限定しない。正義について見解を異にする個人が、それにもかかわらず、ある見解に基づいて下された強制力を伴う決定を受け入れ、尊重すべき基準という意味で「正統性」を論じる。

　「庇護（asylum）」と「保護（protection）」という2つの語についても触れておきたい。難民の受け入れは、伝統的には、「庇護」という語で理解されてきた。「庇護」とは、宗教的信仰や神への畏敬の念から、教会・寺院等の宗教的施設が、個人が追手から逃れ、身の安全を確保するための避難所として機能したという歴史に由来し、元来、「人が安全を見い出す場所」、そして「場所が人に与える保護」を指す（芹田 2000、229-230頁）[3]。例えば、世界人権宣言では、「すべての人は、他国において、迫害からの庇護を求め、享受する権利」を有すると規定されている（14条1項）。難民条約においても、前文で「難民に対する庇護の付与」という表現がなされている。これに対し、近年、EU（ヨーロッパ連合）では、「共通庇護制度」のもと、条約難民以外の個人の受け入れを「補完的保護」と呼び、条約難民と補完的保護の対象者を合わせて「国際的保護」と表現している（Directive 2011/95/EU 2条）。このように、現在では、実定法上も両方の表現が存在する。

3 ｜ 庇護の歴史について、（島田 1983）。

本章は、Owenの議論を出発点として、国際的秩序の正統性を根拠として難民保護義務が生じる理由を明らかにする規範的試みであり、国籍国において基本的人権保障を受けることができない個人を他国が受け入れることを難民保護として理解するOwenの難民保護概念を共有している[4]。本章の議論も、国際的な難民保護制度の重層化を背景とし、条約難民の受け入れにはとどまらず、広義の難民の受け入れについて論じるものなので、「保護」という表現を使用する。

II　難民保護義務の根拠としての国際的秩序の正統性論とその課題

1　主権国家による国際的秩序の正統性──Owenの議論

　難民保護義務を主権国家による国際的秩序のあり方に由来するものとして説明する代表的な議論は、Owenによるものである。Owenは、現在のグローバルな統治体制の特徴を2点挙げたうえで、次のような議論で、難民保護を、主権国家による国際的秩序が正統性を失う場合にそれを回復させる機能であることを示す。

　まず、Owenが示す現在のグローバルな統治体制の特徴とは、以下の2点である。第1に、現在のグローバルな統治体制においては、各国家は、領域内の政治を最終的に決定する権限としての主権を持ち、互いの領域内で生じたことについて他国は干渉しないという国家主権・不干渉の原理と、人権の保障という2つの規範が共存している。結果として、特定の個人への人権保障は特定の国家に委ねられている。第2に、国際社会を構成する諸国家は、その統治体制

---

[4]　ただし、Owenは、難民保護制度が正統性回復の役割を効果的に果たすためには、保護を求める理由等によって難民の地位を区別する必要があるとし、難民保護の形態を、庇護（asylum）、保護（sanctuary）、避難（refuge）の3種類に分けている（Owen 2020, pp. 53-65, 70-85）。これに対し、Rebecca Buxtonは、個人の権利保障の基盤は国籍であり、国籍がないことは、権利保障を恩恵的なものとし、個人を脆弱な立場に追いやるという問題点を示し、個人が基本的人権保障を受けることが可能であることを国際的秩序の正統性の基準であるとするOwenの議論は、難民の受け入れだけでなく、難民受け入れ国が難民に国籍を付与する義務を含意するという議論を展開している（Buxton 2023）。このBuxtonの議論からは、難民保護の形態に関する3種類の区別は維持することができないことになるが、この点については、本章では措いておく。

の特徴と機能について集合的に責任を負っている。このような責任が生じるのは、諸国家は、グローバルな統治体制の共同の参加者であり、いずれの国家も、統治体制をめぐる規範を一方的に決定する権限を持たないためである（Owen 2020, pp. 44-45）。

そのうえで、次のようなステップで、難民保護を、主権国家による国際的秩序が正統性を失う場合に、それを回復させる機能として正当化する（Owen 2020, pp. 44-50; Owen 2016, pp. 269-276）。

- グローバルな統治体制をめぐる2つの特徴のもと、国家は、メンバー集団である国民の人権を保障する第1次的な責任を負う。
- このような体制は、各国家が、国民の人権を保障する意思や能力を持つことを前提としているが、現実には、すべての国家がこの意思や能力を持つわけではない。
- ある国家が、国民の人権を保障することができない場合には、当該国家だけでなく、グローバル・ガバナンス・レジームとしての主権国家の国際的秩序も政治的正統性（political legitimacy）を失う。
- 難民保護とは、このような第1次的な保護責任を果たせない国家が発生し、主権国家による国際的秩序が政治的正統性を喪失した場合に、他国が保護することで正統性を回復させる機能（"legitimacy repair" mechanism）を果たすものである。

2　Owenの立論への疑問

Owenの議論は、難民保護義務を主権国家による国際的秩序のあり方に由来するものとして説明しようとする点で、興味深い。しかし、Owenの議論では、難民保護義務が国際的秩序の正統性の確保に由来するという中心的な主張は明確であるものの、細部において理論的に詰められているとはいえない部分がある。

ある国家が、国民に基本的人権を保障することができない場合に、当該国家の統治が国民に対して正統性を持たないという点については、多くの人が同意するだろう。しかし、ある国家において基本的人権が尊重・保護されない個人がいる場合に、なぜ当該国家の統治だけでなく、地球空間が複数の主権国家に

よって構成されているという国際的な秩序も正統性を喪失するといえるのだろうか。前述したように、正統性とは多義的な用語で、記述的な意味と規範的な意味を持つが、規範的意味の正統性とは、強制力を伴う規範・実践の正しさの基準を指す。すると、難民保護が国際的秩序の正統性を確保するための条件であるというためには、強制力の行使が、国家と国民の間だけでなく、国際的秩序においても生じていることが示されなければならないだろう。

　Owen の主張を読み解く鍵は、Owen が提示しているグローバルな統治体制の2つの特徴にあるのかもしれない。しかし、この2つの特徴が、主権国家の国際的秩序の正統性および難民保護の主張にどのように結びついているのか、Owen の論述の中では明確には述べられていない。とりわけ、Owen 自身、諸国家は国際的秩序の参加者であることから、国際的秩序の特徴と機能について集合的責任を負うと述べているが、この指摘からは、グローバルな秩序形成が一国の責任ではなく、諸国家の責任であることはいえても、なぜ難民保護が諸国家が負う集合的義務であるかは説明できないだろう。すると、どのような議論によって、難民保護は諸国家が負う集合的義務であると説明することができるのだろうか。以下では、2つの議論を示したい。

Ⅲ　割り当て責任モデル的国際秩序観

　ある国家が国民に対して人権を保障する責任を果たせない場合に、当該国家の統治だけでなく、国際的秩序のあり方に問題があり、難民保護義務が生じることを示し、Owen の立論を補強する議論の有力な候補の1つは、Robert Goodin による「割り当て責任モデル（assigned responsibility model）」である。地球上に複数の国家が併存する理由は、個人が互いに負う扶助義務を効果的に割り当てるためであるという見解である（Goodin 1988, pp. 678-686）。後述するように、Goodin による割り当て責任モデル的国際秩序観は、規範的意味における正統性の問題として難民保護義務を説明するものではないが、Owen の議論は、割り当て責任モデル的国際秩序観に依拠しているようにみえるため、まず、この議論によって Owen の立場を補強する可能性を示しておく。

　まず、割り当て責任モデルについて説明したい。取り組むべき作業が多く、

担当可能な人員も多数いる場合、どのように作業を進めようとするだろうか。作業を分担するだろう。多くの作業があるとき、我々は、作業を分担し、特定の人に特定の任務をなすべき責任を割り当てることで、作業を効果的に処理することができる。Goodin は、次のような例を挙げる。例えば、病院での治療である。すべての医師がすべての患者に対して等しい時間をかけて治療に当たるよりも、各患者に特定の医師を担当医として割り振った方がより良い治療が期待できる。もちろん、より腕の良い医師は存在するが、ここでの問題は 1 人の医師が一定期間継続的に担当する場合と潜在的に担当可能な多くの医師が等しく時間を割いて治療に当たる場合のいずれがよいかということであり、この点では前者の方がよいといえるだろう。

Goodin は国民間の扶助義務も同様であるとする。すなわち、扶助義務そのものは、支援を必要とする人々がどのような場所にいるか、また、支援することが可能な人々がどのような場所にいるかにかかわらず生じる。しかし、この広い地球上で、支援を必要とする人々すべてに支援可能な人々すべてが支援する義務を負うとすれば、支援を効果的に実施することは困難になってしまう。したがって、病院における担当医の割り当てのように、支援可能な余裕がある人々と支援を必要とする人々をグループ化して、一定の余裕がある人々の集団に一定の支援を必要な人々の集団への支援を割り当てた方が、効果的な支援が可能である。割り当て責任論によれば、国家とは、支援を必要とする人々の集団を支援可能な余力のある人々の集団に引き合わせ、グループ分けした集団である。我々は、国民同胞への特別な扶助義務を負うが、その理由は、国民間で支援するという仕組みが、地球上で支援を必要とする人々に支援を行き渡らせるための効果的な方法であるからである。

では、このような国家観・国際秩序観は、どのような含意を持つだろうか。割り当て責任モデルは、支援がそれを必要とする人に行き渡らない場合について重要な含意を持つ。なぜなら、国民同胞への特別な扶助義務の根拠が、個人間の扶助義務の効果的な実現にあるならば、支援が効果的に実現できていない場合にはより効果的に実現できるように、責任の割り当てを変更しなければならないためである。

どのような方法で、責任の割り当てを変更できるだろうか。最もラディカル

な提案は、既存の国家の人的構成を完全に変更してしまうというものだろう。そのような根本的な改変なしには、責任の再分担が不可能であるという事態もあるかもしれない。しかし、人的構成の完全な変更は大きな負担や混乱も伴う。現状の国家構成の中で扶助責任を分担し直す方法の1つは、余裕がある国家が新たに人を受け入れて、受け入れた個人の扶助責任を引き受けることであるだろう。

　割り当て責任モデルによってOwenの議論をどのように補強することができるか、みてみよう。割り当て責任モデルは、Owenに対する疑問について明快な答えを与えてくれる。ある国家が国民に対して人権を保障する責任を果たせない場合に、なぜ当該国家の統治だけでなく、国際的秩序のあり方に問題があり、難民保護義務が生じるのかという疑問について、割り当て責任モデルに基づいて説明するならば、主権国家の複数併存体制とは、個人間の扶助義務を効果的に実現することを目的とする体制であるからである。そして、ある国家が、国民に対する基本的権利の保障に失敗し、そのような体制に問題が生じる場合に、それを改善させるために難民保護義務が求められるのは、現状の責任割り当てでは、個人間の扶助義務の効果的な実現という存在目的が果たせない以上、それを修正しなければならないためである。割り当て責任モデル的国際秩序観に基づくならば、難民保護とは、現状の主権国家体制において扶助義務が効果的に実現できない場合に、国家間で生じる人的な受け入れ義務であるということになる。実際、Goodinは、割り当て責任モデル的な国際秩序観の主な含意として、難民の保護を挙げている（Goodin, 1988, pp. 683-685）。

　各国家が国民の基本的人権を保障すべき第1次的責任を負い、この第1次的責任が果たされないときに、国際的秩序構造のあり方が問題になるというOwenの議論は、このような割り当て責任モデル的な国際秩序観に依拠しているようにみえる。難民保護とは、他国による個人の「代理保護」であるという国際人権法の見解は、このような割り当て責任モデルと親和的である（cf. Hathaway & Foster 2014, pp. 51-52）。しかし、以上の議論は、強制力を伴う実践の正しさの基準としての正統性を根拠として、難民保護義務を説明する議論ではない。Ⅳでは、国際的秩序の正統性に基づく義務としての難民保護という点にこだわり、別の立論を示したい。

Ⅳ 主権国家秩序における国家と個人との関係性の決定をめぐる強制の正統性

　どのような論理によって、難民保護義務が国際的秩序の正統性を確保するものであるといえるのだろうか。前述したように、規範的意味の正統性とは、強制力を伴う規範・実践の正しさの基準を指す。すると、難民保護が国際的秩序の正統性を確保するための条件であるというためには、強制力の行使が、国家と国民の間だけでなく、国際的秩序においても生じていることが示されなければならないだろう。国家による入国在留管理が、国民だけでなく、外国人を含めた地球上のすべての個人に対する強制であると主張する議論として、Arash Abizadeh の見解がある。Ⅳでは、Abizadeh の議論を出発点として、諸国家による国籍付与および入国在留管理を通じた強制が個人に対して正統性を持つ条件を問い、難民保護義務が国際的秩序が正統性を持つ条件であるといえることを示す。

1　入国在留管理と強制

　Abizadeh の議論を紹介したい。Abizadeh は、以下に述べる強制（coercion）の定義と自律性の原理から、国家による入国在留管理が地球上のすべての個人への強制に該当し、正当化を必要とすると論じる（Abizadeh 2008, pp. 39-42, 57-60）。

　【強制の定義】
- 強制とは、物理的な力を使用したり、物理的な力の使用が許可されたりしていることを背景とした行為である。
- 強制には、強制行為（coercive act）と強制の脅威（coercive threat）がある。
- 強制行為とは、監禁のように、それがなかったならば実行したであろう行為の可能性を奪う行為である。
- 強制の脅威とは、命令に従わない場合に殺されるという状況のように、服従が求められていることである。
- 個人の特定の行為を予防したり、個人に特定の行為を強要したりするた

めに、国家機関が物理的な力を使用したり、国家機関による物理的な力の使用が許可されたりしているならば、国家は、個人に強制力を行使している。

【自律性の原理】

・強制行為は、個人の自律に反するため正当化を必要とする。強制の脅威も、個人の独立性に反するため正当化を必要とする。

　Abizadeh は、以上の定義から、国家が行為の防止や強要に成功したか否かや、個人が、国家が禁じている行為を試みようという意向を持ったことがあるか否かにかかわらず、国家による個人への強制が成立すると論じる。例えば、知人に暴行を加えようと企図している個人がいたとしよう。もちろん、当該個人が、実際に手を下し、知人を怪我させたならば、傷害罪で刑罰を受けることになり、このことが国家による強制行為に該当する。仮に知人に暴行を加えようとした瞬間に警察が止めようとしたが、警察が暴行の阻止に失敗し、知人が怪我を負ったとしよう。この場合にも、警察によって意図した行為が止められる可能性があったという点で、刑事制度への服従が求められている。そのため、この場合には強制の脅威に該当する。仮に知人に暴行を働く等という荒っぽいことを未だかつて考えたことがない良識ある個人がいたとしよう。この個人も刑事制度への服従が求められており、強制の脅威にさらされていることになる。

　以上の議論から、国家の入国在留管理をどのように理解することができるだろうか。まず、国家による入国在留管理とは、入国希望者のうち、入国在留管理法の要件に該当し、国家が、入国・滞在を許可して構わないと判断する個人に対して、入国・在留を許可し、それ以外の個人に対して入国・在留を拒否するという行為である。国家機関である入国審査官や入国警備官は、入国審査の結果、入国が拒否された個人に退去を命じることができ、個人が入国・在留許可なしに入国・在留するならば、強制的に退去させることができる。過去に一定の事由で入国を拒否されたり、退去させられたりしたことを理由として、一定期間にわたって入国が拒否される場合もある。国家による入国在留管理においては、国家は、外国人をその領域から強制的に退去させる権能を持つという点で物理的な力を使用し、外国人に入国・在留判断および在留条件に対する服従を求める。したがって、国家による入国在留管理は、Abizadeh が定義する

ところの強制に該当する。

　国家による入国在留管理は、誰に対して正統性を持たなければならないのだろうか。刑事制度の例に戻ると、国家は、暴行を実際に働く個人だけでなく、すべての国民に対して刑事制度への服従を求めている。国家は、同様に、入国や滞在を希望するか否かにかかわらず、地球上のすべての個人に対して自国の入国在留管理への服従を求めている。このことから、国家の入国在留管理は、地球上のすべての個人への強制にあたり、地球上のすべての個人に対して正統性を持つものでなければならない（Abizadeh 2008, pp. 59-60）。

2　主権国家秩序における国家と個人との関係性の決定をめぐる強制の正統性と難民保護

　それでは、国家による入国在留管理をめぐる強制が、個人に対して正統性を持つ条件は何だろうか。再び Abizadeh の議論を参照しよう。Abizadeh は、強制の正当化をリベラルな正当化と民主的正当化の2つに分け、そのうち民主的正当化の議論の提示を試みる。リベラルな正当化とは、強制力を伴う制度や法が正しいといえる基準を明らかにするという方法であり、民主的正当化とは、強制力を伴う制度や法の決定手続きに参加する資格を付与するという方法である。リベラルな正当化と民主的正当化の大きな違いは、前者が強制力行使の内容に着目するのに対し、後者が決定手続きに目を向けていることである（Abizadeh 2008, pp. 39-42）。Abizadeh は、民主的正当化の観点から、入国在留管理が民主的基盤を持つ超国家的組織により行われるか、入国在留管理の権限がそのような超国家的組織により各国に授権されるかによって、入国在留管理の民主的正統性が確保されるべきであると主張する（Abizadeh 2008, pp. 39-48）[5]。

　Abizadeh が主張する超国家的組織による入国在留管理においても、各国家が一定の場合に難民保護義務を負うことが求められる可能性があるが、以下では、Abizadeh の議論を補足したうえで、Abizadeh とは異なり、リベラルな正当化によって、どのように難民保護義務を説明することができるかを考察した

---

[5] この見解に対しては、強制と阻止を区別し、入国在留管理は強制ではなく阻止に当たるため正当化は必要であるが、民主的正統性までは求められないとする David Miller の批判（Miller 2010）がある。また、Miller の議論に対する Abizadeh の応答（Abizadeh 2010）もあるが、この検討は別の機会に委ねたい。

い。

(1) 主権国家秩序における国家と個人との関係性の決定をめぐる強制と正統性

　筆者は、Abizadeh の議論は、主権国家が複数併存する国際的秩序における国家と個人との関係性の決定をめぐる強制の正統性を問う議論として発展させることができると考える。

　Abizadeh の議論は、国家の入国在留管理が、地球上のすべての個人への強制にあたり、地球上のすべての個人に対して正統性を持つものでなければならないことを指摘するものであるが、この指摘は、国家が外国人の入国・在留を許可したり、拒否したりするという入国在留管理だけではなく、その前提として、国家が個人に国籍を付与することも含めて、国家と個人との関係性の決定をめぐる強制に対する正統性を問う議論として発展させることができる。外国人の入国・在留管理の前提には、どのような条件を備えた個人が国民であり、外国人であるかという国民と外国人の区別がある。外国人に対する入国在留管理とは、国家が国民と外国人を区別し、この区別を前提として、外国人の入国・在留を許可したり拒否したりすることである。すると、正統性を問うべきは、国家が単に外国人の入国・在留を許可したり、拒否したりすることではなく、国家が一定の個人に国籍を付与し、国籍を持つ個人に対しては入国在留を権利として認めたうえで、国籍を持たない個人を受け入れるか否か、およびその条件を判断することの正統性――すなわち、誰が、当該国家が提供する財・サービスを利用可能なメンバーであるかを国家が決定し、その決定を基準にして、メンバーではない個人を領域内に受け入れるか否か、およびその条件を決定することの正統性――である。したがって、国籍付与および入国在留管理の正統性を問う必要があるといえる。

　この正統性の要求は、主権国家秩序における国家と個人との関係性の決定をめぐる強制の正統性の要求として説明できる。この説明に対しては、個人と国家の法的結びつきである国籍の付与・剥奪が国家と個人との法的関係性をめぐる強制であることは理解することができるものの、入国在留管理がどのような意味において国家と個人との関係性をめぐる強制であるといえるのか、という疑問が提起されるかもしれない。筆者は、国家と個人に関する次のような点から、入国在留管理を国家と個人との関係性をめぐる強制として理解することが

できると考える。

　領域主権国家においては、国家と個人には2通りの関係性がある。第1に、個人と国家は、国籍を通じて法的関係性を持つ。第2に、領域主権国家において、国家は領域内の事柄について管轄権を持つため、個人が国家の領域内に存在することによっても個人と国家は関係性を持つ。国家が、領域内に存在する個人に対して、滞在のための法的資格を認めるならば、この関係性は法的関係性であり、法的資格を認めないならば、個人と国家との関係性は事実的関係性である。国家は、個人の領域への入国・在留を許可することによって、個人との間に関係性を構築・設定し、入国・在留を拒否することによって、個人との間の関係性の構築・設定を拒否すると理解することができる。強制退去については、国家が個人を退去させることによって、個人との関係を解消する、もしくは、自国との関係性から排除すると理解できる。したがって、入国在留管理とは、行為そのものを見るならば、国家が外国人に対して当該国家領域への入国および当該国家領域における滞在の許否を決するという行為であるが、国家と個人との関係性の理解に基づくと、国家による個人との間の関係性の構築・設定およびその拒否・解消と理解することができる。

　そして、主権国家秩序における国家と個人との関係性の決定の正統性とは、一国家による国籍付与と入国在留管理の正統性の問題ではなく、諸国家による国籍付与と入国在留管理の正統性の問題であると、筆者は考える。このことを気候変動対策の適否を問う場合との対比で説明してみたい。気候変動対策の適否を問うとしよう。ある国家が立てている温室効果ガス削減目標が適切かとか、国内的なエネルギー政策が適切か等、一国家の気候変動対策が適切であるかも問題になるが、国際社会全体として、諸国家による気候変動対策の取り組みの総体が適切であるかも問題になりうる。同様に、特定の国家による国籍付与・入国在留管理が個人にとって正統性があるかも問題になりうるが、諸国家による国籍付与と入国在留管理の取り組みの総体が、地球上の個人にとって正統性を持つかも問題になるといえるだろう。主権国家秩序における個人と国家の関係性とは、主権国家秩序において個人がどの国家との間に関係性を築くことができるかという問題であり、国家による国籍付与と入国在留管理をめぐる強制を、その対象となっている個人の側からみるならば、個人は、地球空間におい

て、いずれか1か国の国籍付与と入国在留管理について服従が求められているのではなく、諸国家の国籍付与と入国在留管理について服従が求められている。したがって、諸国家による国籍付与と入国在留管理の地球上の個人に対する正統性を問題としたい。

(2) 正統性の条件と難民保護

諸国家の国籍付与および入国在留管理が正統性を持つ条件は何であるだろうか。強制力の行使の内容に着目し、リベラルな正当化によって強制力の行使を正当化する議論はいくつかありうるが、その1つとして、強制力行使の対象者に対して基本的人権を保障することが、強制力行使が正統性を持つための条件であるという見解がある[6]。この見解から、諸国家の国籍付与および入国在留管理が正統性を持つ条件は何であるといえるだろうか。すべての個人が、いずれかの国家に帰属することができ、国民として基本的人権保障を受けることができることであると、筆者は考える[7]。なぜなら、国籍付与・入国在留管理を通じた強制とは、国家と個人との関係性をめぐる強制であるためである。個人が、いずれかの国家との間に関係性を有し、当該国家において基本的人権保障を受けることができ、別の国家との関係性の排除によって基本的人権侵害にさらされることがないならば、正統性が確保されているといえるだろう。

以上の条件を満たすために、国家は、国籍を持たない個人が領域に存在する場合には、個人に国籍を付与する義務を負う。さらに、国民の基本的人権を保障する意思・能力を持たない国家が存在する場合に、上記の条件を実質的に満たすためには、国籍国において基本的人権保障を受けることができない個人が他国に受け入れを求める場合に、他国が受け入れる義務を負う人的受け入れ制度の構築・維持が求められる。国民の基本的人権を保障する意思・能力を持たない国家が存在する状況で、国家と個人との関係性をめぐる強制の正統性条件

---

[6] このほかには、強制力の行使に対して仮想的な同意を確保できる場合に正統性があるという見解（Blake 2001）等がある。

[7] このような意味における基本的人権がどのような内容の人権であるかについて、本章では本格的に論じることができないが、生命への権利や身体の自由等個人の物理的生存に関わる権利のほか、言論の自由や参政権等の市民政治的権利ではないかと考えている。なぜなら、井上達夫が論じるように、市民的政治的権利は、国家が、国民の基本的人権保障のために主権を行使しているかを国民が確認することを可能にする「人権保障を確保するための人権」であり、国家の政治体制の正統性承認の最優先かつ最低限の条件であるためである（井上 2012、157-159頁）。

を満たすための人的受け入れ制度を、難民保護制度として理解することができるだろう。

(3) 小括

Owenの議論に対する疑問への回答をまとめたい。

第1に、主権国家秩序の正統性を問うための条件である強制が、国際的秩序においてどのように生じているのかという問いへの回答は、地球上の個人は諸国家による国籍付与・入国在留管理という強制にさらされているというものである。

第2に、なぜこの強制の正統性を担保するものとして難民保護が求められるのかという問いへの回答は、次の通りである。諸国家による国籍付与・入国在留管理を通した強制とは、主権国家秩序における国家と個人との関係性をめぐる強制として理解することができ、その正統性の条件は、すべての個人がいずれかの国家に帰属することができ、国民として基本的人権保障を受けることができることである。そして、国民の基本的人権を保障する意思・能力を持たない国家が存在する場合に、この条件を満たすためには、国籍国において基本的人権保障を受けることができない個人が他国に受け入れを求める場合に、他国が受け入れる義務を負う人的受け入れ制度を必要とする。難民保護制度をこのような人的受け入れ制度として理解することができる。

第3に、難民保護義務が、諸国家が負う集合的義務であるのは、難民保護が、諸国家による国籍付与・入国在留管理の取り組みの総体の正統性を担保するための条件であるからである。

(4) 批判と応答

以上の議論に対して提起されうる批判に応えておきたい。第1に、以上の見解から、諸国家は、国籍国において基本的人権が尊重・保護されない個人を受け入れる集合的義務を有し、いずれかの国家が、そのような個人を受け入れる義務があることはいえるかもしれないが、複数の国家が存在する場合に、すべての国家がそれぞれに受け入れる義務を負うとはいえないのではないかという疑問が提起されるかもしれない。この疑問に対しては、以下のように、一応の義務と追放・送還の禁止として説明できると考える。

仮に世界が2か国で成り立っているとしよう。2か国で成り立つ世界におい

て、一方の国家で民主化を求める活動が厳しく取り締まられており、国家機関に拘束されるおそれがあると感じている民主化運動の活動家が、もう一方の国家に入国・在留を求めたとする。この場合に、入国・在留を求められた国家が、この活動家の入国・在留を拒否するならば、当該国家の入国在留管理はこの活動家に対して正統性を持たないだろう。このような場合に、国家は当該外国人を保護する義務を負うといえる。これに対して、基本的人権保障体制を持つ国家が複数存在する世界において、基本的人権保障体制を持つ諸国家は、国籍国において基本的人権保障を受けることができない個人を保護する集合的義務を負っており、各国家は、国籍国において基本的人権保障を受けることができない外国人が受け入れを求める場合には、当該外国人を受け入れる一応の義務を負うといえるだろう。そして、別の国家が、当該外国人の入国・在留を受け入れることを承認するときに、当該外国人に別の国家に移るよう求めることは許容されるべきであるだろうが、当該外国人を基本的人権保障を受けることができない国家に追放・送還することは、各国家の入国在留管理の正統性の確保という観点から禁じられるほか、他者を害してはならないという危害防止原理からも禁じられる。

　第2に、難民保護義務には、難民である外国人を領域に受け入れるという入国在留許可に関わる義務と、受け入れた外国人に対して一定の権利を承認するという受け入れ後の処遇に関わる義務の2つが含まれるという観点から、難民保護義務を、主権国家秩序における国家と個人との関係性の決定をめぐる強制力行使の正統性条件の1つとして捉える本章の議論が、このような広義の難民保護の取り組みのうちの滞在許可の付与の根拠についてしか説明できていないのではないか、という批判がありうる。

　確かに、広義の難民保護の取り組みは、難民である外国人に対する難民の地位の認定、それによる在留許可、新たな国家で生きていくための生活・就労の支援等多様な実践から成る。これらの多様な実践を前提として、なぜ難民を保護すべきかという問いに応えるのは、個人は、その負担が過大でない限り、他者を支援する義務を負うという人道的義務論であるのかもしれない。また、割り当て責任論的国際秩序観に基づき、難民保護を主権国家秩序の正統性から要請される義務であると捉える議論も、このような多様な実践から成る難民保護

義務を説明するものであるといえるかもしれない。

　他方で、筆者は、難民保護義務の理論的説明において、国家による外国人に対する入国在留管理政策との関係で重要な点は、なぜ国家は一定の外国人を保護すべき義務を負い、このことが国家による外国人に対する入国在留管理を制約するかという点にあると考えている。本章の議論が滞在許可付与の説明に特化していることは、本章の議論の限界であるかもしれないが、入国在留管理政策との関係性における特徴に光を当てるものでもあると考えている。

V　おわりに

　本章では、Owen の議論を出発点として、難民保護が主権国家の併存によって成り立つ国際的秩序のあり方に由来する義務であるという議論の再構成を試みてきた。

　Owen が提示した見解を補強する議論の候補の 1 つは、割り当て責任モデル的国際秩序観である。さらに、本章では、入国在留管理の強制性を示す Abizadeh の議論を補足し、発展させることで、主権国家の併存によって成り立つ国際的秩序の正統性を確保するための条件として難民保護を位置づける見解を補強する論理を示した。

　国家は、地球空間に一国のみで存在するのではなく、「諸国家」という形で複数が併存する形で存在している[8]。地球上に主権国家が一国しかないならば、すべての個人が国家との関係を持つことになり、国家は個人との関係性を規定する必要がない。これに対して、地球上に主権国家が複数併存する状態では、どの国家の権限が誰に及ぶのかという問題が生じ、国家は個人との法的関係性を規定し、国家が法的関係性を認めない個人を国家との法的事実的関係性から排除する必要が生じる。この仕組みが国籍付与および入国在留管理であり、諸国家は、個人に対してこのような国籍付与および入国在留管理への服従を求めている。そして、主権国家秩序において、国民の基本的人権を保障する意思・能力がない国家が存在する状況で、この正統性を確保するための条件は、諸国家が基本的人権が保障されない国家の国民を受け入れる集合的義務を負うこと

---

8 | この点については、（大沼 2008、293 頁註 5）から示唆を受けた。

であり、このような意味において、難民保護義務は、主権国家が複数併存する政治秩序の正統性の条件であるということができる。

　難民条約・議定書を中心とする現在の難民保護制度は、難民としての保護を求める個人が、自国外に自ら移動し、保護を求めることを基本的前提としている。これに対し、国家の入国在留管理における旅客輸送業者への制裁が、このような移動を困難化していることが懸念されている。第8章では、この問題をめぐって、国家による旅客輸送業者への制裁の正当化の条件について考察する。

第8章 国家による旅客輸送業者への制裁の正当化の条件

I はじめに

　国家による入国在留管理において、旅客輸送業者への制裁（キャリア・サンクション〔carrier sanction〕）は、歴史的に重要な役割を担ってきた。1824年に制定された米国ニューヨーク州の州法では、ニューヨーク港に入港した船の船長は、到着後24時間以内に、乗客の氏名や職業等についてニューヨーク市長に対して書面で報告することが義務づけられていた。報告を怠ったり、虚偽の報告があったりした場合には罰金が科された。ニューヨーク市の負担となる人については、船長が出港地に送り返さなければならず、送還しなかった場合には送還費用の負担も求められた（加藤 2014, p. 129）。

　旅客輸送業者への制裁は、現代でも、国家による入国在留管理において大きな役割を担っている。現在の国際社会において、個人が外国に入国するためには旅券（パスポート）や査証（ビザ）等の書類を提示しなければならない。各国の出入国管理関係法は、旅客輸送業者に対し、このような海外渡航のための必要書類を持たずに渡航しようとする個人を輸送した場合に制裁を科すことで、実効的な入国在留管理を可能にしてきた。ところが、旅券にせよ、査証にせよ、切迫して自国を逃れようとする者にとって、その取得は大きな負担である。これらの書類が取得できない場合もありうる。そのため、旅客輸送業者への制裁の存在は切迫した移動を困難化している[1]。

1　国際人権法学者 James Hathaway は、1990年代に、難民申請を希望する外国人の国境への到着を困難化する効果を持つ実践を「入国阻止政治（non entrée politics）」（Hathaway 1992, p. 40）、「入国阻止実践（non entrée practice）」（Hathaway & Neve 1997, pp. 120, 207）という語で概念化した。旅客輸送業者への制裁は、この「入国阻止実践」の1つの例として挙げられている。また、B.S. Chimni は、Hathaway が概念化した「入国阻止実践」を、各国が協調して入国阻止実践を展開するという意味で「入国阻止レジーム（non entrée regime）」と呼

国家による旅客輸送業者への制裁をどのように評価すべきだろうか。本章では、国家による旅客輸送業者への制裁を「隠れた強制」という概念で問題化する Tendayi Bloom & Verena Risse の議論の検討を通じて、国家による旅客輸送業者への制裁を正当化可能な条件について考察する。

II　国家による旅客輸送業者への制裁
　　──キャリア・サンクション

1　国家による旅客輸送業者への制裁とは

　現在の国際社会において、個人が外国へ渡航するためには、国籍を証明し、渡航先の国家に対して国民である所持者の保護を要請する公文書である旅券を持たなければならない。そして、渡航先の国家に入国するには、当該国家の領事が入国を事前に許可したことを示す査証も併せ持ち、入国審査の際に提示しなければならない[2]。ここで問題となっている旅客輸送業者への制裁とは、旅客輸送業者が海外渡航のための必要書類を持たずに渡航しようとする個人を輸送した場合に、到着地や経由地の出入国管理関係法が、旅客輸送業者に対して科している送還義務や送還費用の負担である。国家によっては、旅客輸送業者の職員個人に制裁を科す例や、罰金だけでなく禁錮刑を科す例もある[3][4][5]。

んだ（Chimni 1998, p. 357）。近年、UNHCR は「国際的保護の外部化（externalization of international protection）」という語で、同様の内容を表し、それが違法である場合の条件を示している（UNHCR 2021b; UNHCR 2021c）。本章は、旅客輸送業者への制裁の実態や国際法上の問題点の理解をめぐって、Hathaway の研究のほか、本文で参照する Tendayi Bloom、Verena Risse、Violeta Moreno-Lax、アムネスティ・インターナショナルの調査研究に多くを負っている。

2　旅券および査証の提示義務の国際法的根拠は、国家は、締約している条約に反しない限りで、外国人の受け入れを判断する権限を持つという国際慣習法である。旅券は、歴史的には、通行の安全を確保するための通行証として始まった。その後、出国許可や旅行免状として発行されるようになり、国民国家が形成された近代以降、旅券は、国家が外国官憲に宛てて自国民の保護を要請する文書となり、渡航先の国家においても、外国人に対して旅券を身分・国籍を証明する文書として提示することを要求するようになっていった（春田 1994、第 1 部第 2 章）。

3　ギリシアとオランダの例について、参照、（Amnesty International 1997, pp. 5-6）。ただし、1997 年時点での情報である。

4　旅客輸送業者への制裁については、本文で示すような法規定が存在するほか、出入国に関わるデータの収集・分析、旅客輸送業者に対する助言等を担う移民連絡官（immigration liaison officer）が各地の出入港に派遣されている例も多く、実態は複雑である。EU（ヨーロッパ連合）における入国管理の発展と難民認定審査へのアクセスの関係についての国際人権法の観点からの精緻な研究として Violeta Moreno-Lax の著作（Moreno-Lax 2017）があり、

旅客輸送業者への制裁を簡潔に規定している英国の 1999 年移民及び庇護法 (Immigration and Asylum Act 1999) を参照したい[6]。同法は、個人が、船舶もしくは航空機で英国に到着し、入国審査官に対し、国籍や身元を証明する有効な入国書類（ビザが必要である場合には、ビザを含む）を提示できない場合には、国務大臣が、船舶もしくは航空機の所持者に対し、被輸送者である個人 1 人当たり 2,000 ポンドを請求しうると定めている（40 条(1)・(2)）。

　日本の出入国管理及び難民認定法（以下、「入管難民法」）についても確認してみたい。入管難民法は、外国人が、日本に上陸を希望する場合には、有効な旅券で日本国領事官等の査証を受けたものを所持し、入国審査官の上陸審査を受けなければならないと定め（6 条 1 項・2 項）、まず、日本に入国する船舶等を運航する運送業者・当該船舶等の長に対して、外国人が不法に入国することを防ぐため、当該船舶等に乗ろうとする外国人の旅券等を確認するよう義務づけている（56 条の 2）。そのうえで、日本に入国する船舶等の長は、有効な旅券等を所持しない外国人が当該船舶等に乗っていることを知った場合には、直ちにその出入国港の入国審査官に報告しなければならず、また、当該外国人の

5　同書には、EU における旅客輸送業者への制裁についての詳細な研究も含まれている。Moreno-Lax は、同書において、移民連絡官の存在が、旅客輸送業者への制裁が難民の移動を阻むリスクを助長・強化していることを指摘しており、移民連絡官の関与を根拠に、旅客輸送業者の判断を国家の行為と見なし、国際人権法上の難民の追放・送還禁止原則を適用することができる旨の議論を示している（Moreno-Lax 2017, pp. 137-150, 316-320）。この点をめぐって、EU では、移民連絡官の任務等を規定した規則（Regulation (EC) 377/2004）が 2019 年に改正されており、新たな規則（Regulation (EU) 2019/1240）では、移民連絡官の活動が EU 法および国際法の一般的原理としての基本的権利と一致するものでなければならないという一般的規定が盛り込まれている（3 条 2 項）。

6　国家による旅客輸送業者への制裁の国際法的根拠は、1944 年に採択された国際民間航空条約（Convention on International Civil Aviation）13 条と 29 条にあると理解されている（Bloom & Verena Risse 2014, pp. 72-73; Moreno-Lax 2017, p. 26）。13 条は、航空機の旅客・乗組員・貨物が、出入国にあたり、締約国の法令を遵守しなければならないことを定めており、29 条は、航空機が旅客を輸送する場合には、旅客の氏名等を記した文書を携行しなければならないことを定めている。ただし、同条約には多くの附属書が採択されており、2024 年現在で第 16 版となる第 9 附属書（Annex 9）においては、輸送した個人が必要書類を持っていなかったとしても、旅客輸送業者が、書類の所持を確保するために必要な措置をとったことを示すことができる場合には、締約国は旅客輸送業者に罰金を科してはならない旨の規定がある（5.14 条）。第 9 附属書の内容の変遷について、（Moreno-Lax 2017, pp. 126-128）。

7　英国以外の国家における旅客輸送業者への制裁に関する規定は以下である。米国については、移民及び国籍法（Immigration and Nationality Act）273（8USC 1323 条）。カナダについては、移民及び難民保護法（Immigration and Refugee Protection Act）148 条〜150 条、移民及び難民保護規則 258. 1 条〜273 条。EU については、シェンゲン実施協定 26 条、2001 年指令「シェンゲン実施協定 26 条の補足」（Council Directive 2001/51/EC）。

日本への上陸を防止しなければならないと定める（57条3項・58条）。そして、上陸審査において必要書類等を提示できず、上陸が拒否された場合等には、外国人が乗ってきた船舶等の長またはその船舶等を運航する運送業者が当該外国人を、その責任と費用で送還しなければならないと定めている（59条）[7]。

このような旅客輸送業者への制裁は、本章の冒頭に挙げたような歴史的な例もあり、現代になって始まったというわけではないが、1980年代以降に先進国で本格化していったとされている（UNHCR 1995; Bloom & Risse 2014, pp. 70-71）。

2　国家による旅客輸送業者への制裁の効果

旅客輸送業者への制裁は、旅客輸送業者と移動者の2つの主体に対して効果を持っている。

まず、旅客輸送業者への制裁は、旅客輸送業者が搭乗客の渡航書類をチェックし、必要書類の提示がない場合に、当該客の搭乗を拒否するインセンティブを生む。

次に、旅客輸送業者への制裁は、移動者に対しても効果を持つ。移動者は、旅客輸送業者が上記のインセンティブを持つために、渡航書類なしに航空機や船舶に搭乗することができず、渡航書類を揃える一層の必要性に迫られる。問題は、切迫して移動する必要がある個人や何らかの事情のために渡航書類が揃わない個人である。移動の必要があるにもかかわらず、渡航書類が揃わず、旅客機、旅客船等正規の移動手段を使って移動することができない場合には、結果として、密航組織を頼って移動せざるを得ない。密航組織頼みの移動は、劣悪な環境での移動や法外な手数料だけでなく、移動者の生命の危険もはらんで

---

[7] 英国の移民及び庇護法における旅客輸送業者への制裁と日本の入管難民法における旅客輸送業者への制裁とでは、重要な違いがある。英国の移民及び庇護法では、個人が、入国審査の際に、渡航必要書類を提示できない場合に制裁を科すことが定められているが、日本の入管難民法では、入国審査官が上陸を拒否した場合に制裁を科すことが定められている（70条以下）。日本の入管難民法では、入国審査官は、外国人が、難民条約上の難民であることを申し出た場合に、一時庇護を目的として上陸を許可することができるため（18条の2）、外国人が、難民認定審査を目的として日本に渡航しており、入国審査官によって上陸が許可された場合には、旅客輸送業者に対し、制裁を科さない法構造になっていると考えられる。ただし、田島浩は、2010年に出版された論考で、このような一時庇護を目的とした上陸が極めてわずかな件数しか許可されていないことを指摘している（田島 2010、252頁）。出入国在留管理庁が毎年発行している「出入国在留管理」上の統計では、特例上陸許可申請の総件数は記されていないため分からないが、近年の一時庇護上陸の許可件数は基本的に1～2件である（出入国在留管理庁 2023、13頁）。

いる[8]。

Ⅲ　国家による旅客輸送業者への制裁の正当性

1　「隠れた強制」論

　国家による旅客輸送業者への制裁の何が問題なのだろうか。旅客輸送業者への制裁の問題点については、Hathawayをはじめとする国際人権法の専門家によって主に論じられてきた。このようななかで、規範的観点から論じているのがBloom & Risseの論考である。Bloom & Risseは、国家による入国在留管理が外国人への強制力行使に該当するという前提のもと[9]、旅客輸送業者への制裁を「隠れた強制（hidden coercion）」と呼び、問題点を2つ挙げている（Bloom & Risse 2014, pp. 76-77）。

　1つ目の問題が、透明性である。国家による旅客輸送業者への制裁は、旅客輸送業者が搭乗客の渡航書類をチェックし、必要書類の提示がない場合に、搭乗を拒否するインセンティブを生む。これに対し、Bloom & Risseは、透明性の問題が2点あると指摘する。第1に、国家の強制力行使における意思が曖昧化する。例えば、ある国家が、一定の場合には、旅客輸送業者への制裁を免除することを定めていたとする。しかし、そのような場合であっても、制裁を避けたい旅客輸送業者は、搭乗を希望している個人が、制裁が免除される条件に

---

[8] 本書の序章で触れたように、IOMによる「失われた移民プロジェクト（Missing Migrants Project）」によるならば、毎年数千人の個人が国際的な移動の過程で亡くなっている。参照、⟨https://missingmigrants.iom.int/⟩. Moreno-Laxは、旅客輸送業者への制裁によって渡航書類を持たない個人の移動が非正規化していることが、国際的な移動の過程での多くの落命と関係性を有することを示唆している（Moreno-Lax 2017, p. 119）。

[9] 国家による入国在留管理が外国人への強制に当たるか、また、それがリベラリズムや民主主義の立場からどのような正当化を要するかをめぐっては、第7章で触れたように、Arash AbizadehとDavid Millerの間で論争がなされている（Abizadeh 2008; Miller 2010; Abizadeh 2010）。Abizadehが、国家による入国在留管理は服従を求めているという意味において強制であり、外国人を含めた地球上のすべての個人に対する民主的正当化を必要とすると論じるのに対して、Millerは、国家による入国在留管理は特定の行動を強いるという意味での強制には当たらず、阻止として理解するのが適切であると述べる。Millerは、特定の行動が強いられているわけではない以上、入国在留管理について民主的な正当化までは求められないと論じる。Bloom & Risseは、強制とは、ある主体が、他の主体に対してその意思に反する行動を意図的にとらせることであるというRobert Nozickの定義を作業定義とすると断ったうえで、Millerの議論に対して、阻止も強制の一種であると述べ、国家による入国在留管理も強制の1つの形式であると論じている（Bloom & Verena Risse 2014, pp. 66-70）。本章でも、国家による入国在留管理が強制に該当するという前提を共有する。

合致するか否かを確認することなく、渡航書類を持っていないということだけで搭乗を拒否してしまうかもしれない。旅客輸送業者は、搭乗を希望している個人の入国可否をめぐる独自の見通しのもとで当該個人を輸送するか否かを判断するため、この旅客輸送業者の輸送判断が、国家の入国可否に関する意思を反映しているかは曖昧となる。第2に、本来、入国在留管理を通して強制力を行使しているのは国家であるが、旅客輸送業者への制裁によって、個人が国境に実際に到着し入国審査を受けることが妨げられてしまうため、個人は、国家から直接的に強制力の行使を受けない。

2つ目の問題が、強制力行使の対象者に対して正統性を確保する手続きが欠如していることである。民主的国家による政治的決定は、当該決定を下している政治家が、民主的な政治過程を通して選出されているという正統性の基盤を持つ。多くの民主的国家が法令を司法審査する制度を持っており、このような統治システムを持つ国家では、政治過程を通じて決定されたルールに異議がある場合には、司法による審査を提起することもできる。しかし、外国人は、入国を希望する国家における旅客輸送業者による制裁を規定する法が採択される過程に参加する権利を持つわけではない。旅客輸送業者が輸送を拒否したために入国を希望する国家に到着することができず、入国が叶わなかった場合に、当該国家に対して異議を申し立てることができるわけでもない。国家による旅客輸送業者への制裁には、その対象者である外国人に対して正統性を確保する手続きがない。

以上の問題点から、Bloom & Risse は、旅客輸送業者への制裁が正当化できないと結論づける。

2 検討

国家による旅客輸送業者への制裁の問題点を「隠れた強制」という概念によって指摘する Bloom & Risse の議論は、旅客輸送業者が国家による入国在留管理を代替しているかのような状態に含まれるいくつもの問題点を指摘する点で、重要である。他方で、旅客輸送業者への制裁の第一義的な目的はより実効的な国境管理であり、国家が外国人の入国在留管理の権限を持つことを肯定する立場からは、旅客輸送業者への制裁それ自体が不当であるわけではないように思

える[10]。国家が外国人の入国在留管理の権限を持つことを肯定する立場からは、国家による旅客輸送業者への制裁それ自体が不当であるわけではなく、国家による旅客輸送業者への制裁を正当化可能な条件があるということになるだろう[11]。そこで、以下では、Bloom & Risse の議論の検討を通じて、国家による旅客輸送業者への制裁が正当化可能な条件を明らかにしたい。

(1) 旅客輸送業者への制裁の実質的問題

　Bloom & Risse の分析を考察する。まず、分析の前提として、国家による旅客輸送業者への制裁の正当性の問題とは、国家による入国在留管理そのものの強制性の問題ではなく、国家による入国在留管理という強制の実施手段の適切さの問題であることを確認したい。「隠れた強制」とは、誰が隠れているという問題だろうか。言うまでもなく、国家である。元来、入国在留管理を通して強制力を行使しているのは国家であり、旅客輸送業者への制裁を通して強制力を行使しているのも国家である。したがって、「隠れた強制」とは、国家が旅客輸送業者の陰に隠れて強制していることであり、「隠れた強制」の問題とは、国家が強制していることの問題とは別に、強制力の行使において、その主体である国家が隠れていること、すなわち、強制の手法の問題であるといえる。

　透明性問題について、何が問題であるのか、もう少し詰めてみたい。Bloom & Risse は、透明性問題について 2 点指摘している。①国家の強制力行使における意思の曖昧化と②移動希望者が国家から直接的に強制力の行使を受けないことである。第 1 の点の問題は、より具体的には何だろうか。国家と入国を希望する外国人との間に介在する旅客輸送業者が、国家の意思について解釈を行った結果、本来、国家による直接の入国審査を受ける機会があったならば、国

10 　この点、Moreno-Lax は、旅客輸送業者への制裁が非正規移動を防止するという目的を果たしているかは疑わしいと指摘する（Moreno-Lax 2017, p. 119）。同時に、旅客輸送業者への制裁等、到着時の入国審査前の段階における措置の目的が出入国管理関係法に違反した移動の防止であったとしても、当該目的は、出入国管理関係法に違反した移動が多く生じるならば、公の秩序の崩壊をもたらしかねないという観点から理解されるべきであり、出入国管理関係法違反の逐一の取り締まりは、旅客輸送業者への制裁を正当化可能な目的ではないと指摘している（Moreno-Lax 2017, p. 388）。

11 　国際人権法に関する議論として、UNHCR は、旅客輸送業者への制裁が、世界人権宣言における庇護の権利（14 条）および難民条約・議定書における不法入国・滞在の処罰禁止や追放・送還禁止原則（31 条・33 条）に違反しない形で実施されなければならないことを指摘している（UNHCR 1995）。Moreno-Lax は、査証の発給や旅客輸送業者への制裁等、到着時の入国審査前の段階における措置への難民条約・議定書およびその他の人権法に基づく追放・送還禁止原則の適用を主張している（Moreno-Lax 2017, Chap. 8）。

家が入国を許可していたであろう個人を、旅客輸送業者が、制裁回避のために過度に排除してしまうことであるだろう。旅券にせよ、査証にせよ、切迫して自国から逃れようとする者にとって、その取得は大きな負担であり、これらの書類が取得できないこともあるため、個人が難民として逃げようとしている場合に、このようなことが起こりうる。

　第2の点の問題は、何だろうか。移動希望者が国家から直接的に強制力の行使を受けないことの問題点は2つある。1つ目は、外国人が直接の入国審査が受けられないことによって、本来ならば、国家による直接の入国審査を受ける機会があり、国家が入国を許可していたであろう外国人の入国可能性が閉ざされてしまうことである。個人が難民として逃げようとしている場合に、やはりこのようなことが起こりうる。

　2つ目は、直接の入国審査が受けられないことによって、滞在を希望する国家に入国できない状態を法的に争う手立てがないことである。ある個人がある国家に入国を希望しているとしよう。仮に当該個人が当該国家の領域に到達し、直接の入国審査を受け、入国を拒否されたならば、法制度上は、当該入国拒否を争いうる。しかし、国家によって入国を拒否されたわけではないならば、当該国家に赴くことができず、そのため入国できない状態を法的に争う手立てがない。

　正統性を確保する手続きの欠如問題についても考察したい。民主的正統性の欠如と司法審査を提起する可能性の欠如に分けて考える。このうち、民主的正統性の欠如については、旅客輸送業者への制裁に固有の問題ではないだろう。なぜなら、旅客輸送業者への制裁は国家による入国在留管理の一環であり、旅客輸送業者への制裁が民主的正統性を持たないのは、国家による入国在留管理そのものが外国人に対する民主的正統性を欠いているためである。この点は、「隠れた強制」ではなく、国家による入国在留管理を通した外国人への強制そのものの問題であるだろう。

　次に、司法審査を提起する可能性の欠如とは、前述したように、入国審査を直接受けることができないために、国家に入国できない状態を法的に争う手立てがないという問題である。

　以上の議論からは、Bloom & Risse が指摘した2点の実質的問題は、難民と

して保護されるべき個人が、渡航書類を持たないがために、旅客船や旅客機への搭乗を拒否されてしまい、そのために、保護を希望する国家に移動することができなくなってしまうことである。また、旅客輸送業者によって旅客船や旅客機への搭乗が拒否され、移動できない場合に、保護を希望する国家に入国できない状態を法的に争う手立てすらないことである。(2)では、以上の検討に基づき、国家による旅客輸送業者への制裁を正当化可能な条件について考察する。

(2) 国家による旅客輸送業者への制裁を正当化可能な条件

ここまでの検討から明らかなように、国家による旅客輸送業者への制裁は難民保護に関わる深刻な問題点をはらんでいる。他方で、旅客輸送業者への制裁の第一義的な目的はより実効的な国境管理であり、国家が外国人の入国在留管理の権限を持つことを肯定する立場からは、旅客輸送業者への制裁それ自体が不当であるわけではないように思える。国家が外国人の入国在留管理の権限を持つことを肯定する立場からは、国家による旅客輸送業者への制裁それ自体が不当であるわけではなく、国家による旅客輸送業者への制裁を正当化可能な条件があるということになるだろう。

それでは、国家による旅客輸送業者への制裁は、どのような条件のもとで正当化できるだろうか。これまでの検討からは、旅客輸送業者への制裁が正当性を持つか否かは、旅客輸送業者への制裁実施国が難民として保護を求める個人に入国を保障できるか否かにかかっている。このような観点からは、旅客輸送業者への制裁が正当性を持つための条件として2点示すことができるだろう[12]。

第1の条件は、旅客輸送業者への制裁と難民自身の移動を両立させることである。これには、いくつかの方法を考えることができる。①輸送した個人が、入国審査において難民申請を希望する場合には、旅客輸送業者への制裁を免除する[13]。②旅客輸送業者による搭乗拒否を避けるため、難民申請希望者に対し、人道的ビザを発給する[14][15]。③査証免除協定の範囲を拡大することによっても、

12　この点については、(久保山 2017、171-173 頁) から示唆を受けた。
13　フランスの例について、参照、(Amnesty International 1997, p. 5)。
14　人道的ビザの具体的な例として、ブラジルが、2010年のハイチを襲った大地震後に、ハイチ国民を対象に発給した査証の形式で、その後シリアでの内戦を理由とする移住希望者にも拡大されたというものがある。ブラジルによる「人道的ビザ」の特徴は3つあり、第1に、人道的考慮に基づき、ハイチ国民、シリアでの内戦の影響を受けた個人を対象としたこと、第

旅客輸送業者が難民申請希望者の搭乗を拒否する可能性を低くすることができる。第2章で言及したように、国家によって、査証免除協定を結んでいる範囲は異なり、現在の難民の出身国は、概して査証免除協定の締結先が少ない。このことは、難民が、現実には、査証なしで渡航可能な範囲が極めて限られていることを意味する。

　第2の条件として、旅客輸送業者への制裁と難民申請者自身の移動を両立させるための試みが十分になされない場合には、旅客機等の正規の移動手段が利用できず、近隣の国家にしか移動が叶わない難民申請者に改めて保護を提供することである。このような新たな保護を可能にする仕組みとして、現状では、第三国定住制度を挙げることができる。

　第三国定住制度とは、難民としての保護を求めている個人を、当初、本人が保護を求めた国家以外の国家で、受け入れを承認した国家に移送し、移送先の国家で保護する仕組みである。この制度における移送は、難民本人の希望に基づくものである。現状の第三国定住制度には、UNHCRによる推薦を基に、各国が独自の基準で受け入れる形態と各国国内の団体等が推薦し、受け入れる形態がある[16][17]。

2に、発給手続きに要する書類を、旅行者に発給する査証の場合よりも少なくしたこと、第3に、難民認定を保障したわけではないことである（Jubilut, de Andrade & de Lima Maduireira 2016）。

[15] 難民に対する難民認定審査へのアクセスの保障だけでなく、より実践的な観点から人道的ビザの発給を擁護する議論もある。Gregor Noll & Thomas Gammeltoft-Hansenは、難民の安全な移動を可能にすること、密航組織間のネットワークを断つことによる国際的犯罪の削減、難民性がない個人の強制退去に関わるコストの削減、EU加盟国における難民の移動や難民認定審査の管理能力を高めること、難民保護負担の平等な分配、EU加盟国における難民の迅速な統合を可能にすること等を人道的ビザ発給の理由として挙げている。具体的には、EU代表部およびEU各加盟国在外公館にて、EUへの庇護を目的とした渡航希望者に人道的ビザを発給するという案が示されている（Noll & Gammeltoft-Hansen 2016）。

[16] 第三国定住制度の解説として、（滝澤 2017；橋本 2024、74-93頁、138-145頁）。第三国定住制度における各国の選別基準の国際比較として、（Hashimoto 2018, pp. 169-171）。

[17] 第三国定住制度による受け入れは、年によってバラツキがあるが、2010年～2019年の間では、16万3,000人を受け入れた2016年と8万人弱を受け入れた2011年を除くと、世界全体で、毎年10万人前後となっている。2020年と2021年には新型コロナウイルス感染症の世界的流行の影響で受け入れ数が減少したが、2022年には、世界全体で11万4,300人が受け入れられた。このうち、4万7,600人がカナダに、2万9,000人が米国に、1万7,300人がオーストラリアに受け入れられている（UNHCR 2021a, p. 47; UNHCR 2023, pp. 39-40）。日本では、2010年から始まり、UNHCRによる推薦を基に、タイの難民キャンプに滞在するミャンマー難民およびマレーシアに滞在するミャンマー難民を受け入れてきた。2019年度までは年間30人を上限としたが、2020年度以降は年間60人を上限としている。外務省「第三国定住事業の概要」（令和5年4月）〈https://www.mofa.go.jp/mofaj/files/000343330.pdf〉。

もちろん、現状の第三国定住制度では、各国が独自の受け入れ基準を設けており、現状のままでは、第三国定住制度を通した難民の受け入れを、国家による旅客輸送業者への制裁を正当化する条件として理解することはできない。しかし、個人を、当初、本人が保護を求めた国家以外の国家に移送し、新たな国家で改めて保護するという第三国定住の仕組みを旅客輸送業者への制裁が正当性を持つための条件として理解し、このような観点から、新たな形の第三国定住制度を築くことができるかもしれない。例えば、各国における第三国定住制度での受け入れに、各国が独自の受け入れ基準で受け入れる枠と UNHCR による推薦者を選別せずに受け入れる枠を設けるという案はどうだろうか。筆者は、旅客輸送業者への制裁のために難民の移動が困難化するならば、新たな形での第三国定住制度を通した難民の受け入れは、旅客輸送業者への制裁が正当性を持つための条件の1つであると考える。

Ⅳ　おわりに

　本章では、Bloom & Risse の「隠れた強制」論の検討を通じて、国家による旅客輸送業者への制裁を正当化可能な条件について考察してきた。第1の条件は、難民申請希望者を輸送した場合の制裁の免除、人道的ビザの発給、査証免除協定の範囲の拡大による旅客輸送業者への制裁と難民自身の移動の両立である。第1の条件が十分に達成されない場合の第2の条件として、旅客機等の正規の移動手段が利用できず、近隣の国家にしか移動が叶わない難民に改めて保護を提供することを可能にする新たな形の第三国定住制度の構築を挙げた。

　国家による旅客輸送業者への制裁に関わる問題は、国際移動の正義論にとどまらず、グローバルな正義論に対しても見過ごせない示唆を持つ。グローバルな正義論において、国家による強制力行使の態様の違いは、グローバルな正義の内容と国内的な正義の内容を区別し、グローバルな正義の内容を相対的に限定する論拠として挙げられてきた。例えば、Mathias Risse は、強制力行使の直接性と国民間の相互性を根拠として、国内的な正義の原理とグローバルな正義の原理が異なることを論じている（Risse 2012a, Chaps. 2-3）。このような議論に対し、国家による旅客輸送業者への制裁に関わる問題は、国家による個人に対

する強制力の行使が国際的な次元において直接的ではない原因や制度的枠組みに目を向けなければならず、その問題点が指摘され、当該問題に対する正義とは何かを論じなければならないことを示している。

第9章　**気候移住者の受け入れ義務**

I　はじめに

　気候変動——地球温暖化と温暖化から派生する自然環境や生活環境への様々な影響——が、人々の移住の原因となっている[1][2]。問題の具体的なイメージを持つために、気候変動による生活への影響を理由として難民認定が争われた次の例をみてみよう。2012年、太平洋に浮かぶ33の環礁から成る島嶼国、キリバス国籍のIoane Teitiotaは、ニュージーランドにて交通違反の取り締まりによって超過滞在であることが摘発されたことをきっかけとして、難民申請をした[3]。Teitiotaが難民申請した理由は、地球温暖化の影響がキリバスでの生活を困難にしており、先行きも不透明であるというものである。

　一連の判決によるならば、Teitiotaのキリバスでの生活環境は次のようなものである。Teitiotaは、妻の家族と共に、タラワ環礁に居住し、作物を栽培したり、漁をしたりして自給自足の生活をしていた。タラワ環礁では、この訴訟が提起された当時でも大潮の場合には膝の高さまで浸水することがあった。Teitiotaの家では、家の周りに浸水を防ぐための壁を設け、キリバス政府も、

---

[1] 気候変動と国内的国際的移住の関係、キリバス、ツバル、バングラデシュの代表的な影響国3か国における具体的な課題、従前の国際法における気候移住をめぐる課題についての取り扱い、今後の法的対応の可能性等をめぐる精緻かつ詳細な研究として、(McAdam 2012)。本書も、気候移住の実態の認識や国際法上の課題の理解をめぐって、Jane McAdamの研究に多くを負っている。

[2] 気候変動を理由とする移動・移住の特徴の1つとして、多様な形の移動・移住があることを挙げることができる。気候変動を理由とする移動・移住には、個人や家族の移住のほか、コミュニティ・州・都市・国家等行政単位での集団的移転、出稼ぎ、遊牧民の移動ルートの変更等がある (McAuliffe & Triandafyllidou 2021, pp. 288-295)。

[3] Teitiotaには、キリバスからニュージーランドに共に移住した妻と、ニュージーランドで生まれた3人の子どもがいるが、当初、妻と子どもについては、難民申請しなかった。訴訟の過程で、妻と子どもたちも難民申請に加わっている。

Teitiotaの居住地区で防波堤を設けたが、いずれも、たびたび損傷し、修復を必要としていた。環礁島では、島の地下で、海水と淡水の比重の違いにより、海水の中に淡水の層（淡水レンズ）が生じるため、このような地下水や雨水を貯水したものを生活用水としている。Teitiotaも、地下水を井戸で汲み上げ、生活用水としてきた。ところが、キリバスをはじめとして、太平洋島嶼国では、海面水位の上昇のために従来の淡水の層に海水が混入し、井戸水が塩水化している。Teitiotaには、キリバス国内でタラワ環礁以外の場所に居住する親類もいるが、状況は同じで、Teitiota一家がこのような状況を抜け出すことが可能な別の場所がキリバス国内にあるわけではない[4]。

　Teitiotaは難民としては認定されず、提訴した。ニュージーランド最高裁まで争われた訴訟の過程では、気候変動による様々な影響が、人を居住地から追い立て、そのような場合に、難民条約・議定書外の難民として、国際社会による支援の対象になりうるとの見解が一般論として示されたり、Teitiotaとその家族の窮状への理解が示されたりした。しかし、Teitiotaが、難民条約・議定書上の難民の要件である迫害のおそれに直面しているといえるかが一貫して主な争点となり、裁判所は、Teitiotaが迫害のおそれに直面しているとはいえないとして、Teitiotaの訴えを斥けた[5]。

　最高裁での敗訴後、Teitiotaはキリバスに送還され、その後、ニュージーランドによる送還が、自由権規約6条が定める生命への権利を侵害しているとして、自由権規約委員会にも通報した。自由権規約委員会は、Teitiotaの事案について、キリバス政府による様々な国内的適応策に言及し、キリバスへの送還がTeitiotaの生命への権利を侵害しているとはいえないとした。しかし、同時に、国内的・国際的な強い努力なしには、気候変動の影響は、個人を同規約が定める生命への権利（6条）や拷問・非人道的な取り扱い等を受けない権利（7条）の侵害にさらすと述べ、気候変動の影響は、国家に送還禁止義務を生

4　AF（Kiribati）[2013] NZIPT 800413 [Tribunal decision], Teitiota v The Chief Executive of Ministry of Business Innovation and Employment [2013] NZHC 3125 [26 November 2013], Teitiota v The Chief Executive of Ministry of Business Innovation and Employment CA50/2014 [2014] NZCA 173 [8 May 2014], Ioane Teitiota v The Chief Executive of Ministry of Business Innovation and Employment [20 July 2015].

5　判決によれば、ニュージーランドにおいて気候変動を理由とする難民申請をめぐる訴訟は複数提起されているが、いずれについても不認定が取り消されるには至っていない。

じさせうると述べた[6]。

ニュージーランドは、上記の訴訟においては Teitiota の訴えを斥けたが、2002 年以降、キリバス、ツバル、トンガ、フィジーの国民を対象に、一定の条件を満たす場合に永住資格を付与し、移住を可能にする移民受け入れ制度である太平洋アクセスカテゴリー・住民ビザ（Pacific Access Category Resident Visa）を設けている。キリバスについては、2023 年は、年間 150 人が上限である[7][8]。この制度は、技能移民を対象としたものではなく、移住の理由も問わない点で、太平洋島嶼国の国民が気候変動等への懸念からキリバス国外に移住することを可能にする数少ない重要な選択肢の 1 つとなっている（McAdam 2012, pp. 115-117; Curtain & Dornan 2019, pp. 32-33）。

気候変動が、大規模な国際的移住をもたらしうることは、1990 年に発表された IPCC（Intergovernmental Panel on Climate Change：気候変動に関する政府間パネル）による第 1 次評価報告書ですでに指摘されている（IPCC Working Group II 1990, pp. 6-8; 霞が関地球温暖化研究委員会 1991、126-127 頁）。キリバスでは、すでに、村民 200 人以上が沿岸部の居住地を放棄し、内陸部に移住したという村もある。村民が移住した内陸部でも海水による浸水が起こっている[9]。気候移住をめぐる国際的な対応の可能性としては、難民条約・議定書や国連気候変動枠組み条約（以下、「気候条約」）に、気候移住者の受け入れに関する議定書を設ける等の新たな制度的対応の提案も複数なされてきた（McAdam 2012, Chap. 7）。

気候移住者を国際社会が受け入れるべき根拠は何だろうか。どのような場合に、受け入れるべき義務を負うだろうか。また、気候移住者を受け入れるべき義務とは、どのような内容の義務なのだろうか。

これまでに気候移住者を受け入れるべき根拠を直接論じた論考として、小島嶼国の国民の移住に焦点を当てた Katrina Wyman の議論がある。本章では、Wyman の議論の批判的考察から、国際的移住が気候変動に適応するための選

[6] Ioane Teitiota v. New Zealand (advance unedited version), CCPR/C/127/D/2728/2016, UN Human Rights Committee (HRC), 7 January 2020 ⟨https://www.refworld.org/cases,HRC,5e26f7134.html⟩. 解説として、〈河尻 2021〉。
[7] Immigration New Zealand, Pacific Access Category Resident Visa ⟨https://www.immigration.govt.nz/new-zealand-visas/visas/visa/pacific-access-category-resident-visa⟩.
[8] Richard Curtain & Matthew Dornan によれば、75 人の枠に対し、成人 2,000 人以上が応募している年もある（Curtain & Dornan 2019, pp. 15-17）。応募者の絞り込みは、抽選で行われる。
[9] 「迫る海　村を捨てた　島国キリバス」朝日新聞 2015 年 5 月 17 日朝刊。

択肢の1つであるという理解のもと、国際社会が気候変動適応策を支援すべき根拠を明らかにし、気候移住者の受け入れ義務がどのような性格・内容を持つか考察する。

　本論に入る前に、「気候移住者」という表現について言及しておきたい。気候変動による自然環境・生活環境の悪化を理由とする移住者は、「気候難民 (climate refugee)」、「環境難民（environmental refugee)」等と呼ばれることがある。この背景には、いくつかの理由があるが、その1つは、キリバスやツバル等の小島嶼国家においては、海面水位の上昇による国土の喪失が懸念されており、国土を完全に喪失した場合には国家が法的に成立しなくなる可能性もあり[10]、そのため、難民条約・議定書上の難民と類似の状況に置かれうるというものであるだろう。難民条約・議定書における難民の要件の1つである「迫害」は、国家による保護の懈怠・喪失として理解されており（Hathaway & Foster 2014, pp. 292-332)、国土の喪失によって国家が法的に成立しなくなるならば、そのような国家の国民は、国家による保護も喪失し、難民条約・議定書上の難民と類似の状況にあるという理解である。このほか、気候移住者の移動も、より良い機会の享受を目指した自発的積極的な移動ではなく、難民同様、強いられた移動であるという理解もある。さらには、冒頭のTeitiotaの事案のように、気候変動を理由とした難民申請の例が実際に存在している。したがって、気候変動を原因とする移住者を「難民」と呼ぶことに理由がないわけではない。

　他方で、気候変動を原因とする移動の場合、国家による保護を喪失しているとしても、その原因は自然現象であり、難民条約・議定書が想定するように、国家機関が、個人に意図的に危害を加えたり、個人の保護を怠ったりする可能性があるわけではない。また、なかには、気候変動による影響への懸念から、計画的に移住する個人や家族も存在する。さらには、Teitiotaの事案のような例もあるが、気候移住の当事者である国家や国民の間で「難民」という呼称に強い抵抗感も存在している（McAdam 2012, pp. 40-41)。したがって、国際社会が保護義務を負うというニュアンスを含む「難民」という呼称は、相応しくない

10　海面水位の上昇によって国土を喪失した場合に、法的主体としての国家自体が成立しなくなるのか否かをめぐっては、詳細な検討を必要とする課題である。このような検討の1つとして、(McAdam 2012, Chap. 5)。

という見解にも分がある。このような観点からは、気候変動を原因とする移住を移民の一種であると理解し、移住者を「気候移民（climate migrant）」「環境移民（environmental migrant）」と表現することもある。

このように、気候難民という呼称と気候移民という表現は、いずれも、気候変動を原因とする移住の実態を一定程度表すものではあるが、一語で適格に表すものであるとは言い難い。また、当事者への配慮も重要である。そのため、本章では、気候変動に伴う自然環境・生活環境の悪化を理由とする国際的移住を「気候移住」、気候変動に伴う自然環境・生活環境の悪化を理由とする国際的移住者を「気候移住者」と呼ぶ[11]。

II　気候移住者の受け入れ義務の考察をめぐるアプローチの検討

では、国際社会は、どのような根拠に基づいて、気候移住者を受け入れるべき義務を負うだろうか。筆者は、以下で述べるように、先行研究であるWymanのアプローチの批判的考察から、国際社会が、気候変動の影響を受ける一定の国家に対して、なぜ気候変動適応策[12]を支援すべき義務を負うかを問い、そのうえで、気候移住者の受け入れ義務がどのような性格・内容を持つかを明らかにすることにする。

1　小島嶼国からの気候移住に絞ったアプローチ──Wymanの議論

これまでに、気候移住者を受け入れるべき根拠を直接論じた論考として、小島嶼国の国民の移住に焦点を当てたWymanの議論がある[13]。Wymanは、気

11　国連人権理事会は、2018年の報告書において「人間の移動性（human mobility）」という表現を使っている（UN Human Rights Council 2018）。
12　気候変動への対策は、緩和策と適応策に大別される。緩和策とは、気候変動の原因である温室効果ガスの排出量を減らしたり、植林等によって温室効果ガスの吸収量を増やしたりすることで、気候変動の進展を抑えるための政策である。例えば、京都議定書やパリ協定のような温室効果ガスの排出量を抑えるためのルールの創設は緩和策の具体例として挙げられる。これに対し、適応策とは、気候変動によってすでに生じている影響や今後生じるだろう影響のなかでも問題がある影響を軽減するための政策を指す。例えば、温暖化の影響の1つとして海面水位の上昇がある。海面水位の上昇は、高潮の際の水害のリスクを増加させる。高潮による水害に備えて防潮堤を建設することは、適応策の具体例である。
13　このほか、気候移住について取り組んだ論考として、以下のものがある。①気候移住者に対

候移住者のなかでも、海面水位の上昇によって国土を喪失する可能性がある小島嶼国の国民について、国際的な移住なしには生存することができないとし、必要性の権利・緊急避難の権利（the right of necessity）という観点から、小島嶼国の国民の受け入れを根拠づけている（Wyman 2013, pp. 199-200）。さらには、人権保障における国家の必要性、集合行為問題解決における国家の必要性、国家システムの道徳的正統性という3つの考慮からも、小島嶼国の国民の受け入れが正当化できるとする（Wyman 2013, pp. 201-209）。

2　検討

　Wymanが、議論の的を小島嶼国の国民に絞ったのは、気候移住者のなかでも、海面水位の上昇によって国土を喪失する可能性がある小島嶼国の国民については、国際的な移住の可能性を検討する必要性が明確であるからだろう。気候変動を原因とする移住の多くは国内的なものであり、気候変動を原因とする移住すべてについて国際的な受け入れを主張する必要性があるわけではないことや気候変動に基づく多様な移動・移住を一括りにして議論することは難しいという考慮もあるだろう。このようなWymanの議論の背景的な考慮は理解できるが、筆者は、気候移住者の受け入れ義務は適応策を支援すべき義務の一部であるという理解のもと、適応策を支援すべき義務の根拠を問い、そのうえで、気候移住者の受け入れ義務の性格・内容を明らかにするという形で、気候移住者の受け入れ義務について、一般的な理論を示すことを試みたい。

> し、条約難民に対するのと同様に、出身国への送還の禁止と受け入れ国での永住権・国籍を付与する義務を負う条件を明らかにした論考として、(Lister 2014)。Matthew Listerは、受け入れ義務の根拠について複数の議論を挙げており、複数の根拠によって正当化可能であることが、十分な危険がある場合に受け入れ義務を負うという自身の主張の強みであるとしている（Lister 2014, pp. 623-624）。②John Lockeの所有権論を自己統治集団と土地の関係に適用し、温暖化の影響によって水没する国家が生じた場合に、国際社会は、そのような国家に対し国土を提供する義務を負うという議論として、(Nine 2012, Chap. 8)。③場所が、個人のアイデンティティに持つ意味に焦点を当て、場所の喪失が生じないよう、何よりも温暖化の進展を防ぐ義務があるというAvner de-Shalitの議論もある。de-Shalitは、個人にとって重要な場所の喪失とは、個人のアイデンティティへの加害であり、新しい場所への移住も含めて、賠償はそもそも不可能であるとし、温暖化の進展を防ぐ義務の重要性を訴える（de-Shalit 2011）。④移住者自身の負担や移住者を受け入れるコミュニティの負担を含めて、国際社会は、温暖化による損害の補償を受けることができるグローバルな保険制度を構築する義務があるというPeter Penzの議論もある（Penz 2010）。⑤加害責任によって気候移住者の受け入れが正当化できるのではないかという見通しを示したものとして、Joseph Carensの指摘がある（Carens 2013, p. 195）。

まず、気候移住者の受け入れ義務が気候変動適応策を支援すべき義務の一部であるという理解について確認しておきたい。通常、「適応策」と言う場合には、政府が国内での気候変動の悪影響を軽減するためにとる政策を指す。そのため、移住者の受け入れが適応策の支援であるという理解には違和感があるかもしれない。そこで、気候移住者の受け入れは、2つの点で、気候変動適応策の支援に該当することを指摘しておきたい。

　第1に、気候移住者の受け入れは、気候移住者自身への支援となる。気候移住者が、国際的な移住を試みる理由は、現在の居住地では生活が困難化したため、もしくは、困難化するだろうと予測するためである。すると、国際的な移住も、気候変動による悪影響を回避したり、将来的な自然環境・生活環境の変化に備え、被害を軽減したりするための選択肢の1つであるといえる。例えば、極めて簡略化した例であるが、地球温暖化によって熱帯低気圧の強度が増し、大雨がもたらされ、ある国家において、洪水が頻発するとしよう。これに対し、堤防を築き、洪水の被害を抑えることは、熱帯低気圧が多発し、その強度が増し、大雨や暴風がもたらされるなかで、将来的な被害を抑え、生活を継続するための対策の1つである。もしくは、一時的に避難するためのシェルターの建設も、そのような対策の1つである。国内的に、海抜のより高い地域に住民の移住を進めることも対策の1つであるだろう。国内的な移住が適応策の1つであるならば、国外への移住も、気候変動の悪影響を回避し、生活を可能にするための適応策の1つとして理解することができる。

　第2に、気候移住者の国際的受け入れは、気候変動の影響を受ける国家が、国内的な適応策を、より効果的に進めるための支援としての側面も持ちうる。例えば、キリバスやツバル等では、人口の急激な増加が、気候変動の影響と相俟って、失業やもともと脆弱な生活インフラの一層の脆弱化の原因になっていると指摘されている（McAdam 2012, pp. 124-125）。キリバスを例にとるならば、キリバスの人口は、1950年に3万3,048人であったのが、2015年に11万2,407人となり、2050年には、18万人前後に達すると予測されている。そして、現在の人口の約半分が、貨物港や首都機能を持つタラワ環礁南部に集中している（Curtain & Dornan 2019, pp. 10, 25）。これに対し、タラワ環礁への人口集中の回避等、様々な国内的な適応策も進められているが、現在試みられている国

内的な適応策によって増えつつある人口規模に十分に対応できるかは明らかではない[14]。このような状況からは、国内的な適応策が一定程度成功したとしても、一定の人口規模の移住が不可避である可能性があるとともに、他国が一定の規模で移住を受け入れるならば、気候変動の影響が深刻な国家が、自国に残る国民を対象として、国内的な適応策を、より集中的かつ効果的に実施できる可能性もあるといえる。以上の2点から、気候移住者の国際的な受け入れは、気候変動による悪影響を軽減するための選択肢の実現の支援であり、気候変動適応策に対する支援の1つであるといえる。現実においても、気候条約に基づく国際的な体制において、移動・移住は適応策の課題の1つとして理解されている[15]。

以上の理解のもとで、筆者が、小島嶼国の例に限定した議論ではなく、気候移住者の受け入れ義務の根拠について一般的な理論を示すことを試みる理由は、主に2つある。

第1に、国際的移住は、気候変動による悪影響を軽減するための多様な選択肢の1つであり、このことは、小島嶼国の例についても当てはまるためである。小島嶼国の事例においても、国際的な移住のみが生き残りのための選択肢ではなく、様々な適応策が試みられている。例えば、キリバスでは、特産品であるコプラ生産への補助金付与によるタラワ環礁以外の環礁への国内的移住の推奨やタラワ環礁南東部での宅地造成等が試みられてきた（Kupferberg 2021, pp. 1800-1801）。このほか、複数の国家が試みている案として、人工島の建設がある。例えば、インド洋に浮かぶ1,000以上の島から成るモルディブでは、政治機能が集中し人口の約3分の1が居住するマーレ島に近接して、人工島であるフ

---

[14] ツバルについては、キリバスほどの人口増加率ではないが、やはり、人口が増加傾向にあり、人口の半分程度が、首都であるフナフチ環礁に集中している。気候変動の影響に加えて、人口増加や首都への人口の集中もインフラの脆弱化等の問題の要因となっている点では、ツバルもキリバスと同様の問題を抱えている（Curtain & Dornan 2019, pp. 12-13）。

[15] 2010年にメキシコのカンクンで開催された気候条約第16回締約国会議（COP16）での合意（カンクン合意）では、「すべての締約国に対し、新たに設けられた『カンクン適応枠組み（Cancun Adaptation Framework）』のもと、特に以下の項目に着手することによって、適応をめぐる行動を強化することを勧める」と記され、その項目の1つとして、「気候変動を誘因とする国内的、地域的、国際的なレベルの強制移動、移住、計画的な移転についての理解、調整、協力を強化する方策」が挙げられている（14条(f)）。また、「適応としての移民（migration as adaptation）」という標語のもと、移住が気候変動の悪影響を回避するための積極的な選択肢の1つであるという理解もIOM（国際移住機関）等の国際機関によって示されてきた（Vinke et al. 2020, pp. 627-628）。

ルマーレ島が、1997年から建設されている。今後も埋め立てを継続し、2050年頃までに、人口の3分の2に当たる24万人が居住できるよう拡張する計画であるとされる（日下部2021、115-120頁）。南太平洋に浮かぶ9つの環礁から成るツバルでも、首都フナフチ環礁南端での人工島の建設計画が発表されている[16]。さらには、多数の島から成る島嶼国では、海面水位の上昇や津波の被害が、より一層小さいと想定される島に政治機能を移転する計画もある。ソロモン諸島のチョイスル州の例である。ソロモン諸島は、主要な6島と約1,000の島・環礁から成るが、専門家による津波の将来的な被害予測調査を受けて、チョイスル州では、現在の州都であるタロ島の住民と州都機能をチョイスル島に移すプロジェクトが試みられている（Benintende 2021）[17]。

したがって、小島嶼国の事例においても、国際的な移住のみが気候変動に対応するための選択肢ではない。国際的な移住を気候変動への対応の1つの選択肢として理解するのが適切であるといえる。そうであるならば、気候移住者を受け入れるべき義務の根拠とは、気候変動適応策を支援すべき根拠であり、この根拠を明らかにしたうえで、気候変動適応策を支援すべき場合のなかでも、どのような場合に、気候移住者を受け入れる形で支援すべきであるかを問うことで、気候移住者の受け入れ義務を正当化することができるだろう。

第2に、小島嶼国の国民以外にも、気候変動を原因とする自然環境・生活環境の悪化のために国際的な移住を模索したり、実際に国外への移住を果たしたりしている個人が存在していることからは、気候移住者の受け入れ義務の根拠や受け入れ義務を負う場合についての一般的理論が必要であるといえる。例えば、アフリカのサヘル地域では、紛争に加えて、洪水等の災害や干ばつによる食糧生産の減少等が、もともと脆弱な生活環境を一層悪化させており、人々の移動の要因となっている（OSCDS & UNHCR）。移動の多くは国内的な移動であるが、なかには、国際的な移動もある[18]。このような例からは、小島嶼国の場合だけでなく、どのような場合に気候移住者を受け入れるべき義務が生じるの

---

16 参照、計画に関わっている特定非営利活動法人 Tuvalu Overview のブログ〈https://www.tuvalu-overview.tv/project/inaction〉。
17 「津波に備え全島移転へ」朝日新聞2016年5月5日朝刊。
18 具体的なエピソードとして、Catherine Wachiaya, Warming climate threatens livelihoods of Malian refugees and Mauritanians〈https://www.unhcr.org/en-in/news/stories/2021/10/617c4ba66/warming-climate-threatens-livelihoods-malian-refugees-mauritanians.html〉。

かを明らかにする一般的理論が必要であるといえる。

　以下では、国際社会が、気候変動の影響を受ける一定の国家に対して、なぜ適応策を支援すべき義務を負うかを明らかにし、そのうえで、気候移住者の受け入れ義務の性格・内容を考察する。

Ⅲ　気候変動適応策を支援すべき根拠 1
── 基本的ニーズの保障

1　基本的ニーズを保障する義務

　国際社会は、気候変動の影響を受ける一定の国家やその国民に対し、なぜ適応策を支援すべき義務を負うのだろうか。まず、国際社会は、どのような個人に対しても、食糧、衛生的な水、安全を確保できるシェルター、基礎的教育、医療等の基本的ニーズを保障すべき義務を負い、このような義務の一環として、適応策を支援すべき義務を負うという議論を考えることができる。

　より具体的には次のような議論である。地球温暖化によって干ばつが進み、作物の栽培が困難になり、食糧が十分に確保できないという人がいる。地震による津波のために、家屋を失ったという人もいる。自国では、十分な教育を受けることができず、より良い職に就くことが叶わないという状況もありうる。理由は様々であるにしても、個人が一定の水準の生活を送ることができないのは不当であるだろう。国際社会が、個人に対し、国籍や居住地にかかわらず、どの程度の水準の生活を保障すべき義務を負うかは論争的な話題であるが、ひとまず、最低限の保障として、基本的ニーズを満たした生活を可能にしなければならないとしよう。その 1 つの事例として、気候変動の影響のために基本的ニーズを満たすことが困難である状況に対し、国際社会が支援すべき義務を負うことについて検討する。

2　検討

　筆者も、国際社会が、個人に対し、国籍や居住地にかかわらず、基本的ニーズを保障する義務を負うことには異論がない。気候変動は、個人の脆弱な状況の直接的な原因というよりも、間接的な要因であるという指摘からは、気候変

動適応策を支援すべき根拠も、気候変動に特化した理由ではなく、基本的ニーズを保障する義務のような一般的義務の1つとして捉えることが適切であるといえるかもしれない。しかし、気候変動適応策を支援すべき義務が基本的ニーズを保障する義務の1つであるという見解は、現在の急速な地球温暖化が自然に由来するものではなく、人為的なものであること、そして、地球温暖化への寄与の度合いが国によって異なり、気候変動がもたらした損害の回復について、気候変動に関与した主体がより強い責任を負う可能性を考慮していない点で不十分であると考える。

まず、地球温暖化については自然的要因[19]と人為的要因があるが、現在の急速な地球温暖化は人為的な要因によると考えられている。IPCCが1990年以来発表してきた評価報告書によれば、人間の活動によって排出された二酸化炭素(CO_2)等の気体の濃度の上昇が地球温暖化をもたらしている[20][21]。

気候変動適応策への支援の根拠を考えるにあたって、さらに念頭に置かなけ

---

[19] 地球温暖化の自然的要因としては、例えば、太陽活動が挙げられる。太陽の表面に見られる黒点の数は11年周期で変化し、この変化によって、太陽の明るさが変わり、太陽から放射されるエネルギー量が増減するとされる。

[20] 第6次評価報告書は、地球温暖化の原因が人為的要因であることには「疑う余地がない (unequivocal)」と表現している(IPCC 2021, p. 4)。

[21] 人為的な地球温暖化のメカニズムは次のようなものである。地球が、太陽の光を受け、そのエネルギーで地表が温まると、温まった地表から赤外線が放射される。この赤外線をCO_2等の気体が吸収し、吸収した赤外線を再度放射し、それが再び地表を温め、地表や大気の温度の上昇が生じる。このように、赤外線を吸収し、地表や大気を温める効果を持つ気体を温室効果ガスと呼ぶ。気候システムの研究によれば、CO_2のような温室効果ガスが存在しなかった場合には、地表から放射される赤外線は完全に宇宙空間に放出されることになり、地球の平均気温は－19℃になるとされている。温室効果ガスの存在によって、地球の平均気温は約14℃を保っている (IPCC Working Group I 1990, pp. 13-15; 霞が関地球温暖化研究委員会 1991、41-44頁; 野沢 2014、12-17頁)。
温室効果ガスのうち、地球温暖化への寄与度が最も大きいのがCO_2である。CO_2と他の温室効果ガスの一定の単位質量当たりの放射強制力(気候を変化させる可能性の大きさ)を比べると、CO_2は、一定の単位質量当たりの放射強制力は小さいが、排出量が圧倒的に多く、また、大気中の残存期間も極めて長いため、地球温暖化への寄与度が最も大きい(IPCC Working Group I 1990, pp. 18-21; 霞が関地球温暖化研究委員会 1991、52-56頁)。CO_2排出の原因としては、化石燃料の燃焼と森林伐採が指摘されているが、とりわけ、1950年代以降については、化石燃料の燃焼である(Ritchie & Roser 2020)。CO_2の大気中濃度は上昇しており、産業革命前(1750年〜1800年)は280 ppmだったが、1990年には353 ppmになり(IPCC Working Group I 1990, p. 16; 霞が関地球温暖化研究委員会 1991、45頁)、2019年には410 ppmとなっている(IPCC 2021, p. 4)。
温室効果ガスとしては、CO_2のほか、水蒸気やメタン、窒素酸化物類、フロン類等がある。水蒸気は、CO_2よりも大きな温室効果を持つが、主として、海、湖、川等の水辺での蒸発によって生じており、人為的な活動によって濃度が変化しているわけではないため、人為的な活動に由来する地球温暖化について論じる文脈では、水蒸気については言及されない。

グラフ2　各国のCO₂排出量の累積が世界全体のCO₂排出量の累積に占める割合（1750年～2022年の排出）

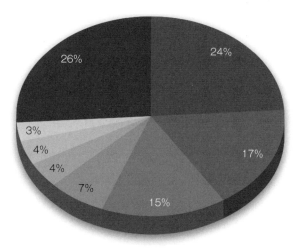

■米国　■EU　■中国　■ロシア　■英国　■日本　■インド　■その他

データの出典：(Ritchie, Rosado & Roser 2023b)

ればならないことは、すべての国家が、一様に地球温暖化の進展に関わってきたわけではないという点である。英国を拠点とした非営利法人「グローバルな変化データ研究室（Global Change Data Lab）」がオックスフォード大学の協力のもとで運営しているデータ分析サイト、「データにおける我々の世界（Our world in Data）」のCO_2の排出に関するデータをみてみよう（Ritchie, Rosado & Roser 2023a; Richie, Rosado & Roser 2023b）。CO_2の過去の排出量についてみてみると、18世紀における排出は、ほぼ100％が英国による。その後、他のヨーロッパ諸国や米国での排出が増えていき、英国が主要な排出元ではなくなっていく。これは、世界で初めて産業革命が起きたのが英国であり、それが西ヨーロッパ諸国に波及していったためであるだろう。グラフ2に示したように、1750年から2022年にかけて、化石燃料の燃焼とセメントの製造によって排出されたCO_2総量の国際比較によれば、米国（24％）、EU27か国（17％）、中国（15％）、ロシア（7％）、英国（4％）、日本（4％）、インド（3％）の順にCO_2の排出量が多い。グラフ3に示したように、1950年以降は、中国のCO_2排出量が増え、2022年に排出された約371億tのCO_2のうち、最も多く排出

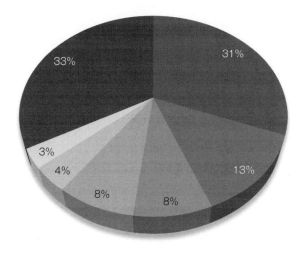

グラフ3　各国の年間のCO_2排出量が世界全体のCO_2排出量に占める割合（2022年）

データの出典：(Ritchie, Rosado & Roser 2023b)

したのは中国である。2022年のデータでは、中国の次に米国、EUと続き、EUを除くと、米国に次いで排出量が多いのはインドである。中国、米国、EU、インド、ロシア、日本の排出量で、全体の70%弱を占める。もちろん、人口1人当たりの排出量で比べるならば、この順位は異なる。グラフ4に示したように、人口1人当たりの排出量については、主として産油国が多めの傾向にあり、2022年のデータで、カタールが1人当たり年間37.6tとなっている。国家として排出量が多い国々の1人当たり排出量をみてみると、米国14.9t、日本8.5t、中国8.0t、EU6.0tである。これに対し、人口1人当たりの年間CO_2排出量のグローバルな平均は4.7tである[22]。

22　以上のCO_2排出量の値は、各国家の領域内での生産活動、社会活動等によって排出されたCO_2量を表したものである。これに対し、同分析サイトでは、CO_2の排出を伴って生産された製品の輸入量を加味した、消費ベースの排出量データも示されている。消費ベースの排出量では、領域内での生産活動等によって排出されたCO_2量に、輸入品が他国で生産された際に排出されたCO_2量が加えられている。例えば、仮に、日本が、中国で生産された自動車を輸入すると、その自動車の製造工程で排出されたCO_2も中国の排出量ではなく、日本の排出量としてカウントするというデータである。逆に、日本で生産されたものが他国に輸出された場合には、その製造工程で排出されたCO_2量も他国の排出量としてカウントされる。このデータは、製品の製造過程での排出を、消費国の排出量とすることで、各国の生活様式にお

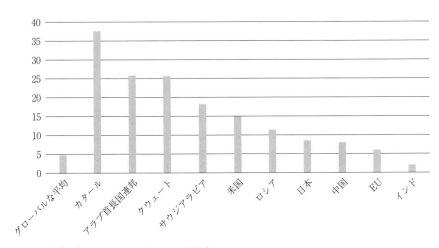

グラフ4　人口1人当たりの年間 CO_2 排出量（2022年）（単位はt）

データの出典：(Ritchie, Rosado & Roser 2023a)

　以上のように、IPCCによれば、現在の急速な地球温暖化は、温室効果ガスの排出という人為的な要因による。また、原因である温室効果ガスの排出に関わってきたのは、一部の国家である。人為的に引き起こされた温暖化によって生活環境が悪化した場合に、引き起こした主体は、その責任を問われる可能性があるだろう。すなわち、地球温暖化を進展させた主体に対し、自然環境・生活環境の悪化という損害への賠償責任を問うことができるかが問題となる。したがって、Ⅳでは、気候変動によって生じている不利益への対応である適応策の支援が、温暖化を進展させたことについての損害賠償として正当化できるか否かを検討したい。

Ⅳ　気候変動適応策を支援すべき根拠2
──原因者負担原則

1　原因者負担原則とその批判

　温室効果ガスの排出量が少ないにもかかわらず、温暖化の悪影響に直面して

ける選択を反映したものとなっているといえる。そして、この消費ベースの排出量比較では、先進国は、一層、多くの CO_2 を排出している（Ritchie 2019）。

いる国家は、温室効果ガスを過去に大量に排出してきた国家に対し、損害賠償として適応策への支援を求めることができるだろうか。損害への賠償責任を問う原理として気候正義の文脈で検討されているのが、原因者負担原則である[23]。原因者負担原則（Contributor-Pays Principle、Polluter-Pays Principle）とは、「ある事象を引き起こした主体は、当該事象による損害について賠償義務を負う」という原理である[24]。原因者負担原則の主張は、一見、分かりやすいが、理論化しようとすると、それほど単純ではない。なぜなら、原因者負担原則については多くの研究がすでに重ねられており、結果として、多くの批判が提起されているからである。原因者負担原則を擁護するには、これまで提起されてきた批判について説得的に応答しなければならない。4つの主な批判について順に説明し、検討する。議論の便宜のため、以下では、温室効果ガスの排出量が少ないにもかかわらず、温暖化の悪影響に直面している国家を「影響国」、工業化を遂げ、その悪影響に対する賠償責任が問われうる国家を「排出国」と呼ぶ

---

[23] 気候変動適応策への支援をめぐって、誰が負担を負うかという観点からは、原因者負担原則、受益者負担原則（Beneficiary-Pays Principle）、能力者負担原則（Ability-to-Pay Principle）の3つが、主な議論の対象となっている（Caney 2006）。受益者負担原則とは、「利益を受けた者は、利益の創出に伴う負担を分かち合う義務を負う」という原理である。原因者負担原則については、温室効果ガスの排出権をめぐる議論においても検討が重ねられてきており（e. g. Neumayer 2000）、多くの疑問点・難点が示されてきた（e.g. Caney 2005; Posner & Sunstein 2008）。このような背景のもと、適応策を支援すべき根拠としても、原因者負担原則に代わるものとして、多くの論者が、受益者負担原則の擁護を様々な形で試みている（e. g. Gosseries 2004; Baatz 2013; Barry & Kirby 2017; 宇佐美＝阿部 2019）。また、原因者負担原則を完全に斥ける論者もいるが、原因者負担原則は、限定的ではあるものの擁護可能であるという立場もあり、後者の観点からは、原因者負担原則を補足し、適応策の支援を根拠づける原理が何かが重要な論題となっており、適応策を根拠づける複数の原理の適切な組み合わせがどのようなものであるかも議論の対象となっている（Heyward 2021）。このような適応策を支援すべき根拠をめぐる論争を網羅的に検討することは本書の目的ではなく、本書での筆者の関心は、適応策への支援は、基本的ニーズを保障すべき義務の1つにとどまるか、それとも、排出国は、基本的ニーズを保障すべき義務以上に、適応策を支援すべき強い義務を負うといえるか否かであり、筆者は限定的ではあるものの、原因者負担原則が成立すると考えるため、本書では、ひとまず原因者負担原則についての考察を示す。
能力者負担原則についても付言しておきたい。能力者負担原則は、支援が過度の負担にならないことを前提に、負担能力がある主体に義務を割り当てることを主張する原理であり、なぜ支援すべきかという支援の根拠をめぐって特定の見解を含んでいるわけではない。支援が義務づけられる根拠については、グローバルな分配的正義の原理や功利主義等、グローバルな再分配の根拠を示す原理による正当化を必要とする。

[24] 環境法の分野においては、原因者負担原則とは「環境汚染の防止コストを汚染者が負うべきである」という原理として説明される（大塚 2020、79-82頁）。気候変動適応策の支援根拠としての原因者負担原則は、防止コストの割り当てをめぐるものではなく、損害の賠償をめぐる原理である。

ことにする。

(1) 因果関係

特定の国家における温室効果ガスの排出行為と地球温暖化の影響であると主張される様々な現象が引き起こした被害との因果関係が、必ずしも明らかではないというのが、1つ目の批判である (Posner & Sunstein 2008, p. 1597)。因果関係が明らかではないという批判には、2つの観点からの議論が含まれる。①地球の気温の上昇とその影響は、1つの国家の温室効果ガス排出行為がもたらしたものではなく、複数の国家の温室効果ガス排出行為の累積的結果である。したがって例えば、バングラデシュでの洪水の原因が米国にあるというように、特定の災害の原因が、特定の国家の温室効果ガス排出行為にあるということはできない。②温暖化に起因すると指摘される自然現象による具体的な被害の要因は実際のところ複合的なもので、現在起こっている様々な被害の原因を地球温暖化そのもののみに帰すことはできない。とりわけ、被害の大きさは、被害を受けている国家の国民の行動や国内政策にも左右される。そのため、現在起こっている具体的な被害の責任を排出国のみに帰すことは適切ではない。

(2) 弁解可能な無知問題

2つ目の批判は、「弁解可能な無知問題（excusable ignorance problem）」と呼ばれるものである (Caney 2005, pp. 761-762; Posner & Sunstein 2008, pp. 1597-1601; Bell 2011)。簡単にまとめると、次のような議論である。過去には、地球温暖化の悪影響について科学的な知見がなく、一般に知られていなかったほか、それがどのようなものか予測することもできなかった。そのため、温室効果ガスを過去に排出した主体には、地球温暖化を引き起こすという意図がなく、また、温暖化を避けなければならないという注意義務があったともいえない。したがって、温室効果ガスの過去の排出行為について責任を問うことはできないという議論である。

地球温暖化研究の始まりは、19世紀の数学や物理学の研究に求められる。CO_2の増加が地球の気温の変化の原因となり、人為的な活動によって生じるCO_2が温暖化をもたらすとの予想を発表した人物として知られるのは、スウェーデンの物理化学者 Svante August Arrhenius である (松野＝野田 2003、50頁)。しかし、温暖化の問題にすぐに注目が集まったわけではなかった。とり

わけ、1940年代から1970年代にかけては、石炭を使った工業化によるエアロゾルの増加や火山爆発の影響で、地球は低温化傾向にあったため、温暖化の問題は人目を引くものではなかった。1980年以降、気温の上昇等の観測発表とともに温暖化が意識されるようになり、温暖化への取り組みは一気に加速する。1985年に、地球温暖化に関する初めての国際会議である「フィラハ会議」が開かれ、1988年に、国連環境計画（UNEP）と世界気象機関（WMO）によって「気候変動に関する政府間パネル（IPCC）」が設置された。IPCC第1次評価報告書が1990年に発表され、1992年に、国連環境開発会議（地球サミット）が開催され、大気中の温室効果ガス濃度を気候システムに対して危険な人為的干渉を及ぼすことにならない水準に安定化させることを究極的な目的とする気候条約が採択された。その後、同条約締約国会議が毎年開催されている（地球環境研究会 2008、22-23頁）。

このように、地球温暖化が対処すべき問題を含むものとして意識され始めたのは1980年代以降のことである。すると、温暖化現象そのものや温暖化の影響について知られていなかった以上、温室効果ガスを排出する主体には温暖化を引き起こすという意図もなく、温暖化を避けなければならないという注意義務があったともいえない。そのため、責任を問い、損害賠償を求めることはできないというのが、2つ目の問題点である。

(3) 世代間正義問題としての適応策支援義務問題1──賠償義務の継承問題

気候変動による悪影響は、温室効果ガスを排出してきた国家が負わせた損害であるという主張を理論化することが困難である理由の1つは、気候変動の原因である温室効果ガスの排出行為とそれによる悪影響が世代をまたいで生じており、適応策を支援すべき義務の正当化が世代間正義の問題であるためである。まず、気候変動による悪影響を受けているのは、現在を生きる個人である。例えば、現在のバングラデシュの国民が、気温の上昇によって、サイクロンの襲来が増え、それによる洪水の被害を受けている。これに対し、現在の悪影響の原因となる温室効果ガスの排出に関わっているのは、工業化した国家の過去の世代の国民である。これまでの温室効果ガスの排出によって、温室効果ガスの濃度が高まった結果、地球の気温が上昇しているわけで、地球温暖化をもたらしているのは産業革命以降の産業活動や生活様式である。すると、気候変動に

よる影響が CO_2 を多く排出してきた国家によって負わされた損害であるという主張は、産業革命を経て、工業化が進んだ先進国の過去の世代が、現在、工業化の途上にある途上国の現在の世代に対して損害を与えているという主張になる。

このような原因行為とその影響が世代をまたいで生じているという複雑な特徴があるために、気候変動適応策への支援は損害賠償であるという議論は、2つの大きな難問に直面する。

1つ目として、過去の世代が行った行為について、なぜ現在の世代がその賠償責任を引き継がなければならないかという問題がある。ひとまず、過去の世代が加害行為を行い、賠償責任を負うことは正当化できるとしよう。そうであるとしても、過去の世代と現在の世代は別人格である。また、温室効果ガスの排出に関わった過去の世代の多くはすでに死去してしまっている。すると、過去の世代の賠償責任を、なぜ現在の世代が引き継ぎ、賠償責任として適応策を支援するための負担を負うかという問題が出てくる（Posner & Sunstein 2008, pp. 1593-1594）。

(4) 世代間正義問題としての適応策支援義務問題 2
——非同一性問題と損害の同定

気候変動適応策を支援すべき義務の正当化が世代間正義の問題であることから生じる2つ目の難問は、Derek Parfit が定式化した「非同一性問題（non-identity problem）」に由来するものである（パーフィット 1998、第 16 章）。非同一性問題とは、現在世代が将来世代の利益に配慮せずに行動する場合と、現在世代が将来世代の利益に配慮して行動した場合に、生まれてくる将来世代集団が同一ではないという問題である。どのような将来世代が生まれてくるかは、現在世代がどのような行動・選択をしたかに依存する。ある男女が結婚して、子どもを授かったとしよう。2人が結婚しなかったならば、その子は生まれてくることはなかっただろう。同じ男女が結婚したとしても、それが数年早かったり、数年遅かったりするならば、子どもを授からなかったかもしれないし、子どもを授かったとしても、「その子」ではなかったかもしれない。実際に授かった子どもと、数年早く、もしくは、数年遅く授かったかもしれない子どもとは、遺伝情報が異なり、生物学的には同一ではないだろう。これを地球温暖化

問題に当てはめて考えてみると、過去の世代が、温暖化に配慮せずに行動・選択した結果、温暖化を進展させたならば生まれてくるはずである将来世代集団と、過去の世代が、温暖化に配慮した行動・選択を採っていたならば生まれてくるはずである将来世代集団は同一ではない。前者の将来世代集団は、過去の世代に対して賠償を求めると想定されるが、過去の世代が、温暖化に配慮した行動・選択を採った場合には、生まれてこないことになるだろう。

非同一性問題が原因者負担原則において問題となるのは、原因者負担原則の主張においては、ある行為があった場合と当該行為がなかった場合を比較して、ある行為があったがゆえに損害が生じたことを示さなければならないが、非同一性問題を前提とすると、温暖化に配慮せずに行動した場合の損害を示すことができなくなってしまうためである。

なぜ損害が同定できなくなるか明らかにしたい。原因者負担原則の主張の素朴で大まかなイメージは次のようなものである。

≪化石燃料の燃焼や森林伐採がこれほどまでに進まず、気温や海水温が上昇しなかったならば、現在ほど、極端な高温日、豪雨、海面水位の上昇、海水の酸性化等、温暖化に起因すると考えられる自然現象もなく、その被害に悩まされることもなかった。温暖化に起因すると考えられる自然現象がもたらす、人命の喪失、疾病、建築物の破壊、不作、不漁等の被害は温暖化による損害である。≫（図２参照）

図２　原因者負担原則の想定：自動車事故の損害との比較

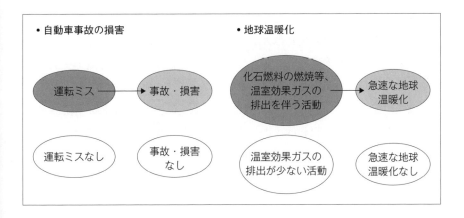

これに対して、非同一性問題は次のような問いを投げかける。原因者負担原則の主張の素朴で大まかなイメージは、過去のある時点から現時点までの時間経過において、温暖化を進展させる行為がなかったならば、現在のような気温の上昇はなく、それが引き起こしている様々な自然現象やその被害もないと想定している。確かに、過去のある時点から現時点までの時間経過において、温暖化を進展させる行為がなかったならば、現在の温暖化の被害はないといえるかもしれない。しかし、過去のある時点から現時点までの時間経過において、個人が現在の状況に実際に至るまでにたどったのとは異なり、温暖化を進展させる行為を含まない仮想的選択肢を積み重ねて現在に至るという想定に依拠するならば、温暖化の進展だけでなく、現状を生み出している他の選択肢の積み重ねもなかったかもしれない。極端な例としては、あなたを含めて、現在、地球に生きる人間集団が、生命を授かることもなかったに違いない。

　このことは損害の同定に大きな困難をもたらしてしまう。なぜなら、過去のある時点から現時点までの時間経過において、温暖化を進展させる行為がなかった場合と現状とを比較して損害を同定しようとするならば、現在、地球に生きる人間集団が存在する場合と存在しない場合を比べなければならないことになるためである。損害の有無を判断するための基準が何かが問題になるが、とりあえず、福利としよう。人間が享受可能な福利が、あるべき想定より小さい状態を損害であると考えるならば、特定の人間集団が存在する状態と存在しない状態の福利は、比べようがなくなってしまう。もしくは、人間集団が存在しない状態を福利がゼロである状態と考えるならば、現在、地球上に存在している人間集団にとっては、自分たち自身が存在する場合と存在しない場合では、自分たち自身が存在する場合の方が、どのような環境のもとに存在しているかにかかわらず、福利が大きいことになり、むしろ、温暖化の進展を伴ったとしても、地球に自分たち自身が存在している場合には、利益が大きいことになってしまう（図3参照）。宇佐美誠と阿部久恵は、特定の人間集団が存在する状態と存在しない状態の福利は、比べようがないという前者の見解を比較不能説、存在しない状態を福利がゼロである状態と考える後者の立場をゼロ福利説として整理している（宇佐美＝阿部 2019、146-149頁; 宇佐美 2011、57-58頁）。

図3 非同一性問題と損害の同定

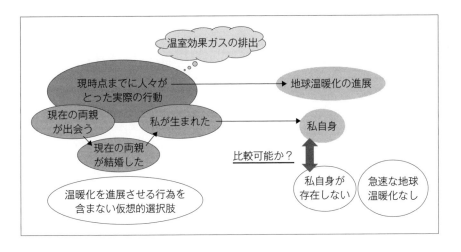

2 原因者負担原則をめぐる批判の検討

　原因者負担原則は、以上の4つの批判に直面している。このため、適応策の支援根拠をめぐって原因者負担原則は成立しないと結論づける論者も多い。しかし、以上の問題点は原因者負担原則を斥ける決定的な批判になるだろうか。以下で、検討したい。

(1) 検討：因果関係

　因果関係をめぐっては、2つの観点からの主張があった。第1に、地球の気温の上昇とその影響は、1つの国家の温室効果ガス排出行為がもたらしたものではなく、複数の国家の温室効果ガス排出行為の累積的結果であるという主張と、第2に、温暖化に起因すると指摘される自然現象による具体的な被害の要因は複合的なもので、地球温暖化のみに原因を帰すことはできないという主張である。

　第1の点からは、温暖化が特定の国家の責任であるとはいえないが、複数の国家の連帯責任か、少なくとも、各国家が温暖化への寄与度に応じた責任を負うということはできるだろう。例えば、複数の企業の工場を汚染源とする大気汚染を考えてみよう。企業Aと企業Bの工場からの煤煙の排出のために、喘息等の呼吸器系疾患が生じたとする。企業A、企業Bそれぞれの排出規模で

は被害をもたらさないが、2つの企業の工場から排出される煤煙が合わさって被害をもたらしたとしよう。この場合、企業Aと企業Bが共に工場を操業させている等、企業活動上の関連性を持つ場合には、共同で責任を負うのが適当であることになり、企業Aと企業Bがそれぞれ独自に工場を操業させているならば、共同で責任を負うとはいえないにしても、少なくとも、寄与度に応じた責任を問うことはできるだろう。

現実の例として、日本の公害訴訟では、四日市ぜんそくをめぐる訴訟（津地四日市支判昭和47年7月24日判時672号30頁）において、複数の企業が1つの生産主体を形成するコンビナートを構成した場合について、共同不法行為債務が連帯債務として成立することが示された。南西風による汚染と北東風による汚染という複数の独立した汚染源が存在した西淀川大気汚染公害第1次訴訟（大阪地判平成3年3月29日判時1383号22頁）では、南西風による汚染源に含まれた複数企業の共同不法行為責任について、南西風による汚染の寄与率を算出し、この寄与率に従って責任を認定した（小島2018）。

第2の点について、確かに地球温暖化の悪影響を受けている国家のなかには、独自の政策のために、その悪影響を軽減させることができなかったり、増幅させてしまったりしている国家もあるだろう。そのような部分についてまで温暖化を進展させた国家に損害の賠償を求めることができるとはいえないが、だからといって、温暖化の進展について温室効果ガス排出国の責任を問うことができないともいえない。独自の政策による被害の拡大については、賠償を相殺すべきだということであって、温室効果ガス排出国の賠償責任そのものが否定されるわけではない。

(2) 検討：弁解可能な無知問題

まず、弁解可能な無知問題について確認すべきは、弁解可能な無知問題の主張は、個人や政府が温暖化とその影響を事実として認識していなかったというものではなく、認識しえなかったというものでなければならない。なぜなら、認識していないだけで責任を免れるというならば、本来、集めるべき情報を集めなかったり、情報は存在していても、聞く耳を持たずに認識していなかったりすることについて本人に帰責できる場合にも責任を問うことができないことになってしまい、不合理だからである。

以上を前提にすると、弁解可能な無知問題による批判は、様々な国際的な取り組みが広まる前については有効であるだろう。しかし、Peter Singer が指摘するように、気候変動への国際的な取り組みが始まった後の CO_2 排出については、弁解可能な無知問題を理由として、原因者負担原則を否定することはできない。前述したように、気候変動への国際的な取り組みは、1980 年代から始まった。具体的な第一歩は、UNEP（国連環境計画）と WMO（世界気象機関）によって、1988 年に、IPCC が設立されたことである。したがって、1980 年代後半には、世界規模での取り組みが始まっており、遅くとも 1990 年以降の排出行為の影響への支援をめぐって、原因者負担原則を、無知問題を理由として斥けることはできないだろう（Singer 2010 [2002], p. 190）[25]。

　このような議論に対しては、1980 年代より前の時代の責任を問い得ないという批判があるかもしれないが、このような批判に対しては次のように応答したい。筆者は、適応策を支援すべき根拠は複数あると考える。その 1 つが、最初に示した基本的ニーズを保障する義務である。したがって、1980 年代より前の時代の排出行為の影響については、基本的ニーズを保障する義務を根拠として、適応策への支援を求めることができると考える。したがって、歴史的な排出の影響について、適応策への支援がまったく正当化できないと主張しているわけではない。筆者の主張は、原因者負担原則の方が損害への賠償を求める点で基本的ニーズを保障する義務よりは強い責任を突きつけるが、その根拠となる排出行為の基準時点は 1980 年代後半～1990 年以降であるというものである。

(3)　検討：賠償義務の継承問題

　賠償義務の継承問題については、2 つの応答を試みたい。第 1 に、筆者が、原因者負担原則を擁護しようとしている範囲では、賠償義務の継承問題は存在していないという応答がありうる。弁解可能な無知問題の検討において、1980 年代後半～1990 年以降の排出行為の影響への支援をめぐって、弁解可能な無知問題を理由として原因者負担原則を斥けることはできないと指摘した。したがって、1980 年代後半～1990 年以降の排出行為の影響をめぐって、賠償義務

---

25 ｜ 弁解可能な無知問題の主張が該当しない理由を示し、1990 年より前の排出についても原因者負担原則を肯定する主張の検討として、(宇佐美 2020、10-13 頁)。

の継承問題が決定的な批判となるか検討しよう。1980年代後半〜1990年以降の排出行為の影響に限定して考えるならば、1980年代後半〜1990年以降に社会を牽引してきた世代（当時の30〜50代）は、2024年現在も多くが存命であり、賠償責任を負うべき主体は存在しているといえる。したがって、賠償責任が継承されるべき理由について説得的な議論があるか否かにかかわらず、賠償責任は存在するというのが1つの応答である。

しかし、以上の応答のみであるとすると、新たな世代が、1980年代後半〜1990年以降、社会を牽引してきた世代の賠償義務を継承するのか否かという問題については明らかではない。例えば、次のような状況を考えてみよう。現在の排出国が、今後、エネルギー源を転換し、CO_2の排出の大幅な削減に成功したとする。すると、削減に成功した世代以降の世代は、自分たち自身の排出行為の責任を問われることはない。しかし、CO_2は長期間にわたって、大気中に残存し続けるため、地球温暖化の影響は、ある時点までは、広がり続ける。新しい世代による、このような状況での適応策支援の根拠は、1980年代後半〜1990年以降、社会を牽引してきた世代の賠償義務の継承に由来するだろうか。それとも、基本的ニーズを保障する義務等、それ以外の理由によるのだろうか。

筆者は、新たな世代が賠償義務を継承すると考える。なぜなら、新たな世代は、過去の世代が生み出した利益を享受しており、利益を享受する以上、過去の世代が生み出した負担も引き受けなければ不公平であるためである。では、どのような点で、現在の世代は、過去の世代が生み出した利益を受けているといえるだろうか。Henry Shueをはじめとして何人かの論者が指摘しているように、筆者も、現在の世代は、過去の世代から特定の具体的利益を受けているというより、社会そのものを受け継いでいると考える。現在の世代が生きる社会そのものが、過去の世代が築いたものである。現在、地球上には、産業革命以来の産業活動によって工業化が進んだ社会とその途上にある社会が存在する。工業化が進んだ社会に生きる個人は、そのような社会に生きる便益を享受するが、その負担も引き受けなければならない。したがって、自社会でも、適応策を推進していく必要があるが、同時に、工業化の途上にありながら、温暖化の影響を受けている社会の適応策を支援する義務があると考える。便益だけの享

受では不公平であるだろう（Shue 2010 [1999], p. 105; 宇佐美 2020、9 頁）。

(4) 検討：非同一性問題に由来する損害同定問題

非同一性問題については、世代間正義の文脈においても、気候正義の問題に特化した文脈でも、様々に検討が重ねられてきた（cf. 宇佐美＝阿部 2019、146-155 頁; 宇佐美 2020、13-17 頁）。ここでは、その詳細な検討に立ち入ることはできないが、ひとまず、非同一性問題に由来する損害同定問題も、1980 年代後半〜1990 年以降の排出行為に対する責任については該当しないことを指摘したい。ここでも、賠償義務の継承問題と同様に、1980 年代後半〜1990 年以降の排出行為の影響をめぐって、非同一性問題に由来する損害同定問題を検討しよう。

1980 年代後半〜1990 年以降の排出行為の影響に限定するならば、非同一性問題に由来する損害同定問題も原因者負担原則に対する決定的な批判にはならない。なぜなら、この基準年より前に生まれ、現在、温暖化の影響を受けつつ生活している人間集団が存在するためである。例えば、1980 年前後に生まれた個人は、2024 年の時点では 40 代である。現在の 40 代、50 代等、1990 年より前に生まれ、現在も CO_2 排出量が少ない国家で生活し、温暖化に起因する被害に直面している世代が、1990 年以降の排出が多い国家の国民で、社会を牽引してきた世代に対し、損害の賠償を問うとしよう。このような設定のもとでは、損害賠償を求めている集団は、原因行為の開始時点である 1990 年ですでにこの世に生を受けているため、1980 年代後半〜1990 年代以降、温暖化の進展を防ぐことが可能な仮想的な選択肢の積み重ねによって時間が経過したという想定のもとでも、人間として存在していないということにはならない。個人が経験する人生は異なったかもしれないが、原因行為の開始時点で、人間としては存在している。したがって、現実の状況と仮想的状況で福利の享受主体である人間集団が異なるという問題は生じない。温暖化の進展を防ぐことが可能な仮想的選択肢の積み重ねによって時間が経過した場合と現状を比較して、現状の方が福利が小さいといえるのではないだろうか。この応答につき、1990 年より前に出生したアレックスという人物を例に図示した図 4 参照。

図4　非同一性問題に由来する損害同定問題の検討

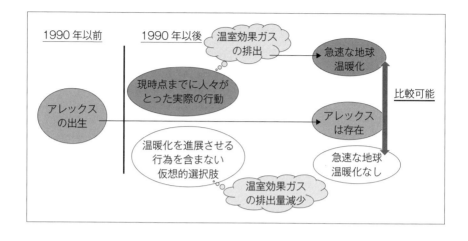

3　小括──原因者負担原則の限定的成立

　原因者負担原則をめぐる4つの批判を検討してきた。以上の議論から、筆者は、4つの批判は、原因者負担原則を完全に斥ける決定的な批判にはならないと考える。しかし、以上の議論からは、原因者負担原則に基づいて、適応策の支援を求めることができる範囲は、限定的であるといえる[26]。弁解可能な無知問題からは、原因者負担原則が成立するのは、1980年代後半〜1990年以降の排出行為の影響についてである。因果関係に関する批判からは、温暖化に伴う被害について、影響国の独自の政策に起因するものがある場合には、賠償は相殺される。

　気候変動適応策を支援すべき根拠についてまとめよう。筆者は、まず、基本的ニーズを保障する義務の1つとして気候変動適応策を支援すべき義務が正当化できると考える。さらに、それだけではなく、限定的にではあっても、原因者負担原則が成立し、排出国は、基本的ニーズを保障すべき義務以上に、気候変動適応策を支援すべき強い義務を負う。

26　宇佐美誠は、先進国国民の責任を検討するにあたって、1990年を境として、歴史的排出と今日的排出に区別している（宇佐美2020、8頁）。このような明快な区別に依拠するならば、本書での原因者負担原則の限定的成立の主張とは、今日的排出について原因者負担原則が成立するというものである。

V 適応策の支援としての気候移住者の受け入れ

　気候移住者の受け入れ義務とは、どのような性格・内容の義務だろうか。前述したように、気候移住者の受け入れには、気候移住希望者が気候変動の悪影響を回避するための支援と影響国が適応策を効果的に進めるための支援という2つの側面がある。排出国が影響国に対する気候移住者の受け入れ義務を果たすためには、この2つの側面や気候変動がもたらす影響に応じて、異なる受け入れ内容の実現が求められることを指摘したい。

1　気候移住希望者への適応支援

　まず、気候移住者の受け入れは、何よりも気候移住希望者への適応支援となる。とりわけ以下の場合には、気候変動の悪影響を他国への移住によってしか回避することができず、もしくは、他国による気候移住者の受け入れこそが悪影響を回避するための最も適切な手段であり、排出国は気候移住者を受け入れるべき強い義務を負うといえるだろう。

　第1に、現在の国土では、生活・生存が立ち行かないという場合がある。例えば、海面水位の上昇に直面している小島嶼国の国土が実際に水没する、もしくは、近い将来、水没することが疑い得ないという状況である。前述したように、島の地下にある淡水レンズから汲み上げた水を生活用水としている小島嶼国では、水没の可能性だけでなく、地下水の塩水化によっても生活が継続できなくなる可能性が指摘されており（McAdam 2012, p. 131）、このような地下水の塩水化によって、生活が継続できないという状況もありうる。浸水や塩水化を防ぐための国内的政策や国際的支援には限界があるという状況も、このような場合に含まれる[27]。

　また、現在の国土で生活の継続が困難であるという状況については、さらに

---

[27] IPCCは、第6次評価報告書において、2015年以降のCO_2の排出量の変化のシナリオを5つ挙げ、シナリオごとに温暖化の様々な影響を予測している。それによるならば、2100年頃にCO_2排出量が現在の3倍を超える「非常に多いシナリオ」のもとでは、2100年までに海面水位の上昇は0.63～1.01 m、ただし、2 mに迫る可能性も否定できないとされている。これに対し、2100年までにCO_2排出量がマイナスになる「非常に少ないシナリオ」のもとでも、0.28～0.55 mとされている（IPCC 2021, pp. 13-15, 21-22）。

2つの場合を考えることができる。たとえ少数であっても、もはや生活の継続が困難であるという場合と一定規模の国民が生活を継続することは可能であるが、すべての国民が生活を継続させることはできないという場合である。前述したように、キリバスやツバルでは、人口の急激な増加が、気候変動の影響と相まって、失業やもともと脆弱な生活インフラの一層の脆弱化の原因となっており、現在、試みられている適応策によって、増えつつある人口規模に十分に対応できるかは明らかではない。国内的な適応策が一定程度成功したとしても、一定の人口規模の移住が不可避である可能性がある。

　生活が継続不可能であることを理由とする受け入れは、自国の領域に留まることができないという点で、国際的な移動の形としては難民保護に近い。難民保護義務とは、個人を生命への権利をはじめとする基本的人権が脅かされかねない国家・地域への送還を禁止し、新たな国家において安定的な生活を築くことが可能であるよう支援することである。自国での生活が継続不可能である場合も同様に、気候移住者の受け入れ義務として、送還禁止義務や生活支援義務を負うといえるだろう。

　第2に、海面水位の上昇による水没等、気候移住者の受け入れによってしか、気候変動に伴う悪影響を回避できないという状況が将来的な可能性にとどまっているとしても、国際社会が、温室効果ガスの排出を削減する目途が立たず、将来的な被害の見通しが不透明な場合である。現在のところ、地球温暖化が進展し、すでに様々な被害をもたらしており、将来的にも様々な被害をもたらす可能性があることは確かであるとしても、今後、それがどの程度進展するか、どの時点で温室効果ガスの排出ピークを迎えるのか明らかではない。CO_2排出削減の目途が立たない状況は、温暖化の影響を大きく受ける国家に居住する個人に対し、人生や生活の将来的な見通しを不透明にしている。現時点では、生活可能で、今日明日というタイミングで移住する必要がないことは明らかであるとしても、その状況がいつまで続くのか分からない。このような状況も、安定的な生活を築くことができる社会で受け入れることによってしか賠償できない。このような観点からは、気候移住者の受け入れによってしか、気候変動に伴う悪影響を回避できない可能性がある国家の国民に対し、生活が立ち行かなくなる前から、移住の機会を開く義務があるといえる。もちろん、筆者の見

解は、移住希望者に対して、移住の機会を設けるべきであるということであって、強制的に移住させるべきであるというものではない。

2　影響国・影響国での生活を希望する国民への支援

次に、気候移住者の国際的な受け入れは、気候変動の影響を受ける国家の国内的な適応策実施の支援としての側面も持ち、同国で継続的に生活することを希望する国民にとっても適応策への支援に相当する。このような観点からは、国内的な適応策によって温暖化の悪影響を回避できる可能性がある場合でも、適応策をより効果的に実現することを可能にするために、一定の規模で、移住の機会を開くことが求められる。影響国が国内的な適応策を実施するための支援は、影響国の国民の自決権（政治的地位を自由に決定し、経済的・社会的・文化的発展を自由に追求する権利）の保障にも繋がる[28]。

3　「尊厳ある移民」

最後に、以上の受け入れが、単に、法制度上、居住を可能にすることだけでなく、影響国の国民が新たな生活を築くための支援を含むべきことを付け加えたい。2003 年から 2016 年までキリバスの大統領を務め、地球温暖化の同国への影響を国際社会に強く訴えてきた Anote Tong は、「尊厳ある移民（migration with dignity）」という印象的な構想を提唱してきた。2014 年の国連総会でのTongによる一般討論演説によれば、「尊厳ある移民」戦略とは、他国への移住を念頭に置いた、国民への教育・訓練投資である[29]。多くのキリバス国民にとって希望の受け入れ先である、オーストラリアやニュージーランド等における職業資格を得るための教育・訓練の提供や同 2 か国との間の移民受け入れ協定等が、「尊厳ある移民」政策として実践的には理解されている。「尊厳ある移民」という概念には、キリバス国民の国際的移住を念頭に、移住後に、新たな社会において不安定な状況に置かれるのではなく、安定的な生活を築くことが可能であること、新たな社会において、社会の隅に追いやられるのではなく、

---

[28] 気候変動をめぐって、影響国の国民の自決権保障の重要性を指摘する議論として、（阿部 2018、128-137 頁）。

[29] Statement by H.E President Anote Tong, 69th UNGA, New York, 26 September, 2014〈https://www.un.org/en/ga/69/meetings/gadebate/pdf/KI_en.pdf〉.

対等なメンバーとして歓迎されること、希望を持って自発的に移住すること等の意味が込められている。気候移住者の受け入れが、原因者負担原則に基づいて損害賠償としても正当化される以上、移住者が満足のいく新たな生活を築くことができなければ、排出国は、賠償義務を果たすことができたとはいえず、影響国の国民が新天地での生活を築くための支援も、受け入れ義務に含まれなければならないだろう。

VI　批判と応答

　最後に、本章の議論に対して提起されうる疑問に応答し、本章の議論を明確化したい。本章の議論に対しては、適応策の支援が、基本的ニーズの保障のみではなく、原因者負担原則を加えた形で正当化されることの含意は何かという疑問がありうる。基本的ニーズの保障のみによって正当化される場合とそれに原因者負担原則を加えた形で正当化される場合の違いは何だろうか。筆者は、支援の負担を負う主体が異なりうると考えている。基本的ニーズの保障のみによって正当化される場合には、経済的に余裕がある国家が支援責任を負うことになるだろうが、原因者負担原則を加えた形で正当化される場合には、CO_2を過去に多く排出してきた国家（本章の議論では、1980年代後半〜1990年以降、CO_2を多く排出してきた国家）が、より大きな支援責任を負うことになる。

VII　おわりに

　本章では、近年広がりつつある気候変動に基づく移住の受け入れ義務について考察した。本書の探求の旅もそろそろ終わりに近づいている。終章では、ここまでの議論をまとめ、その先の展望へ話を進めたい。

| 終章 | 総括 |

本書では、現代正義論におけるリベラリズムが、国境を越えた人の移動・移住をどのように理解・評価し、国家に対してどのような入国在留管理政策を求めるのかを探求することを主題として、ここまで論じてきた。終章として議論を総括し、もう少し先へ考察を進めたい。

I 本書の理論的総括

1 総括

現代リベラリズムの諸構想が、国境を越えた人の移動・移住を論じる際の考慮は、個人の自由・自律に関する考慮とグローバルな資源・機会の分配に関する考慮の2つに大別できる。第1部（第2章〜第4章）では、個人の自由・自律に関する考慮に基づく議論をめぐる論争点を考察した。

個人の自由・自律に関する考慮に基づく議論のうち、とりわけ大きな論争を呼んでいるのが国境を越えた移動・移住の自由の人権性である。第2章で、国境を越えた移動・移住の自由の人権性を検討した。国内的な移動の自由や居住移転の自由を拡張し、国境を越えて移動・移住する自由を承認すべきであるというJoseph Carensの見解に対して、人権とは、個人が自律的存在として生きるために必要な利益を保障するものであるという人権の根拠を補い、国境を越えた移動・移住の自由の人権性を明らかにした。そのうえで、この立場に向けられた疑問・批判について検討した。

第3章では、人生の選択肢へのアクセスの自由の保障を根拠として国境を越えた移住の自由の保障を主張するKieran Obermanの議論を検討し、Obermanの議論を、国家は、国境を越えた移住の自由の制約によって、人生の選択肢へのアクセスを阻んではならないことを主張するものとして理解する可能

性を示すとともに、利用可能な選択肢が増加・多様化するならば、個人の自律的な人生は、より一層充実したものになるという点も、国境を越えた移住の自由の保障根拠になることを明らかにした。

以上の見解からは、国境を越えた移動・移住が原則として自由であるべきだということになる。第4章で示したように、この立場からは、国境を越えた移動・移住の自由の制約も、他の人権の制約と同様に、比例原則に基づかなければならないという主張を導くことができる。また、以上の見解からは、受け入れ国への貢献可能性による選別的な受け入れは支持できないことになる。

第2部（第5章～第6章）では、現代リベラリズムの諸構想が、国境を越えた人の移動・移住を論じる際の2つの考慮のうち、グローバルな資源・機会の分配に関する考慮に基づく議論を考察した。第5章では、地球上の陸地や天然資源等の自然物が人類の共有であるという見地から、個人が国境を越えた移動・移住の自由を有することを主張する議論を考察した。地球上の自然物が人類の共有であるという主張からは、個人は自然物が持つ価値を等しく享受できなければならないという論理と誰もが地球上の自然物の利用権を持つという論理の2つが展開可能であり、それぞれの議論が、個人の一定の移動・移住の自由を基礎づけることを示した。第6章では、先進国における移住労働者の受け入れをグローバルな再分配の構想とする国際協力ビザの可能性を検討した。グローバルな再分配を目的とした移住労働者受け入れへの懐疑論を批判的に考察し、移住労働者の受け入れ拡大は、長期的な開発を促進するものというよりも、現在の貧困の緩和・削減を目指すもの、もしくは地域的な開発が困難な場合の次善の構想として提案できることを明らかにした。

第1部と第2部の議論からは、国境を越えた移動・移住を自由化する仕組みが望ましいということになるが、他方で、現在の国際社会は、国境を越えた移動・移住の自由化を簡単に進められる状況にはない。第3部（第7章～第9章）では、消極的移動・移住の受け入れ義務の根拠と関連する問題について検討した。

第7章では、難民保護が主権国家の併存によって成り立つ国際的秩序のあり方に由来する義務であると位置づけるDavid Owenの議論を補強し、自国において基本的人権保障を受けることができない個人の受け入れという意味におけ

る難民保護が、諸国家による国籍付与および入国在留管理を通した強制力の行使の正統性の条件として理解することができることを明らかにした。

　第8章では、国家による旅客輸送業者への制裁を「隠れた強制」という概念で問題化するTendayi Bloom & Verena Risseの議論の検討を通じて、国家による旅客輸送業者への制裁を正当化可能な条件について考察した。第1の条件として、旅客輸送業者への制裁と難民自身の移動の両立、第2の条件として、新たな形の第三国定住制度の構築を挙げた。

　第9章では、地球温暖化の影響を原因とする国際的移住の受け入れを気候変動適応策への支援の1つと位置づけ、気候移住者の受け入れ義務について検討した。気候変動適応策を支援すべき根拠として、基本的ニーズの保障論と原因者負担原則を挙げたうえで、原因者負担原則をめぐる気候正義論上の批判を考察し、同原則が、限定的にではあるが、擁護できることを示した。そのうえで、気候移住者の受け入れには、気候移住希望者が気候変動の悪影響を回避するための支援と影響国が適応策を効果的に進めるための支援という2つの側面があり、排出国が影響国に対する気候移住者の受け入れ義務を果たすためには、この2つの側面や気候変動がもたらす影響に応じて異なる受け入れ内容の実現が求められることを指摘した。

2　公平に開かれた国境政策

　リベラリズムから擁護できる入国在留管理政策の理念は、Carensが掲げた「開放的国境政策」のほか、Veit Baderによる「公平に開かれた国境政策（fairly open borders）」、Seyla Benhabibによる「入国しやすい国境政策（porous borders）」等、様々な語で示されてきた。これらに対し、筆者は、本書の議論を「公平に開かれた国境政策（fairly opened borders）」と呼びたい。

　「公平に開かれた国境政策」という語は、Baderの概念である"fairly open borders"（Bader 2005）に由来する。Baderの議論は、国境を越えた移動の自由論やグローバルな再分配を理由とした外国人の受け入れ拡大の議論を基調としつつも、入国在留管理が正当化される根拠も挙げ、具体的な状況を考慮した、個々の文脈における判断の重要性を主張するものである。Baderは、グローバルな再分配の観点から、グローバルな貧困削減のための対策が実効的に実現す

るまでの間、また、先進国が、そのための国際的な責務に応えるまでの間、先進国は国境を閉鎖する権利を持たないと主張し（Bader 2005, pp. 341-342）、現在の先進国はグローバルな再分配の義務を果たしていないとしており（Bader 2005, pp. 353-354）、このような観点からの外国人受け入れ拡大の主張を"fairly open borders"という語に込めていると考えられる。

　筆者は、2つの点から、本書での議論が「公平に開かれた国境政策」という概念に相応しいと考え、この語を用いる。第1に、国境を越えた移動・移住の自由が人権であるという理解に基づき、入国の自由・在留の自由の制約については制約目的や制約手段が比例原則を満たすことを主張するという点で、本書の主張は、差別的考慮や政治的考慮を排した入国在留管理政策を求める。第2に、個々の国家における社会制度や生活環境を築き、維持しているのはその国民・住民であり、このような観点から、国家の入国在留管理政策の権限そのものは正当なものであるとし、国境を越えた移動・移住の自由に対する政策的制約も一定の場合には許容する。この点で、受け入れ国の国民・住民と外国人の間の利益のバランスに配慮している。

II　国際的な難民保護制度の規範的意義とその方向性

　以上の法哲学的議論から、現在の人の移動をめぐる国際的な体制をどのように理解・評価することができるだろうか。現在の人の移動をめぐる国際的な体制の特徴の1つは、移民と難民の区別のもと、一定の難民受け入れ制度が国際的に共有されていることにある。現在の国際的な難民保護体制は、19世紀末以降、欧米社会において外国人に対する入国在留管理が一般化し、危難の回避を目的とした移動・移住の受け入れが政治問題化する中で発展してきた。ノルウェーの探検家で、国際連盟において戦争捕虜帰還の任にあたっていたFridtjof Nansenが、ロシア難民高等弁務官として、ロシア革命および続く内戦によって国外に流出したロシア難民の対応にあたったことに始まり、1933年の「難民の国際的地位に関する条約（Convention Relating to the International Status of Refugees）」の締結等を経て、1950年に、UNHCR（国連難民高等弁務官事務所）が発足し、1951年に「難民の地位に関する条約（Convention Relating to the

Status of Refugees)」が結ばれ、同条約および同条約の地理的・時間的制約を撤廃した 1967 年「難民の地位に関する議定書」を中心とする難民保護体制が発展してきた[1]。

本書を締めくくるにあたって、その規範的意義と進むべき方向性について考察してみたい。

1　現在の国際的な難民保護制度の規範的意義

本書のこれまでの議論から、現在の国際的な難民保護制度の規範的意義は、どのような点にあるといえるだろうか。

本書は、第 2 章で、国境を越えた移動・移住の自由の人権性を擁護し、外国人の入国・在留が自由であることが入国在留管理の基本的原則であるべきという見解を支持した。この議論は、実現を制約する条件がない状態における制度のあり方やその原理を明らかにする理想理論である。理想理論の意義は複数あるが、その1つは、不正実践の中でも早急に改善すべき最も緊急性の高い実践が何かを示すことである。現在の国際社会の状況は、公平に開かれた国境政策論が考える「正義」の具体的内容からは、大きくかけ離れている。なかでも、かけ離れている度合いが大きいのは、切迫した理由に基づく移動・移住を取り巻く状況であり、このような理由に基づく移動・移住の確実な保護が、現在の国際社会において、早急に改善すべき最も緊急性の高い実践であることには疑いがない。したがって、現在の国際社会において、移民と難民を区別し、難民保護を国際的に制度化することの意義は、早急に改善すべき最も緊急性の高い実践としての難民保護の実現を図る点にある。

また、第 7 章では、主権国家秩序の正統性を確保するために、基本的人権保障を受けることができない個人の受け入れ制度の構築が求められることを主張した。現在の国際的な難民保護制度は、生命への権利や身体の自由をはじめとして基本的人権の中でも、それなくしては他の人権の保障は成り立たないという人権の中核的内容の普遍的保障を試みるものであり、主権国家秩序の最低限の正統性を確保するものであるといえるだろう。

---

1 | 難民保護の国際的な制度化の流れについて、(舘 2014; 柄谷 2014)。

2 移民と難民の共通性に着目したアプローチへ

　以上の議論を踏まえたうえで、もう少し重ねるべき考察がある[2]。難民の移動とは、積極的移動と消極的移動という区別に基づくならば、消極的移動の中でも緊急性が高いものであるが、積極的移動と消極的移動をめぐっては、積極的移動の自由が保障されるならば、消極的移動の自由も保障されるという関係がある。以下の点からは、緊急性の高い移動・移住を保護する重要性を考えればこそ、緊急性の高い移動・移住の受け入れのみに焦点を合わせた仕組みの構築ではなく、積極的移動・移住についてもより自由化されることが望ましいようにみえる。

　第1に、より開かれた入国在留管理政策は、難民性がある個人の国外への安全な移動を可能にする。第8章で示したように、国家による旅客輸送業者への制裁は、渡航先での正規の滞在資格が得られなかった場合の移動を極めて困難にしている。このことが、国際的な移動過程での多数の落命の直接間接の原因であることを否定することはできないだろう。第8章においても、国家による旅客輸送業者への制裁を正当化可能な条件の1つは人道的ビザの発給や査証免除協定の拡大にあることを指摘したが、より開かれた入国在留管理政策のもとで、個人が正規の滞在資格を簡単に得ることができる、もしくは滞在資格の取得が免除されるならば、難民性がある個人は安全に移動することができるようになる。

　第2に、入国在留管理政策がより開かれており、様々な資格によって移動・移住が可能であるならば、難民性がある個人が、難民以外の資格であっても、移動・移住することが可能になる。誤解を恐れずに述べるならば、難民性がある個人が、常に難民認定に基づいて滞在資格を得なければならないわけではない。難民性がある個人にとって最も重要なことは、生命や基本的自由への脅威

---

[2] 以下の考察は、国際法学者であるSatvinder Jussの問題提起に示唆を受けている。Jussは、2006年に出版された著書の中で、難民条約・議定書による難民保護について、難民条約・議定書上の難民と同様の窮状にありつつも、迫害のおそれを保護の根拠とする難民条約・議定書によっては保護を受けることができない個人が多く存在していることを指摘し、国際法上、国境を越えた移動・移住の自由を保障し、受け入れ国が外国人を対象とした受け入れ政策一般を改善することによって、移民・難民を問わず国際的な移住を可能にすることが、広義の「難民」の保護を可能にするという見解を示した（Juss 2006, Chap. 7）。この議論は今から約20年前のものであり、Jussが指摘する問題状況は補完的保護制度の発展によって解決されている部分もあるといえるが、現在の文脈においても振り返る意義があるだろう。

が生じうる国家・地域に送還されることを避け、別の土地で安定的に生活を築くことが可能であることである。難民認定を受けることそのものに意味があるわけではない。もちろん、難民保護制度は、難民に対する送還禁止や難民の諸権利を制度化するという点でも、生命や自由が脅威にさらされるおそれがあるということのみによってしか受け入れを求めることができない状況にある個人の国際的保護を制度化するという点でも、現在の国際社会にとって欠くことができない極めて重要な制度である。しかし、より開かれた入国在留管理政策のもと、個人が様々な資格で国際的に移動・移住することができるのならば、難民性がある個人の国際的な移動・移住の可能性が広がる。

　第3に、より開かれた入国在留管理政策のもとでは、「濫用的申請」と呼ばれるような、難民性がない個人が難民認定審査制度を利用するインセンティブを下げることができる。国際的な社会的経済的格差が著しく、国際的な移動・移住のインセンティブが大きいにもかかわらず、正規の移動・移住の可能性が閉ざされている場合、難民性がなかったとしても、難民認定審査制度を利用し、国外に滞在し、就労するインセンティブを生む。なぜなら、難民性がなかったとしても、正式な審査を経て、そのことが確定するまでの間、滞在し、場合によっては、就労することも可能になるためである。しかし、このような難民認定審査制度の利用が増えるならば、難民認定審査には一層の時間・人員を要することになり、難民性がある個人を迅速に保護することができなくなっていく。

　以上の点からは、緊急性の高い移動・移住を保護する重要性を考えるならばこそ、緊急性の高い移動・移住の受け入れのみに焦点を合わせた仕組みの構築ではなく、積極的移動・移住についても自由度を高めることが望ましい。もちろん、ここで言う積極的移動・移住の自由度の向上とは、移動・移住希望者が国際的な移動・移住のためのビザの申請等の手続きを自ら在外公館で行う場合に、移動・移住することを可能にするという意味での自由化にはとどまらず、公的機関を介して就労の斡旋等が行われる就労プログラムによる受け入れの拡大も含まれる。

　そして、消極的移動・移住の受け入れを重視するという観点からは、国境を越えた移動・移住がより自由化されたうえで、特定の条約や法制度における難民の定義に該当するか否かにかかわらず、外国人が在留資格を持たず、退去強

制の対象になる場合には、当該外国人が退去先において直面する状況を考慮し、生命や自由の脅威に直面するリスクがある場合には、追放・送還を控えるという対応が必要である。

移民と難民の共通性に着目するアプローチとして、現実の文書では、2016年に国連総会で採択された「難民と移民のためのニューヨーク宣言」を挙げることができる。同宣言は、移動者の規模、経済的社会的地理的文脈、受け入れ国の対応力、突然の移動もしくは長期化する移動の効果等の考慮を反映した「大規模移動（large movements）」という概念を提示し、大規模移動の文脈において、難民と移民が共通の課題に直面し、同様の脆弱性を有する（6条）と指摘する。そして、難民と移民が同一の普遍的人権と基本的自由を有する（5条・6条）と謳うことで、特定の法制度において移民であるか難民であるかにかかわらず、移動者に対する共通の人権の保障を求めている。同宣言のコミットメントは、①難民と移民に共通して適用される項目、②移民へのコミットメント、③難民へのコミットメントの3つに分かれており、個人が国境においてノン・ルフールマン原則に反して帰されないことを承認するという内容は、難民と移民とに共通して適用される項目として記載されている（24条）。

佐藤滋之は、以上の内容から、同宣言が、移民と難民とを区別する従来の立場を乗り越えることを意図した新しいアプローチへと向かうものであり、第2次世界大戦後の世界情勢において歴史的には立ち消えてしまった人の国際的な移動の包括的な管理というアプローチの再評価が求められる可能性があると指摘している（佐藤滋之 2020、40頁）[3]。

本書が論じてきた国境を越えた移動・移住の自由の人権性という点からも、

---

[3] 現在の難民保護体制が形成される過程では、国際機関のあり方としても、人の国際的移動をめぐる課題に包括的に対応することを任務とする組織の創設を目指す政治的な動きがあった。具体的には、1919年に創設され、労働者の権利保護を任務としたILO（国際労働機関）は、第2次世界大戦後、ヨーロッパからの人の移動という課題に包括的に対処するため、国際的な体制を構築することを構想していた。ところが、米国がILOの組織的拡大を警戒し、ILO移民事務局と移民支援基金の設置というILOの組織改革案は斥けられてしまった。ヨーロッパからの人の移動をめぐっては、現在のIOM（国際移住機関）の前身である、PICMME（ヨーロッパからの移住のための政府間暫定委員会）が1951年に創設され、移住者の輸送に特化した支援を担い、ILOは、国外移住者の労働者としての権利保護に関与していくことになった（柄谷 2014）。今日の国際社会では、人の国際的移動の課題全般を任務とする単一の国際組織は存在せず、複数の国際組織の任務や対応および多様な国際法規範が重なる形で「グローバル移動レジーム（Global Migration Regime, Global Mobility Regime）」と呼ぶべき秩序が形成されている。

そして、緊急性の高い消極的移動・移住の受け入れを重視するという点からも、消極的移動・移住の受け入れのみに焦点を合わせた仕組みの構築ではなく、積極的移動・移住についてもより自由度が高いことが好ましく、このような新しいアプローチの進展が望まれる。

あとがき

　国境を越えた人の移動・移住という現象をどのように理解すべきだろうか、そして、国家の外国人に対する入国在留管理政策はどのようであるべきだろうか。

　このような疑問に始まり、紆余曲折しながらも積み重ねてきた研究成果が本書である。本書の規範的考察の思想資源は、西欧近代立憲主義を支えてきた法思想・政治思想としてのリベラリズムを中心とする英語圏の現代正義論であり、本書の回答は、リベラリズムの移民・難民政策観、もしくは、リベラリズムの国際関係観の1つとして理解できると考えているが、リベラリズムによって移民・難民政策や国際関係を語ることの是非については大きな論争があるところであり、読者のご批判を乞いたい。

　本書の企画は、私が東京大学大学院法学政治学研究科に博士論文を提出した直後に始まった。指導教授である井上達夫先生から、博士論文の論述を加筆・修正する形で拡大し、「移民」を主たるテーマとして単著をまとめたらどうかというご提案を頂いた。博士号を取得した後、就職、異動、結婚、出産と目まぐるしく生活環境の変化が続き、10年以上経って、やっと形にすることができた。

　本書が完成するまでには、多くの方々にお世話になった。

　まず、井上達夫先生にお礼を申し上げたい。井上先生は、私が慶應義塾大学法学部の学生であった時に、同学部にて法理学の講義を非常勤でご担当されており、私は、井上先生の講義を聴いたことがきっかけで、法哲学研究の道に進むことになった。井上先生は私に多くの機会を与えてくださるとともに、不出来な弟子の学問的成長を温かく見守ってくださった。井上先生が、東京大学ご在職中最後に移民・難民をテーマとして科研費を取得し、共同研究の場を作ってくださったことは、本書執筆の強い追い風となった。

　井上門下の先輩・後輩諸氏にも、お礼を申し上げたい。研究会や懇親会の場で毎回頂く根本的な批判や鋭いコメントにはまともに応えられた試しがないが、先輩・後輩諸氏の忍耐強い批判やコメントなしには、私の研究の進展はなかっ

た。本書が、論ずべき課題を少しでも意味のある形で論じることができているとするならば、先輩・後輩諸氏のお陰である。

　本書が刊行される 2025 年、日本法哲学会は、移民・難民を統一テーマとして学術大会を開催する。この大会の企画委員を私に任せてくださった、日本法哲学会理事会の諸先生方および同大会の大会委員長である静岡大学学術院人文社会科学領域法学系列横濱竜也教授にも感謝したい。企画の過程での度重なる議論や国内外の様々な研究成果に対する意見交換は、学会企画だけでなく、本書にも反映されている。この大会企画も本書執筆の追い風となった。

　国立社会保障・人口問題研究所の宮井健志さんは、本書の草稿に多くのコメントを寄せてくださった。法哲学・政治哲学的な批判から、議論や制度の理解、全体的な構成、関連する研究の動向に至るまで、宮井さんとの約 4 時間に及ぶ議論からは多くを学ばせていただいた。その後の修正の過程で、宮井さんから頂いたコメントのすべてに応えることができたわけではない。本書で論じることができなかった学術的内容については、今後の研究課題としていきたい。

　本書の編集を担当された弘文堂の北川陽子さんは、本書の出版について突然連絡した私に直接会うために成城大学を訪れ、その後も、校正刷りを手渡しに来てくださった。本書の文章が読みやすいものになるよう多くの示唆をし、また、労を惜しまず、文献情報の細やかなチェックもしてくださった。北川さんのご指摘によって、参考文献を改めてチェックし、学んだことも多かった。本書が少しでも読みやすいものになっているとするならば、北川さんのお陰である。

　本書は、弘文堂の法哲学叢書の 1 冊として刊行される。移民・難民の受け入れをめぐる課題は、法哲学においてそれほど強い関心を集めてきたものであるとは言い難い。そのような中で、本書を歴史あるシリーズの 1 冊に加えていただくことについては大変光栄であるとともに、身の引き締まる思いである。本書がうまく捉えることができていない課題や論証が足りない部分、新たに生じている課題について研究を進める責任を感じるとともに、本書を契機として法哲学・政治哲学分野での移民・難民研究が発展していくことを願っている。

　成城大学法学部の同僚の先生方には、研究・教育活動と子育ての両立という点で多くの温かいお気遣いを頂いている。子どもたちが体調を崩して、会議や

入試業務に出席できないときにはとても申し訳ない気持ちになるが、その後お会いすると、先生方が「お子さん大丈夫だった？」と声をかけてくださることが、とても嬉しく心温まる。先生方が陰になり日向になりご配慮くださっているお陰で、我が家の子育てと私の研究・教育活動はどうにか成り立っている。子どもたちの成長とともに、私も徐々に学内業務をこなすことができるようになっており、私よりも後に子どもが生まれた先生方のサポートに回っていきたい。

最後に、家族にも感謝したい。本書の執筆作業は、2人の子どもたちを出産し、下の子が3歳を過ぎた頃から実質的に始まった。当時、子どもたちは、私が食事を作っていれば台所にやって来て、パソコンで原稿を書いていれば、その横にやって来て、その周りをおもちゃや絵本でいっぱいにし、積み重なった研究書や資料の間には子どもたちが描いた絵が挟まれているという状況だった。それから数年を経て、子どもたちは小学生になり、私が研究書を読んだり、パソコンで原稿を書いたりしている横で、学校の宿題をしたり市販の学習教材で勉強したりするようになった。それとともに、私が印刷した草稿の余白や裏面は、絵ではなく、漢字の書き取りや算数の問題の解法で埋まるようになった。執筆がうまく進まずイライラする母を許容し、母がオンラインの会議や研究会に出席する横で、2人仲良く遊んだり、気が向くと洗濯物をたたんでいてくれたりする子どもたちに感謝したい。毎晩、寝る前には「お仕事頑張ってね」と欠かさず声をかけてくれて、どうもありがとう。

本書を脱稿して間もない日の夕方、子どもたちと夕食をとっていると、ある国家から職を求めて国外に移住する人が増えているという内容を、あるニュース番組が取り上げていた。このニュースには、その国家の労働市場のあり方、今後経済成長が見込まれる地域の変化、国家間の政治的関係等、様々な側面があり、子どもたちがその詳細まで理解したわけではないが、ニュースを聞いた一方の子が次のような感想をもらした。

「それはダメなの？」

この言葉は、「人が職を求めて国外に移住することに問題があるのか」、という意味である。もし、もう少し成長した後にこの疑問を思い出す日があるとす

るならば、その頃には本書の内容はすっかり色褪せているかもしれないのだけれども、本書を手に取って、母が思考をめぐらせた道をたどってみてほしい。

私と同様に研究者である夫は多忙だが、夫なりに私の研究・教育活動をサポートしてくれている。私が週末や夜の研究会に出られるよう、仕事の日程の調整をしてくれてありがとう。

最後に、このような研究と子育ての両立をサポートしてくれる両親にも感謝したい。子どもたちは乳幼児だった頃には体調を崩すことも多く、私が大学にいる間、父も母も、子どもたちとよく家で留守番をしてくれた。いつも気にかけてくれてどうもありがとう。

本書を最愛の子どもたちと、仕事と子育ての両立が楽しくも大変でもあった日々の思い出に捧げる。

*本書は、以下の研究費による研究成果の一部である。
- 平成30〜31年度成城大学特別研究費「国籍格差と移民の正義」
- 令和2〜3年度成城大学特別研究費「なぜ難民を保護すべきか——難民の正義論をめぐる検討」
- 令和4〜5年度成城大学特別研究費「なぜ気候移住者を受け入れるべきか——気候正義と移民・難民」
- 令和6〜7年度成城大学特別研究費「難民保護の法哲学」

参考文献

・参考文献は、(著者名　発行年：ページ数) で表示している。
・掲記した URL の最終アクセス日は、すべて 2024 年 12 月 3 日である。

〈日本語文献〉

浅川晃広　2016、『オーストラリア移民法解説』日本評論社。
芦部信喜　2023、『憲法〔第 8 版〕』高橋和之補訂、岩波書店。
阿部浩己　2017、「グローバル化する国境管理」『世界法年報』37 号 38-62 頁。
────　2018、『国際法を物語る Ⅰ ── 国際法なくば立たず』朝陽会。
────　2019、『国際法を物語る Ⅱ ── 国家の万華鏡』朝陽会。
────　2021、『国際法を物語る Ⅳ ── 難民の保護と平和の構想』朝陽会。
安藤由香里　2022、『ノン・ルフルマン原則と外国人の退去強制 ── マクリーン事件「特別の条約」の役割』信山社。
────　2023、「送還停止効の例外・送還忌避罪とノン・ルフールマン原則」『法と民主主義』579 号 13-15 頁。
────　2024、「送り返してはいけない？ ── ノン・ルフールマン原則」安藤由香里＝小坂田裕子＝北村泰三＝中坂恵美子『開かれた入管・難民法をめざして ── 入管法「改正」の問題点』日本評論社、39-54 頁。
安念潤司　1993、「『外国人の人権』再考」芦部信喜先生古稀祝賀『現代立憲主義の展開(上)』有斐閣、163-181 頁。
石川義孝　2005、「日本の国際人口移動の転換点」同編著『アジア太平洋地域の人口移動』明石書店、327-351 頁。
石口修　2016、「私道の所有権と人格権としての通行権との相克 ── 解釈規範としての判例法理の位置づけ(1)」『愛知大学法学部法経論集』209 号 121-177 頁。
────　2019、「私道の所有権と人格権としての通行権との相克 ── 解釈規範としての判例法理の位置づけ(2)」『愛知大学法学部法経論集』220 号 81-162 頁。
井上達夫　2012、『世界正義論』筑摩書房。
────　2021、『共生の作法 ── 会話としての正義〔増補新装版〕』創文社。
井上達夫＝名和田是彦＝桂木隆夫　1992、『共生への冒険』毎日新聞社。
伊藤正己　1965、「居住移転の自由」宮沢俊義先生還暦記念『日本国憲法体系 第 7 巻 基本的人権 1』有斐閣、193-284 頁。
────　1995、『憲法〔第 3 版〕』弘文堂。
伊藤恭彦　2010、『貧困の放置は罪なのか ── グローバルな正義とコスモポリタニズム』人文書院。
宇佐美誠　2011、「グローバルな正義と歴史上の不正義」田中愛治監修／須賀晃一＝齋藤純一編『政治経済学の規範理論』勁草書房、53-64 頁。
────　2020、「気候正義 ── グローバルな正義と歴史的責任の交差」『思想』1155 号 6-23 頁。
宇佐美誠＝阿部久恵　2019、「気候変動の歴史的責任」宇佐美誠編著『気候正義 ── 地球温暖化に立ち向かう規範理論』勁草書房、137-160 頁。
内多允　2009、「移民送金のパワー ── 多様化する資金の使い道」『国際開発ジャーナル』

626 号 24-25 頁。

浦山聖子　2023、「人権としての国境を越えた移住の自由——公平に開かれた国境政策」『法と哲学』9 号 165-191 頁。

大塚直　2020、『環境法〔第 4 版〕』有斐閣。

大沼保昭　2008、『国際法——はじめて学ぶ人のための〔新訂版〕』東信堂。

岡部牧夫　2002、『海を渡った日本人』山川出版社。

小坂田裕子　2024a、「滞在する資格のない外国人はどうなる？——入管収容」安藤由香里＝小坂田裕子＝北村泰三＝中坂恵美子『開かれた入管・難民法をめざして——入管法「改正」の問題点』日本評論社、128-142 頁。

――　2024b、「収容されない場合もある？——仮放免・監理措置」安藤由香里＝小坂田裕子＝北村泰三＝中坂恵美子『開かれた入管・難民法をめざして——入管法「改正」の問題点』日本評論社、143-156 頁。

小畑郁　2011、「国際法(6) 地球上のどこかに住む権利」『書斎の窓』601 号 18-22 頁。

――　2015、「移民・難民法における正義論批判——『地球のどこかに住む権利』のために」『世界法年報』34 号 111-134 頁。

――　2022、『地球上のどこかに住む権利——現代公法学へのエチュード』信山社。

小俣直彦　2019、『アフリカの難民キャンプで暮らす——ブジュブラムでのフィールドワーク 401 日』こぶな書店。

外務省　2021、「2020 年版 開発協力白書：日本の国際協力——未来へ向かうコロナ時代の国際協力」〈https://www.mofa.go.jp/mofaj/gaiko/oda/files/100157805.pdf〉。

風間計博　2010、「資源なきささやかな平穏——MIRAB 経済論とグローバル化」吉岡政徳＝大森大知編『南太平洋を知るための 58 章——メラネシア・ポリネシア』明石書店、257-261 頁。

霞が関地球温暖化研究委員会編訳　1991、『IPCC 地球温暖化リポート——「気候変動に関する政府間パネル」報告書サマリー』中央法規出版。

加藤洋子　2014、『「人の移動」のアメリカ史——移動規制から読み解く国家基盤の形成と変容』彩流社。

「壁の涙」製作実行委員会　2007、『壁の涙——法務省「外国人収容所」の実態』現代企画室。

柄谷利恵子　2014、「『移民』と『難民』の境界の歴史的起源——人の移動に関する国際レジームの誕生」墓田桂＝杉木明子＝池田丈佑＝小澤藍編『難民・強制移動研究のフロンティア』現代人文社、60-74 頁。

――　2016、『移動と生存——国境を越える人々の政治学』岩波書店。

川崎修　2004、「思想の言葉——リベラリズムの多義性」『思想』965 号 2‐5 頁。

河尻京子　2021、「自由権規約 6 条 1 項とノン・ルフールマン原則：気候変動の場合——ティティオタ対ニュージーランド事件」『国際人権』32 号 112-114 頁。

川村真理　2019、『難民問題と国際法制度の動態』信山社。

カント　1985 [1795]、『永遠平和のために』宇都宮芳明訳、岩波書店。

岸見太一　2014、「J. H. カレンズの移民の倫理学——政治理論における理想と現実の統合の一方法」『早稲田政治公法研究』105 号 17-33 頁。

――　2023、「許可なく暮らすことは悪いことなのか——政治理論から入管政策を考える」

岸見太一＝髙谷幸＝稲葉奈々子『入管を問う——現代日本における移民の収容と抵抗』人文書院、215-257頁。

岸見太一＝髙谷幸＝稲葉奈々子　2023、『入管を問う——現代日本における移民の収容と抵抗』人文書院。

木棚照一　2021、『逐条国籍法：課題の解明と条文の解説』日本加除出版。

木村健二　2018、「近代日本の出移民史」日本移民学会編『日本人と海外移住——移民の歴史・現状・展望』明石書店、31-49頁。

キングズレー、パトリック　2016、『シリア難民——人類に突きつけられた21世紀最悪の難問』藤原朝子訳、ダイヤモンド社。

日下部尚徳　2021、「環境と気候変動——沈みゆく国の生存戦略」荒井悦代＝今泉慎也編著『モルディブを知るための35章』明石書店、121-126頁。

久保忠行　2014、『難民の人類学——タイ・ビルマ国境のカレンニー難民の移動と定住』清水弘文堂書房。

久保山亮　2017、「ヨーロッパの難民受け入れと保護に関する現在的課題——『難民危機』という神話を超えて」駒井洋監修／人見泰弘編著『難民問題と人権理念の危機——国民国家体制の矛盾』明石書店、183-210頁。

小泉康一　2017、『グローバル・イシュー——都市難民』ナカニシヤ出版。

小泉良幸　2003、「入国の自由」『法学』67巻5号152-175頁。

——　2016、『個人として尊重——「われら国民」のゆくえ』勁草書房。

小井土彰宏　2017、『移民受入の国際社会学——選別メカニズムの比較分析』名古屋大学出版会。

国土交通省　2023、「土地白書 令和5年版（資料編）」〈https://www.mlit.go.jp/statistics/content/001721514.pdf〉。

国土交通省観光庁　2024、「オーバーツーリズムの未然防止・抑制に向けた取組」〈https://www.mlit.go.jp/kankocho/seisaku_seido/kihonkeikaku/jizoku_kankochi/jizokukano_taisei/overtourism.html〉。

小島恵　2018、「西淀川事件第1次訴訟——都市型複合汚染の因果関係および共同不法行為性」大塚直＝北村喜宣編『環境法判例百選〔第3版〕』有斐閣、24-27頁。

小手川正二郎　2018、「難民の倫理学——見ず知らずの難民に責任を負うべきなのか」『情報文化論』13号26-41頁。

小牧治　1967、『人と思想15 カント』清水書院。

是川夕　2018、「日本における国際人口移動転換とその中長期的展望——日本特殊論を超えて」『移民政策研究』10号13-28頁。

——　2019、「人口問題と移民——日本の経験」駒井洋監修／是川夕編著『人口問題と移民——日本の人口・階層構造はどう変わるのか』明石書店、22-40頁。

近藤敦　2015、「比例原則の根拠と審査内容の比較研究——収容・退去強制の司法審査にみる（国際人権）法の支配」高見勝利先生古稀記念『憲法の基底と憲法論——思想・制度・運用』信山社、815-837頁。

——　2020、『人権法〔第2版〕』日本評論社。

——　2021a、「マクリーン事件判決の抜本的な見直し——入国・在留に関する国際慣習法の

5つの原則」『名城法学』70巻4号1-22頁。
────　2021b、『移民の人権──外国人から市民へ』明石書店。
佐藤幸治　2020、『日本国憲法論〔第2版〕』成文堂。
佐藤滋之　2020、「『難民と移民のためのニューヨーク宣言』に見るレジーム接合と人権保障
　　の可能性」『社学研論集』35号30-41頁。
島田征夫　1983、『庇護権の研究』成文堂。
出入国在留管理庁編　2023、『出入国在留管理 2023年版』〈https://www.moj.go.jp/isa/polici
　　es/policies/03_00082.html〉。
────　2024、「令和5年末現在における在留外国人数について」〈https://www.moj.go.jp/isa/
　　publications/press/13_00040.html〉。
シンガー、ピーター　1999、『実践の倫理〔新版〕』山内友三郎＝塚崎智監訳、昭和堂。
────　2005［2002］、『グローバリゼーションの倫理学』山口友三郎＝樫則章監訳、昭和堂。
鈴木江理子＝児玉晃一編著　2022、『入管問題とは何か──終わらない〈密室の人権侵害〉』
　　明石書店。
鈴木譲二　1992、『日本人出稼ぎ移民』平凡社。
関根豪政　2021、『国際貿易法入門──WTOとFTAの共存へ』筑摩書房。
芹田健太郎　2000、『亡命・難民保護の諸問題Ⅰ──庇護法の展開』北樹出版。
髙佐智美　2012、「グローバル化の中の『移動の自由』」『公法研究』74号137-149頁。
瀧川裕英　2022、「帰属でなく移動を──移動と帰属の規範理論」広渡清吾＝大西楠テア編
　　『移動と帰属の法理論──変容するアイデンティティ』岩波書店、27-51頁。
滝澤三郎　2017、「第三国再定住の試み」滝澤三郎＝山田満編著『難民を知るための基礎知
　　識』明石書店、303-309頁。
田島浩　2010、「庇護希望者・難民申請者が直面する諸問題」伊藤和夫弁護士在職50周年祝
　　賀『日本における難民訴訟の発展と現在』現代人文社、244-264頁。
舘葉月　2014、「難民保護の歴史的検討──国際連盟の挑戦と『難民』の誕生」墓田桂＝杉
　　木明子＝池田丈佑＝小澤藍編『難民・強制移動研究のフロンティア』現代人文社、43-
　　59頁。
地球環境研究会編　2008、『地球環境キーワード事典〔5訂版〕』中央法規出版。
寺田晋　2014、「『共同生存』の国際移住論──国際私法学者山田良三の国際移住観」『年報
　　政治学』65巻1号225-245頁。
トーピー、ジョン　2008［2000］、『パスポートの発明──監視・シティズンシップ・国家』
　　藤川隆男監訳、法政大学出版局。
中坪央暁　2019、『ロヒンギャ難民100万人の衝撃』めこん。
永吉希久子　2020、『移民と日本社会──データで読み解く実態と将来像』中央公論新社。
西貝小名都　2021、「トリヴィアルな自由」『法学セミナー』66巻7号30-36頁。
西川圭輔＝狩野未樹子　2018、「農作物の収穫期における海外からの季節労働者の受入れの
　　効果と課題──ニュージーランドにおける季節労働者の受入れ経験からの考察」『日経
　　研月報』481号52-63頁。
野沢徹　2014、「温室効果と地球温暖化」独立行政法人国立環境研究所地球環境研究センタ
　　ー編『地球温暖化の事典』丸善出版、12-17頁。

野中俊彦＝中村睦男＝高橋和之＝高見勝利　2012、『憲法Ⅰ〔第5版〕』有斐閣。
パーフィット、デレク　1998、『理由と人格』森村進訳、勁草書房。
橋本直子　2024、『なぜ難民を受け入れるのか――人道と国益の交差点』岩波書店。
春田哲吉　1994、『パスポートとビザの知識〔新版〕』有斐閣。
日比野勤　1998a、「外国人の人権(1)」『法学教室』210号35-44頁。
──　1998b、「外国人の人権(2)」『法学教室』217号43-55頁。
平松紘　1995、『イギリス環境法の基礎研究――コモンズの史的変容とオープンスペースの展開』敬文堂。
──　2002、『ウォーキング大国イギリス――フットパスを歩きながら自然を楽しむ』明石書店。
牧野次夫＝マナーズ、デビッド　1998、『デジタル遊牧民――サイバーエイジのライフスタイル』工業調査会。
松野太郎＝野田彰　2003、「温暖化予測のあゆみ」総合科学技術会議環境担当議員・内閣府政策統括官（科学技術政策担当）共編『総合科学技術会議地球温暖化研究イニシャティブ気候変動分野報告書　地球温暖化研究の最前線――環境の世紀の知と技術2002』財務省印刷局〈https://www8.cao.go.jp/cstp/project/envpt/pub/GW_report/02_02_50.pdf〉。
松本勝明　2018、『労働者の国際移動と社会保障――EUの経験と日本への示唆』旬報社。
宮井健志　2016、「投資家移民プログラムの是非について――裕福な外国人の優遇措置は正当化しうるか」『移民政策研究』8号155-170頁。
──　2021、「移民出稼ぎの政治理論――移住労働者の人生計画を尊重する受け入れへ」『移民政策研究』13号110-125頁。
──　2023、「国境開放論争とは何だったのか――移民正義論の現在と展望」『現代思想』51巻1号153-163頁。
宮沢俊義　1974、『憲法Ⅱ〔新版再版〕』有斐閣。
宮地基　2012、「個人の日本国内への入国と居住を保障する憲法原理を求めて」『法律時報』84巻12号46-51頁。
森千香子＝ルバイ、エレン　2014、「国境政策のパラドクスとは何か？」同編『国境政策のパラドクス』勁草書房、1-18頁。
森村進　2014a、「移民の規制は正当化できるか？」宇佐美誠編著『グローバルな正義』勁草書房、107-130頁。
──　2014b、「移民規制に関するリバタリアンの議論」『千葉大学法学論集』29巻1・2号622-597頁。
──　2020、『法哲学はこんなに面白い』信山社。
森本豊富＝森茂岳雄　2018、「『移民』を研究すること、学ぶこと」日本移民学会編『日本人と海外移住――移民の歴史・現状・展望』明石書店、13-30頁。
安永幸代＝藤城一雄　2018、「移民に依存するエルサルバドル」『ラテンアメリカ時報』1424号20-23頁。
山﨑眞次　2018、「メキシコの新移民政策――マッチング・ファンド『3×1プログラム』の課題」『ワセダアジアレビュー』20号48-55頁。
横濱竜也　2015、「移民の正義論は何を考えるべきか――ウェルマンとコールの対論を手掛

かりにして」『法政研究』20 巻 2 号 179-192 頁。
―― 2017、「解説：不法移民をいかに処遇すべきか」ジョセフ・カレンズ『不法移民はいつ〈不法〉でなくなるのか――滞在時間から滞在権へ』横濱竜也訳、白水社、93-189 頁。
米川正子　2017、『あやつられる難民――政府、国連、NGO のはざまで』筑摩書房。
ロック、ジョン　2010 [1690]、『完訳 統治二論』加藤節訳、岩波書店。
―― 2007 [1693]、『ロック政治論集』マーク・ゴルディ編／山田園子＝吉村伸夫訳、法政大学出版局。

〈外国語文献〉

Abizadeh, Arash 2008, "Democratic Theory and Border Coercion: No Right to Unilaterally Control Your Own Borders", *Political Theory* 36(1), pp. 37-65.
―― 2010, "Democratic Legitimacy and State Coercion: A Reply to David Miller", *Political Theory* 38(1), pp. 121-130.
Amnesty International 1997, *No Flights to Safety: Carrier Sanctions; Airline Employees and the Rights of Refugees* 〈https://www.amnesty.org/en/wp-content/uploads/2021/06/act 340211997en.pdf〉.
Anderson, Elizabeth S. 1999, "What is the Point of Equality?", *Ethics* 109(2), pp. 287-337.
Armstrong, Chris 2012, *Global Distributive Justice: An Introduction*, Cambridge University Press.
Baatz, Christian 2013, "Responsibility for the Past? Some Thoughts on Compensating Those Vulnerable to Climate Change in Developing Countries", *Ethics, Policy & Environment* 16(1), pp. 94-110.
Bader, Veit 2005, "The Ethics of Immigration", *Constellations* 12(3), pp. 331-361.
Barry, Christian & Kirby, Robert 2017, "Scepticism about Beneficiary Pays: A Critique", *Journal of Applied Philosophy* 34(3), pp. 285-300.
Bauböck, Rainer 2009, "Global Justice, Freedom of Movement and Democratic Citizenship", *European Journal of Sociology* 50(1), pp. 1-31.
Bedford, Charlotte, Bedford, Richard & Nunns, Heather 2020, *RSE Impact Study: Pacific stream report* 〈https://www.immigration.govt.nz/documents/statistics/rse-impact-study-pacific-stream-report.pdf〉.
Beitz, Charles R. 1979, *Political Theory and International Relations*, Princeton University Press.
Bell, Derek 2011, "Global Climate Justice, Historic Emissions, and Excusable Ignorance", *The Monist* 94(3), pp. 391-411.
Benhabib, Seyla 2004, *The Rights of Others: Aliens, Residents, and Citizens*, Cambridge University Press (セイラ・ベンハビブ『他者の権利――外国人・居留民・市民〔新装版〕』向山恭一訳、法政大学出版局、2014 年).
Benintende, Emma 2021, "The Relocation of Taro Island", *UIA 2021 RIO: 27th World Congress of Architects* 〈https://www.acsa-arch.org/proceedings/International%20Proceedin

gs/ACSA.Intl.2021/ACSA.Intl.2021.206.pdf〉.
Bertram, Christopher 2018, *Do States Have the Right to Exclude Immigrants?*, Polity.
Bertram, I.G. & Watters, R.F. 1985, "The MIRAB Economy in South Pacific Microstates", *Pacific Viewpoint* 26(3), pp. 497-519.
Blake, Michael 2001, "Distributive Justice, State Coercion, and Autonomy", *Philosophy & Public Affairs* 30(3), pp. 257-296.
—— 2013, "Immigration, Jurisdiction, and Exclusion", *Philosophy & Public Affairs* 41(2), pp. 103-130.
—— 2020, *Justice, Migration, & Mercy*, Oxford University Press.
Bloom, Tendayi & Risse, Verena 2014, "Examining hidden coercion at state borders: Why carrier sanctions cannot be justified", *Ethics & Global Politics* 7(2), pp. 65-82.
Brock, Gillian 2009, *Global Justice: A Cosmopolitan Account*, Oxford University Press.
Brooks, Thom 2020, *The Oxford Handbook of Global Justice*, Oxford University Press.
Buchanan, Allen 2004, *Justice, Legitimacy, and Self-Determination: Moral Foundations for International Law*, Oxford University Press.
Buxton, Rebecca 2023, "The Duty to Naturalise Refugees", *Critical Review of International Social and Political Philosophy* 26(7), pp. 1119-1139.
Caney, Simon 2005, "Cosmopolitan Justice, Responsibility, and Global Climate Change", *Leiden Journal of International Law* 18(4), pp. 747-775.
—— 2006, "Environmental Degradation, Reparations, and the Moral Significance of History", *Journal of Social Philosophy* 37(3), pp. 464-482.
Carens, Joseph H. 1987, "Aliens and Citizens: The Case for Open Borders", *The Review of Politics* 49(2), pp. 251-273.
—— 1992, "Migration and Morality: A Liberal Egalitarian Perspective", In Brian Barry & Robert E. Goodin (eds.), *Free Movement: Ethical Issues in the Transnational Migration of People and of Money*, Pennsylvania State University Press, pp. 25-47.
—— 2013, *The Ethics of Immigration*, Oxford University Press.
Chetail, Vincent 2019, *International Migration Law*, Oxford University Press.
Chimni, B.S. 1998, "The Geopolitics of Refugee Studies: A View from the South", *Journal of Refugee Studies* 11(4), pp. 350-374.
Christensen, James 2020, *Global Justice*, Red Globe Press.
Cole, Phillip 2000, *Philosophies of Exclusion: Liberal Political Theory and Immigration*, Edinburgh University Press.
—— 2014, "Carens and the Problem of Method", *Ethical Perspectives* 21(4), pp. 600-607.
Curtain, Richard & Dornan, Matthew 2019, "A Pressure Release Valve? Migration and Climate Change in Kiribati, Nauru and Tuvalu", Development Policy Centre, Crawford School of Public Policy, ANU College of Asia and the Pacific, Australian National University 〈https://devpolicy.org/publications/reports/Migration-climate%20change-Kiribati-Nauru-Tuvalu.pdf〉.
de Shalit, Avner 2011, "Climate Change Refugees, Compensation, and Rectification", *The

Monist 94(3), pp. 310-328.
Dummet, Michael 2001, *On Immigration and Refugees*, Routledge.
Fauchille, Paul 1924, "The Rights of Emigration and Immigration", *International Labour Review* 9(3), pp. 317-333.
Fine, Sarah 2010, "Freedom of Association Is Not the Answer", *Ethics* 120(2), pp. 338-356.
Gibney, Mark 1986, *Strangers or Friends: Principles for a New Alien Admission Policy*, Greenwood Press.
―― 1988, *Open Borders? Closed Societies? The Ethical and Political Issues*, Greenwood Press.
Gibney, Matthew J. 2004, *The Ethics and Politics of Asylum*, Cambridge University Press.
Goodin, Robert E. 1988, "What is So Special about Our Fellow Countrymen?", *Ethics* 98(4), pp. 663-686.
―― 2006, "Liberal Multiculturalism: Protective and Polyglot", *Political Theory* 34(3), 2006, pp. 289-303.
Gosseries, Axel 2004, "Historical Emissions and Free-Riding", *Ethical Perspectives* 11(1), pp. 36-60.
Grey, Colin 2015, *Justice and Authority in Immigration Law*, Bloomsbury.
Griffin, James 2008, *On Human Rights*, Oxford University Press.
Hashimoto, Naoko 2018, "Refugee Resettlement as an Alternative to Asylum", *Refugee Survey Quarterly* 37(2), pp. 162-186.
Hathaway, James C. 1992, "The Emerging Politics of Non-entrée", *Refugees* 91, pp. 40-41.
Hathaway, James C. & Foster, Michelle 2014, *The Law of Refugee Status (2nd. ed.)*, Cambridge University Press.
Hathaway, James C. & Neve, Alexander R. 1997, "Making International Refugee Law Relevant Again: A Proposal for Collectivized and Solution-Oriented Protection", *Harvard Human Rights Journal* 10, pp. 115-211.
Heyward, Clare 2021, "Is the Beneficiary Pays Principle Essential in Climate Justice?", *Norsk Filosofisk Tidsskrift* 56(2-3), pp. 125-136.
Immigration, Refugees & Citizenship Canada 2024, 2024 Annual Report to Parliament on Immigration 〈https://www.canada.ca/content/dam/ircc/documents/pdf/english/corporate/publications-manuals/annual-report-2024-en.pdf〉.
Intergovernmental Panel on Climate Change (IPCC) 2021, "Summary for Policymakers", in IPCC, *Climate Change 2021: The Physical Science Basis*, Cambridge University Press, pp. 3-32. 〈https://www.ipcc.ch/report/ar6/wg1/downloads/report/IPCC_AR6_WGI_SPM.pdf〉.
IPCC Working Group I 1990, *Policymakers Summary* 〈https://www.ipcc.ch/site/assets/uploads/2018/03/ipcc_far_wg_I_spm.pdf〉.
IPCC Working Group II 1990, *Climate Change: The IPCC Impacts Assessment, Chapter 5:* "Human Settlement; the energy, transport and industrial sectors; human health; air quality; and changes in ultraviolet-B radiation" [Lead authors: C. Rouviere; T. Williams;

R. Ball; Y. Shinyak; J. Topping; S. Nishioka; M. Ando; T. Okita〕〈https://www.ipcc.ch/site/assets/uploads/2018/03/ipcc_far_wg_II_chapter_05.pdf〉.

International Monetary Fund (IMF) 2009, *Balance of Payments and International Investment Position Manual, 6th edition (BPM6)* 〈https://www.imf.org/external/pubs/ft/bop/2007/bopman6.htm〉.

International Organization for Migration (IOM) 2019, *Glossary on Migration* 〈https://publications.iom.int/system/files/pdf/iml_34_glossary.pdf〉.

Jubilut, Liliana L., de Andrade, Camila Sombra Muinõs & de Lima Madureira, André 2016, "Humanitarian visas: building on Brazil's experience", *Forced Migration Review* 53, pp. 76-78.

Juss, Satvinder 2006, *International Migration and Global Justice*, Routledge.

Kapur, Devesh 2005, "Remittances: The New Development Mantra?" in Samuel Munzele Maimbo and Dilip Ratha (eds.), *Remittances: Development Impact and Future Prospects*, The World Bank, pp. 331-360 〈https://documents1.worldbank.org/curated/en/435901468139206629/pdf/32598a.pdf〉.

Kupferberg, Jakob Schou 2021, "Migration and Dignity-Relocation and Adaptation in the Face of Climate Change Displacement in the Pacific: A Human Rights Perspective", *The International Journal of Human Rights* 25(10), pp. 1793-1818.

Lister, Matthew 2014, "Climate change refugees", *Critical Review of International Social and Political Philosophy* 17(5) pp. 618-634.

McAdam, Jane 2012, *Climate Change, Forced Migration, and International Law*, Oxford University Press.

McAuliffe, M. & Triandafyllidou, A. (eds.) 2021, *World Migration Report 2022*, International Organization for Migration (IOM) 〈https://publications.iom.int/books/world-migration-report-2022〉.

Miller, David 2007, *National Responsibility and Global Justice*, Oxford University Press（デイヴィッド・ミラー『国際正義とは何か――グローバル化とネーションとしての責任』富沢克＝伊藤恭彦＝長谷川一年訳、風行社・2011 年）.

―― 2010, "Why Immigration Controls Are Not Coercive: A Reply to Arash Abizadeh", *Political Theory* 38(1), pp. 111-120.

―― 2016a, "Is There a Human Right to Immigrate?" in Sarah Fine & Lea Ypi (eds.), *Migration in Political Theory: The Ethics of Movement and Memberhip*, Oxford University Press, pp. 11-31.

―― 2016b, *Strangers in Our Midst: The Political Philosophy of Immigration*, Harvard University Press.

Moreno-Lax, Violeta 2017, *Accessing Asylum in Europe: Extraterritorial Border Controls and Refugee Rights under EU Law*, Oxford University Press.

Nafziger, James A.R. 1983, "The General Admission of Aliens under International Law", *The American Journal of International Law* 77(4), pp. 804-847.

Neumayer, Eric 2000, "In Defense of Historical Accountability for Greenhouse Gas Emissions", *Ecological economics* 33(2), pp. 185-192.

Nickel, James 2007, *Making Sense of Human Rights*, 2nd Edition, Wiley-Blackwell.

Nine, Cara 2012, *Global Justice and Territory*, Oxford University Press.

Noll, Gregor & Gammeltoft-Hansen, Thomas 2016, "Humanitarian Visas Key to Improving Europe's Migration Crisis" 〈https://rwi.lu.se/app/uploads/2016/04/Humanitarian-Visas-policy-brief.pdf〉.

Oberman, Kieran 2016, "Immigration as a Human Right" in Sarah Fine & Lea Ypi (eds.), *Migration in Political Theory: The Ethics of Movement and Memberhip*, Oxford University Press, pp. 32-56.

―― 2017, "Immigration and Equal Ownership of the Earth", *Ratio Juris* 30(2), pp. 144-157.

Office of Homeland Security Statistics (U.S.) 2024, *Yearbook of Immigration Statistics 2023* 〈https://ohss.dhs.gov/topics/immigration/yearbook-immigration-statistics/yearbook-2017〉.

Office of the Special Coordinator for Development in the Sahel (OSCDS) & United Nations High Commissioner for Refugees (UNHCR), *Moving from Reaction to Action - Anticipating Vulnerability Hotspots in the Sahel* 〈https://www.unhcr.org/media/moving-reaction-action-anticipating-vulnerability-hotspots-sahel〉.

O'Neil, Kent 2019, "Is It Legal? Digital Nomads and Immigration" 〈https://newlandchase.com/digital-nomads-is-immigration-law-keeping-up-to-the-hype/〉.

Orozco, Manuel 2005, "Transnationalism and Development: Trends and Opportunities in Latin America "in Samuel Munzele Maimbo and Dilip Ratha (eds.), *Remittances Development Impact and Future Prospects*, The World Bank, pp. 307-329 〈https://documents1.worldbank.org/curated/en/435901468139206629/pdf/32598a.pdf〉.

Owen, David 2016, "In Loco Civitatis: On the Normative Basis of the Institution of Refugeehood and Responsibilities for Refugees "in Sarah Fine & Lea Ypi (eds.), *Migration in Political Theory: The Ethics of Movement and Memberhip*, Oxford University Press, pp. 269-289.

―― 2020, *What Do We Owe to Refugees?*, Polity.

Penz, Peter 2010, "International Ethical Responsibilities to "Climate Change Refugees" in Jane McAdam (ed.), *Climate Change and Displacement: Multidisciplinary Perspectives*, Hart Publishing, pp. 151-173.

Peter, Fabienne 2017, "Political Legitimacy" in Edward N. Zalta (ed.), *The Stanford Encyclopedia of Philosophy* (Summer 2017 Edition) 〈https://plato.stanford.edu/archives/sum2017/entries/legitimacy/〉.

Pevnick, Ryan 2011, *Immigration and the Constraints of Justice: Between Open Borders and Absolute Sovereignty*, Cambridge University Press.

Pogge, Thomas 1994, "An Egalitarian Law of Peoples", *Philosophy & Public Affairs* 23(3), pp. 195-224.

―― 1997, "Migration and Poverty" in Veit Bader (ed.), *Citizenship and Exclusion*, MacMillan, pp. 12-27.

―― 2008, *World Poverty and Human Rights* (*2nd ed.*), Polity.

Posner, Eric & Sunstein, Cass R. 2008, "Climate Change Justice," *Georgetown Law Journal* 96 (5), pp. 1565-1612.

Price, Matthew E. 2009, *Rethinking Asylum: History, Purpose and Limits*, Cambridge University Press.

Rawls, John 1999a, *A Theory of Justice* (Revised ed.), Belknap Press.

—— 1999b, *The Law of Peoples with "The Idea of Public Reason Revisited"*, Harvard University Press.

Ratha, Dilip 2005, "Workers' Remittances: An Important and Stable Source of External Development Finance" in Samuel Munzele Maimbo and Dilip Ratha (eds.), *Remittances Development Impact and Future Prospects: Development and Impact and Future Prospects*, The World Bank, pp. 19-51 ⟨https://documents1.worldbank.org/curated/en/435901468139206629/pdf/32598a.pdf⟩.

Ratha, Dilip et al. 2021a, "Resilience: COVID-19 Crisis Through A Migration Lens – Despite COVID-19" (*Migration and Development Brief* 34), KNOMAD-World Bank ⟨https://documents.worldbank.org/en/publication/documents-reports/documentdetail/099655308132430246/idu1b02ce4521e88914c741b1571f17952aa545f⟩.

—— 2021b, "Recovery: COVID-19 Crisis through a Migration Lens – Remittances to low- and middle-income countries" (*Migration and Development Brief* 35), KNOMAD-World Bank ⟨https://documents.worldbank.org/en/publication/documents-reports/documentdetail/099738408132414027/idu110e1541c1704b14821196441e301ab86ff0b⟩.

—— 2023, "Leveraging Diaspora Finances for Private Capital Mobilization" (*Migration and Development Brief* 39), World Bank ⟨https://documents.worldbank.org/en/publication/documents-reports/documentdetail/099740408142422676/idu184dfd61b1e135142421a20213728b2e8fa86⟩.

—— 2024, "Remittances Slowed in 2023, Expected to Grow Faster in 2024" (Migration and Development Brief 40), World Bank ⟨https://documents1.worldbank.org/curated/en/099714008132436612/pdf/IDU1a9cf73b51fcad1425a1a0dd1cc8f2f3331ce.pdf⟩.

Risse, Mathias 2012a, *On Global Justice*, Princeton University Press.

—— 2012b, *Global Political Philosophy*, Palgrave Macmillan.

Ritchie, Hannah 2019, "How do CO_2 emissions compare when we adjust for trade?", Published online at OurWorldinData.org. Retrieved from: ⟨https://ourworldindata.org/consumption-based-co2⟩.

Ritchie, Hannah, Rosado, Pablo and Roser, Max 2023a, "CO_2 and Greenhouse Gas Emissions", Published online at OurWorldInData.org. Retrieved from ⟨https://ourworldindata.org/co2-and-greenhouse-gas-emissions⟩.

—— 2023b, "Per capita, national, historical: how do countries compare on CO_2 metrics?", Published online at OurWorldinData.org. Retrieved from: ⟨https://ourworldindata.org/co2-emissions-metrics⟩.

Ritchie, Hannah & Roser, Max 2020, "CO_2 emissions", Published online at OurWorldInData.org. Retrieved from: ⟨https://ourworldindata.org/co2-emissions⟩.

Seglow, Jonathan 2005, "The Ethics of Immigration", *Political Studies Review* 3(3), pp. 317-334.
—— 2006, "Immigration justice and borders: towards a global agreement", *Contemporary Politics* 12(3-4), pp. 233-246.
Shachar, Ayelet 2009, *The Birthright Lottery: Citizenship and Global Inequality*, Harvard University Press.
Shue, Henry 2010 [1999], "Global Environment and International Inequality", reprinted in Stephen M. Gardiner, Simon Caney, Dale Jamieson and Henry Shue (ed.), *Climate Ethics*, Oxford University Press pp. 101-111.
Singer, Peter 2010 [2002], "One Atmosphere" reprinted in Stephen M. Gardiner, Simon Caney, Dale Jamieson and Henry Shue (ed.), *Climate Ethics*, Oxford University Press, pp. 181-199.
Singer, Peter & Singer, Renata 1988, "The Ethics of Refugee Policy" in Mark Gibney (ed.), *Open Borders? Closed Societies?: The Ethical and Political Issues*, Greenwood Press. pp. 111-130.
Somin, Ilya 2020, *Free to Move: Foot Voting, Migration, and Political Freedom* (Revised ed.), Oxford University Press.
Souter, James 2014, "Towards a Theory of Asylum as Reparation for Past Injustice", *Political Studies* 62(2), pp. 326-342.
Steiner, Hillel 1992, "Libertarianism and the Transnational Migration of People" in Brian Barry & Robert E. Goodin (eds.), *Free Movement*, Harvester Wheatsheaf, pp. 87-94.
—— 1996, "Territorial Justice" in Simon Caney, David George & Peter Jones (eds.), *National Rights, International Obligations*, Westview Press, pp. 139-148.
Surak, Kristin 2020, "Who Wants to Buy a Visa? Comparing the Uptake of Residence by Investment Programs in the European Union", *Journal of Contemporary European Studies* 30(1), pp. 151-169.
Swift, Adam & Stemplowska, Zofia 2014, "Rawls on Ideal and Nonideal Theory" in Jon Mandle and David A. Reidy (ed.), *A Companion to Rawls*, Wiley-Blackwell.
Sydenham, Angela 2019, *Public Rights of Way: The Essential Law*, Wildy, Simmonds and Hill Publishing.
Tan, Kok-Chor 2017, *What is this Thing called Global Justice?*, Routledge.
United Nations Development Programme (UNDP) 2020, Human Development Report 2020 - The Next Frontier: Human Development and the Amthoropocene 〈https://hdr.undp.org/content/human-development-report-2020〉.
UNDP & Oxford Poverty and Human Development Initiative (OPHI) 2024, *Global Multidimensional Poverty Index 2024: Poverty Amid Conflict* 〈https://hdr.undp.org/system/files/documents/hdp-document/mpireport2024en.pdf〉.
UNHCR 1995, "UNHCR Position: Visa Requirements and Carrier Sanctions" 〈https://www.refworld.org/docid/3ae6b33a10.html〉.
—— 2006, 2005 Global Refugee Trends 〈https://www.unhcr.org/statistics/unhcrstats/4486

ceb12/2005-global-refugee-trends-statistical-overview-populations-refugees-asylum.html⟩.
—— 2011, Global Trends 2010 ⟨https://www.unhcr.org/statistics/country/4dfa11499/unhcr-global-trends-2010.html⟩.
—— 2020, Global Trends 2019 ⟨https://www.unhcr.org/media/unhcr-global-trends-2019⟩.
—— 2021a, Global Trends: Force Displacement in 2020 ⟨https://www.unhcr.org/statistics/unhcrstats/60b638e37/global-trends-forced-displacement-2020.html⟩.
—— 2021b, "UNHCR Note on the "Externalization" of International Protection" ⟨https://www.refworld.org/docid/60b115604.html⟩.
—— 2021c, "Annex to UNHCR Note on the "Externalization" of International Protection: Policies and practices related to the externalization of international protection" ⟨https://www.refworld.org/docid/60b115b64.html⟩.
—— 2022, Global Trends: Force Displacement in 2021 ⟨https://www.unhcr.org/media/global-trends-report-2021⟩.
—— 2023, Global Trends: Force Displacement in 2022 ⟨https://www.unhcr.org/global-trends-report-2022⟩.
—— 2024, Global Trends: Force Displacement in 2023 ⟨https://www.unhcr.org/global-trends-report-2023⟩.
UN Human Rights Council 2018, "The Slow Onset of Effects of Climate Change and Human Rights Protection for Cross-border Migrants" ⟨https://www.ohchr.org/sites/default/files/Documents/Issues/Migration/OHCHR_slow_onset_of_Climate_Change_ENweb.pdf⟩.
Valentini, Laura 2012, "Ideal vs. Non-ideal Theory: A Conceptual Map", *Philosophy Compass* 7 (9), pp. 654-664.
Vallentyne, Peter, Steiner, Hillel & Otsuka, Michael 2005, "Why Left-Libertarianism Is Not Incoherent, Indeterminate, or Irrelevant: A Reply to Fried", *Philosophy and Public Affairs* 33(2), pp. 201-215.
van der Vossen, Bas & Brennan, Jason 2018, *In Defense of Openness: Why Global Freedom Is the Humane Solution to Global Poverty*, Oxford University Press.
Vinke, Kira, Bergmann, Jonas, Blocher, Julia, Upadhyay, Himani, Hoffmann, Roman 2020, "Migration as Adaptation?", *Migration Studies* 8(4), pp. 626-634.
Walzer, Michael 1983, *Spheres of Justice: A Defence of Pluralism and Equality*, Basic Books.
Wellman, Christopher Heath & Cole, Phillip 2011, *Debating the Ethics of Immigration: Is there a Right to Exclude?*, Oxford University Press.
Wilcox, Shelley 2007, "Immigrant Admissions and Global Relations of Harm", *Journal of Social Philosophy* 38(2), pp. 274-291.
Woodward, James 1992, "Commentary: Liberalism and Migration" in Brian Barry & Robert E. Goodin (eds.), *Free Movement*, Harvester Wheatsheaf, pp. 59-84.
World Bank 2016, Migration and Remittances Factbook 2016, 3rd edition ⟨https://openknowledge.worldbank.org/handle/10986/23743⟩.
—— 2024, *Poverty, Prosperity, and Planet Report 2024: Pathways Out of the Polycrisis* ⟨https://openknowledge.worldbank.org/entities/publication/e789cf0e-816c-41ef-ad3a-471

948f374ce⟩.
Wyman, Katrina M. 2013, "Are We Morally Obligated to Assist Climate Change Migrants?", *Law and Ethics of Human Rights* 7(2), pp. 185-212.
Ypi, Lea 2008, "Justice in Migration: A Closed Borders Utopia?", *Journal of Political Philosophy* 16(4) pp. 391-418.

事項・人名索引（和文・欧文）

い

- 移動不可能財 …………………………… 38, 77
- 井上達夫 ……………………… 23, 38, 49, 142
- 移民 …………………………………………… 14
  - ――の定義 …………………………………… 23
- 移民（immigrant） ………………………… 15
- 移民（migrant） …………………………… 15
- 移民クォータ（quota for migration） …… 100
- 移民連絡官（immigration liaison officer）… 148, 149
- 医療従事者 ………………………………… 113
- 因果関係 …………………………… 174, 179

う

- 宇佐美誠 …………………………… 178, 184
- 失われた移民プロジェクト
  （Missing Migrants Project） ……… 3, 151
- 運の平等主義 ………………………… 98, 99

か

- 外国に移住する自由 ………………………… 7
- 開放的国境政策（open borders） ………… 79
- 開放的国境政策論 ………………… 36, 65, 81
- 隠れた強制（hidden coercion） …… 148, 151, 153
- 片持ち梁論 ………………………………… 51

き

- 記述的な意味 ……………………………… 130
- 規範的制約 ……………………………… 30, 31
- 規範的な意味 ……………………………… 130
  - ――の正統性 …………………………… 130, 134
- 強制力（coercion） …………… 130, 134, 137, 139
- 居住・移転の自由 ………………………… 7, 48

く

- グローバルな再分配 ……………………… 46
- グローバルな正義 ………………………… 24
- 「グローバルな潮流（Glabal Trends）」…… 67, 128
- グローバルな分配的正義 ……………… 24, 107
- グローバル・パスポート力ランキング ……… 66

け

- 結社の自由 …………………………… 35, 59
- 原因者負担原則（Contributor-Pays-Principle、
  Polluter-Pays-Principle）…… 173, 177, 179, 184
- 現代リベラリズム ………………………… 20

こ

- 公衆衛生 …………………………………… 8, 83
- 公平に開かれた国境政策（fairly opened borders）
  ……………………………………………… 191
- 国際移民（international migrant）……… 15
- 国際人権（自由権）規約 …… 8, 46, 70, 160
- 国際貧困線 ………………………………… 105
- 国籍付与 …………………… 6, 56, 140–142, 145
- 国内労働者 ………………………………… 84, 86
- 個人の自律 ………………………………… 44
- 国家と個人との関係性 ……………… 140, 141
- 国家の基本的機能 ………………………… 83
- 国境を越えた移動・移住の自由 …… 31, 44, 46
- 古典的リベラリズム ……………………… 19

さ

- 在留資格 …………………………………… 16
- 在留の自由 ………………………………… 82
- 裁量規制論 ………………………………… 31
- 査証免除協定 …………………………… 66, 155

し

- 自決権 ……………………………………… 187
- 自然物 ……………………………… 96, 97, 102
- 自治 ………………………………………… 33
- シティズンシップへの問い ………………… 5
- 社会的送金（social remittance）……… 116
- 社会統合 …………………………………… 23
- 社会包摂 …………………………………… 23
- 社会保障制度 ………………………… 80, 83, 85
- 自由裁量 …………………………………… 30
- 重商主義 …………………………………… 93
- 自由の推定論 ……………………………… 43
- 主権国家 …………………………………… 132
  - ――による国際的秩序 …………… 129, 132, 133

出国の自由……………………………… 8, 62
出入国管理及び難民認定法（入管難民法）
　………………………………… 9, 11, 63, 149, 150
消極的移動 ………………… 38, 54, 55, 77, 194
消極的義務 ………………………………… 111, 116
諸人民の法 …………………………………… 26-29
自律的人格 ………………………………………… 48
自律的存在 …………………………………… 48, 50
人生の選択肢 ……………………………… 44, 69-71
人道的義務 ……………………………………… 129
人道的ビザ ……………………………………… 155

せ

正義の間隙（justice gap）……………………… 35
政治共同体 …………………………………… 55, 56
政治的自由 ……………………………………… 43
政治的正統性（political legitimacy）……… 130, 133
政治的利益 ……………………………………… 70
正統性（legitimacy）…… 129-131, 134, 141, 142, 193
セーフガード措置 ………………………………… 86
世界人権宣言 ………………………………… 8, 46, 70
世代間正義 ……………………………… 175, 176, 183
積極的移動 ………………… 38, 54, 55, 77, 194
選別的移民政策（selective immigration policy）…… 9

そ

送金 ……………………………… 107, 108, 116, 120
送金依存 ……………………………………… 119
送金額 ………………………………………… 114
尊厳ある移民（migration with dignity）……… 187

た

退去免除権 ……………………………………… 63
第三国定住制度 …………………………… 156, 157
多次元貧困指数 ………………………………… 105

ち

地球温暖化 …………………… 159, 168-170, 172

つ

通過の自由 ……………………………………… 18
通行権 ………………………………………… 19

て

適応策 ……………………………… 163-167, 173, 185
デジタル・ノマド …………………………… 2, 45
天然資源 …………………………………… 96, 97

と

投資家移民プログラム …………………… 38, 89, 90
「閉じられた社会（closed society）」前提 ……… 29

な

難民と移民のためのニューヨーク宣言 ……… 196
難民の正義 ……………………………………… 23
難民の地位に関する条約（難民条約）・議定書
　…………………………………… 4, 17, 131, 162, 192
難民保護義務 …………………………… 144, 145

に

二酸化炭素（CO_2）排出量 ………… 170, 171, 185
日本国憲法 ……………………………………… 7
入国在留管理 ……… 6, 91, 93, 139-142, 145, 154
入国在留管理政策 ……………………… 1, 30-37
入国（上陸）審査 …………………… 148, 150, 153
入国阻止実践（non entrée practice）……… 147
入国阻止政治（non entrée politics）……… 147
入国の自由 ……………………………… 8, 62, 82
　——のジレンマ ……………………………… 5, 6

ね

ネイション ……………………………………… 34

の

ノン・ルフールマン原則 …………………… 11, 12

は

排除する権利 ……………………………… 36, 37
迫害 …………………………………… 129, 162
万国国際法学会（Institute de Droit International）
　………………………………………………… 91-93

ひ

庇護（asylum）…………………………… 130, 131
非同一性問題（non-identity problem）
　…………………………………… 176, 177, 183
非理想理論 ……………………………… 29, 64, 65
比例原則 ………………………………………… 83
貧困 ……………………………………… 105, 106

ふ

福祉国家 ………………………………………… 81
文化 …………………………………………… 80, 87

へ

弁解可能な無知問題（excusable ignorance problem）
.... 174, 180

ほ

ポイント制.. 89

ま

マクリーン事件最高裁大法廷判決.............. 7, 10

み

密航組織.. 150, 156
民主的正統性.. 139

り

陸地.. 96, 102, 103
理想理論.................................... 64, 65, 193
リバタリアニズム............................. 33, 81
リベラリズム（自由主義）............. 5, 19, 40
リベラルな社会................................... 27, 28
領有権.. 34, 60
旅客輸送業者への制裁（キャリア・サンクション〔carrier sanction〕）................. 147-150, 152, 154, 155, 194

わ

割り当て責任モデル（assigned responsibility model）
.... 134, 136

A

Abizadeh, Arash 137-139

B

Blake, Michael 34, 58, 60, 61

C

Carens, Joseph 25, 28, 36, 39, 46-48, 57, 65, 79-81, 118, 164
Cole, Phillip 26, 62

F

Fine, Sarah 59

G

Goodin, Robert 134-136

H

Hathaway, James 147

I

IOM（国際移住機関）........................ 3, 166
IPCC（Intergovernmental Panel on Climate Change：気候変動に関する政府間パネル）........ 161, 175

J

Juss, Satvinder 62, 193

K

Kant, Immanuel 96, 103
KNOMAD（移民と開発に関するグローバル知識パートナーシップ）................................... 108

L

Locke, John 93, 104, 164

M

Miller, David 33-36, 51, 57, 72, 73, 139

O

Oberman, Kieran 69-76, 98, 101, 102
ODA（政府開発援助）................... 109, 115
Owen, David 129, 132, 133

P

Pevnick, Ryan 33, 45, 88

Pogge, Thomas 97, 111, 112, 116

R

Rawls, John 22, 26-29, 65
Risse, Mathias 97, 98, 157

S

Singer, Peter 25, 181
Steiner, Hillel 97

U

UNHCR（国連難民高等弁務官事務所）
.... 67, 128, 156, 157

W

Walzer, Michael 25, 33
Wellman, Christopher Heath 33-35, 58, 59
WHO（世界保健機関）............ 113

浦山聖子（うらやま　せいこ）
現　職　成城大学法学部准教授
1981年　東京都生まれ
2004年　慶應義塾大学法学部法律学科卒業
2006年　東京大学大学院法学政治学研究科総合法政専攻修士課程修了
2010年　東京大学大学院法学政治学研究科総合法政専攻博士課程修了（博士（法学））
主要著作　「グローバルな平等主義と移民・外国人の受け入れ（一）〜（五・完）」国家学会雑誌124巻7・8号、124巻9・10号、124巻11・12号、125巻1・2号、125巻3・4号（2011〜2012年）、「移民を自由化すべきか」瀧川裕英編『もっと問いかける法哲学』（法律文化社・2024年）

国際移動の正義——リベラリズムと入国在留管理　【法哲学叢書［第Ⅱ期］4】

2025（令和7）年2月28日　初版1刷発行

著　者　浦山聖子
発行者　鯉渕友南
発行所　株式会社　弘文堂　101-0062 東京都千代田区神田駿河台1の7
　　　　TEL 03(3294)4801　振替 00120-6-53909
　　　　https://www.koubundou.co.jp

装　丁　笠井亞子
印　刷　三陽社
製　本　牧製本印刷

© 2025 Seiko Urayama. Printed in Japan
JCOPY　〈(社)出版者著作権管理機構　委託出版物〉
本書の無断複写は著作権法上での例外を除き禁じられています。複写される場合は、そのつど事前に、(社)出版者著作権管理機構（電話 03-5244-5088、FAX 03-5244-5089、e-mail: info@jcopy.or.jp）の許諾を得てください。
また本書を代行業者等の第三者に依頼してスキャンやデジタル化することは、たとえ個人や家庭内での利用であっても一切認められておりません。

ISBN 978-4-335-30100-1

法哲学叢書 第Ⅱ期刊行にあたって

●現代社会における法のあり方をラディカルに問い直す法哲学の最前線!

　1990年に刊行開始した法哲学叢書は好評を博し、2016年に10巻目が上梓されるに至った。これを機に、執筆陣に若手中堅の気鋭の研究者を新たに加え、テーマにも新たな先端的課題を多く取り込んで、シリーズの刷新を図り、法哲学叢書第Ⅱ期として世に問う次第である。

　第Ⅱ期では、法制度・政治システムの批判的再編原理の構想に繋がる先端的問題が扱われるとともに、新たな法哲学的アプローチの可能性も検討される。これに加えて、グローバル化の進展により主権国家秩序が揺らぐ一方で、それへの反動が高まるという現代世界の新たな問題状況に関わるテーマにも意欲的に挑戦する。

　現代法哲学は、現代社会・現代世界の根本的にして先鋭な問題に切り込んで、自らの学問的地平を拡大深化させると同時に、実定法学・哲学・倫理学・政治学・経済学など関連領域との学際的フィードバックを促進している。このような現代法哲学の多彩な展開の現状と方向を、可能な限り広い読者層にわかりやすく示すのが、本叢書第Ⅰ期の企図であった。この企図を継承し、さらに果敢に遂行することが、第Ⅱ期において試みられる。

◆第Ⅰ期◆

新版 自由社会の法哲学[オンデマンド版]	桂木　隆夫	4500円
権利・価値・共同体	長谷川　晃	3689円
神と国家と人間と	長尾　龍一	2913円
合理的選択と契約	小林　公	3495円
法と比喩[オンデマンド版]	松浦　好治	3500円
財産権の理論	森村　進	3800円
現代社会と裁判[オンデマンド版]	田中　成明	4200円
現代人権論[オンデマンド版]	深田　三徳	6500円
自由の契約法理論	山田八千子	3500円
遵法責務論	横濱　竜也	3600円

◆第Ⅱ期◆

法多元主義―交錯する国家法と非国家法	浅野　有紀	3600円
関係の対等性と平等	森　悠一郎	4700円
国際法哲学の復権	郭　舜	4400円
国際移動の正義―リベラリズムと入国在留管理	浦山　聖子	4100円
仕事の正義	大澤　津	3900円
法秩序と集合的交換	鳥澤　円	
リスクの法哲学	若松　良樹	
税の正義	藤岡　大助	
多文化主義の法哲学	石山　文彦	
生と死の法理	奥田純一郎	
刑罰の法哲学	瀧川　裕英	
批判的民主主義	井上　達夫	

弘文堂

＊価格(税別)は2025年2月現在